智库丛书
Think Tank Series

On European Union's Democracy

论欧洲联盟的民主

赵晨 著

中国社会科学出版社

图书在版编目（CIP）数据

论欧洲联盟的民主／赵晨著 . —北京：中国社会科学出版社，2018.4
ISBN 978 - 7 - 5203 - 2095 - 5

Ⅰ. ①论⋯　Ⅱ. ①赵⋯　Ⅲ. ①欧洲联盟—民主—研究
Ⅳ. ①D750. 21

中国版本图书馆 CIP 数据核字（2018）第 033691 号

出 版 人	赵剑英
责任编辑	王　茵
特约编辑	郭　枭
责任校对	杨　林
责任印制	王　超

出　　版	中国社会科学出版社
社　　址	北京鼓楼西大街甲 158 号
邮　　编	100720
网　　址	http://www.csspw.cn
发 行 部	010 - 84083685
门 市 部	010 - 84029450
经　　销	新华书店及其他书店

印　　刷	北京君升印刷有限公司
装　　订	廊坊市广阳区广增装订厂
版　　次	2018 年 4 月第 1 版
印　　次	2018 年 4 月第 1 次印刷

开　　本	710×1000　1/16
印　　张	19.25
字　　数	274 千字
定　　价	79.00 元

目　　录

Contents

导　言

总是可以更民主一些。

——法国哲学家雅克·德里达

　　1831 年 4 月到 1832 年 2 月，法国政治哲学家和社会学家阿列克西·德·托克维尔（Alexis de Tocqueville）以考察美国的新监狱制度为名，花费九个多月的时间，深入美国各个角落，深度体验这块新大陆的民情、政治与文化。访美归来后他写下了《论美国的民主》一书①，指出身份平等是美国新社会的最大特点，并且预言民主将成为世界不可阻挡的潮流和趋势，认为欧洲在贵族阶层支持下的王权统治必受这一民主进程的冲击，因为"平等的逐渐发展，是事所必至，天意使然"②。经历了一个多世纪的发展，托克维尔的预言获验成真：贵族政治的合法性已然消逝，尽管因社会制度、经济发展水平、历史传统、宗教信仰和所处地域不同，各国对民主的解释和认识有很大差异，但世界上绝大多数国家，无论其经济发展水平属于发达世界，还是发展中世界，意识形态上是社会主义还是资本主义，均认可"民主"是人类应遵从的价值，是良好国家治理的规范。当今时代，民主已经成为民族国家存在的合法性来源，几乎每个政府都在阐释和论证自己治理国家的民主性，为自己是一个"民主"国家而苦苦辩护。

---

　　① ［法］托克维尔：《论美国的民主》（上、下卷），董果良译，商务印书馆 1997 年版。

　　② ［法］托克维尔：《论美国的民主》（上卷），董果良译，商务印书馆 1997 年版，第 7 页。

20 世纪下半叶，民主"竞技场"中又增添了新"选手"——跨国组织。随着"二战"后各国经济相互依赖程度的加深，各个民族国家自愿向联合国、国际货币基金组织、世界银行、世界贸易组织等国际组织或是欧洲联盟（1991 年《马斯特里赫特条约》生效前称"欧洲共同体"）这样的地区组织转让权力或是委托它们代行职责，使得它们成为民族国家之外的重要政治行为体。

各个跨国机制之中，欧盟是最特殊的一个：自 1950 年法国外长罗贝尔·舒曼发表《舒曼宣言》，提出建立"欧洲煤钢共同体"的构想之后，欧洲一体化在深度和广度两个维度上不断推进，目前已形成一个覆盖欧洲大部分地域，拥有 28 个成员国[①]，混合了国家与超国家权力，兼具政府间国际组织和准联邦国家性质的"独一无二"（sui generis）的欧盟。它在欧洲已经建立起一个没有边界的共同大市场，设立了具有实际管辖权的欧洲法院、诸多规制机构、公民直选的欧洲议会、独立性超过美联储的欧洲中央银行，19 个欧盟国家甚至放弃了主权国家最重要的象征之一——货币，转而共同使用"欧元"。从渔民出海打鱼的渔网孔洞的大小，到希腊国民在债务危机时期每天最多能从 ATM 机里取出几十欧元的现金；从运载牲畜的卡车司机连续驾驶几个小时即需要停车休息，到德国、法国、意大利能够与中国、美国等域外国家签署何种贸易协定，这些对每个欧盟公民的生活产生实实在在影响的政治决定都是在"欧洲首都"——布鲁塞尔制定，并在欧盟委员会、欧洲法院等欧盟机构的监督之下实施。

这样一个决策可以影响各个成员国的内部政策，对千百万人民的生活造成巨大影响的政治体，怎么可以不承担民主责任和接受公共监督，远离公众，只在一个小圈子中运作呢？早在 1979 年，英国工党内的一位学者戴维·马昆特（David Marquand）就发明了"民主赤字"这个新词，来形容欧共体的民主合法性问题。[②] 自 1979 年以来，欧盟制度架构向民主方向有了大幅倾斜，但关于欧盟不民主的批评依

---

① 截至本书完稿时，英国尚未正式脱离欧盟。

② David Marquand, *Parliament for Europe*, London: Jonathan Cape, 1979.

然不绝如缕。那么究竟如何看待欧盟这一特殊政治体的民主？在一个可称为"民主泛化"的时代，欧盟采取了何种民主制度设计？它的民主价值和决策方式有何特点？此外，民主是否会影响欧盟运作的效率，甚至反噬它、威胁它的存在？本书将从民主的多重含义入手，尝试对这些问题做出一些比较综合和平衡的解答。

民主是个复数概念

我们先从民主的概念谈起。今天，由于民主成为西方世界的主导意识形态，这个词所代表的意义已经大大泛化了。对"民主是什么"有众多看法和定义，有的从制度着眼，有的从社会入手；有的将其视为规范要求，有的从经验出发，对现存的已被称为"民主"的现象进行归纳；有的认为它是一种原则，还有的认为它是一种权利。20世纪的民主理论权威学者罗伯特·达尔（Robert Dahl）提到："经过若干世纪的政治沉思之后，民主的理论仍然是相当不令人满意的，不管是具有伦理学特征的民主理论，还是作为一种描绘现实世界之尝试的民主理论。""没有一种真正的民主理论——而只有各色各样的民主理论。"[①] 在实践中，民主被西方的知识界赋予了众多的特征，有制度的也有程序的，比如自由选举、责任政府、多党制、多数决定制、固定的反对派、代议制、三权分立、有效参与、决策透明、多数决定、保护少数权利、法治等，甚至还包括宽容这样的价值观念。

的确，民主是一个综合的、复杂的，有多重意味和多面形状的概念，如果要回归词源本意的话，即把 demo 和 cracy 分开，demo 是人民，cracy 是统治，意为"人民的统治"，或者至少意味着"人民的某种权利"[②]，但 20 世纪 70 年代，在美国的学术讨论中，上述被称为"古典派"的传统的民主学说在同"坚持用熊彼特模式中程序性民主

---

① ［美］罗伯特·达尔：《民主理论的前言》，顾昕、朱丹译，生活·读书·新知三联书店、牛津大学出版社 1999 年版，第 1—2 页。

② ［英］戴维·赫尔德：《民主的模式》，燕继荣等译，王浦劬校，中央编译出版社 1998 年版，第 4 页。

概念的那些人数越来越多的理论家之间"的辩论中败下阵来①。"理论家们越来越注重在两种民主概念之间做出区分，一种是理性主义的、乌托邦的和理想主义的民主概念，另一种是经验的、描述的、制度的和程序的民主概念，而且他们得出的结论是：只有后一种概念才能够提供分析上的准确性和经验上的参照物，从而使之成为有用的概念。用规范理论来对民主进行笼统的探讨急剧衰落，至少在美国的学术讨论中是如此，而且被另一种研究方向所取代，这种研究方向旨在理解民主制度的本质、制度的作用方式和它们得以兴起或衰落的原因。其中最主要的努力是使民主成为一个常识之词，而不是'溢美'之词。"② 萨缪尔·亨廷顿（Samuel Hungtinton）正是依据约瑟夫·熊彼特（Joseph Schumpeter）的程序民主定义，而且仅仅选取了民主制度和程序中的自由选举这一个特征，来证明 20 世纪后半叶出现了世界政治中的"民主的第三波"。③

　　我们来看一下熊彼特的民主定义。熊彼特在《资本主义、社会主义和民主》这本书里给民主下的定义是："民主是一种政治方法，即，为达到政治——立法与行政的——决定而作出的某种形式的制度安排。"④ 这样，民主就只是一种手段，而不是承诺平等的生活方式，只是一种产生领袖并使之合法化的制度安排。此民主观与民主的古典定义——"人民的统治"就至多只有极为模糊的联系了。熊彼特指出："民主并不是指，也不可能指，按照'人民'和'统治'这两个词的明显的意义所说的人民确实在那里统治的意思；民主不过是指人

---

① ［美］萨缪尔·亨廷顿：《第三波——20 世纪后期民主化浪潮》，刘军宁译，上海三联书店 1998 年版，第 5 页。

② 同上。

③ 亨廷顿的研究主旨是"遵循熊彼特的传统"，"评判一个二十世纪的政治体制是否民主所依据的标准是看其中最有影响的集体决策者是否通过公平、诚实和定期的选举产生，在这种选举中候选人可以自由地竞争选票，而且基本上所有的成年人都可以参加选举"。［美］萨缪尔·亨廷顿：《第三波——20 世纪后期民主化浪潮》，刘军宁译，上海三联书店 1998 年版，第 5—6 页。

④ ［美］约瑟夫·熊彼特：《资本主义、社会主义和民主》，吴良健译，商务印书馆 1999 年版，第 359 页。

民有机会接受或拒绝要来统治他们的人的意思……定义的另一方面可以说成：民主就是政治家的统治。"① 因此，熊彼特的这种民主理论，概括了现代西方自由民主制度一些公认的特征，例如政党之间为政治权力而竞争，公共官僚机构的重要角色，政治领袖的重要性；投票者对当代政治问题所拥有的知识甚为贫乏，对政治决策的判断呈现出极大不确定性等。但这种"精英主义"民主观过于狭窄，抛弃了民主规范层面的意义，丧失了民主的理想，从而也就丢掉了民主的原初意义。如果仅以自由选举一项来衡量是否民主，就更犯了简单化的错误。正如一些现代民主理论学者所言："选举本身并不必然导致民主。如果普遍地缺乏和解的意愿，缺乏形成一种能够超越以往敌意的公民能力概念的意愿，仅仅有选举并不能创造出一种民主的文化。波斯尼亚—黑塞哥维纳就是一个例子，在那里，选举过程不过是已有的社会与民族冲突的反映。"② 即使少数服从多数是民主的组织原则，但并不一定必须以自由选举制这一制度来体现。在研究欧盟这一超越国界的特殊政治体时，我们更有必要回到民主的词源意义，即"人民的统治"上，毕竟程序民主和制度民主很大程度上都是根据民族国家而"量体"设计的，如果取消了民主的规范意义，仅以自由选举来考量欧盟的民主，那就会大大削弱这一超国家民主构建的丰富性，也不符合欧盟民主发展的实际情况。

民主是一个复杂的复数概念，它既是一种政治制度和决策方法，也是一种生活方式，还是一种价值理念。民主好比检查身体所需的血压、脉搏、体重、身高等一套指标，就像只看这其中任意一项指标，是无法衡量人体是否健康一样，只查看一项自由选举这个所谓的"最低限度"③，其实是无法确定这个政治体是否民主的。

---

① ［美］约瑟夫·熊彼特：《资本主义、社会主义和民主》，吴良健译，商务印书馆1999年版，第416页。

② ［日］猪口孝、［英］爱德华·纽曼、［美］约翰·基恩编：《变动中的民主》，林猛等译，吉林人民出版社1999年版，第19页。

③ 自由民主是民主的"最低限度"判断，参见［美］亚当·普泽沃斯基《民主的少数主义者概念：一个辩护》，载［美］伊恩·夏皮罗、卡西亚诺·海克考登主编《民主的价值》，刘厚金译，中央编译出版社2015年版，第25页。

很多在"民主"前面加上了形容词的定义着重强调民主某个方面的价值，比如，自由民主主义者强调保护个人权益不受政府或其他人的侵犯，社会民主主义者重视保持经济平等，参与民主和协商民主主义者在意增加公民参与政治决策的权利。每一个"专项"的民主定义都犀利地指出民主的一些鲜明特征，但如果执着一点，就会失于偏颇。过于看重某一个侧面，容易"只见树木，不见森林"，比如自由主义者和宪政主义者过于强调保护个体的权利，有时就会帮助个人逃避，不接受民主的结果①。所以在分析欧盟的民主时，笔者认为，我们应当持一种复杂的民主观，把民主看作一个复杂概念，综合看待民主的各种主要价值。社会民主、参与民主和协商民主都是极其重要的衡量参数。特别是我们知道欧洲是社会民主主义思潮的发源地，社会民主主义长期以来一直影响着欧洲的政治生态，欧洲国家在"二战"后曾建立起世界上最成功的福利国家体系。

除价值观外，全面的民主，还指政治决策的流程一直具有民主合法性。这其中既包括有相应的民主政治制度，使公民自愿乐意将政治权利授权转让给代表（或称统治者），也包括公民参与决策过程，他们有权发出自己的声音，参与讨论和协商，还包括要求政策结果要符合公民的利益和意愿，并接受公民或其代议机构的监督，即所谓的输入民主、传输过程民主和输出民主。综合来看，在考察欧盟的民主构建时，笔者同意菲利普·施密特（Philippe C. Schmitter）归纳出的民主的三个最根本的核心组成要素：统治者、公民和决策②。从最一般意义上来说，在古典民主定义——"人民的统治"的基础上，现代民主实际上具体化为治理者和被治理者之间关系对等的动态平衡，它包含这样三层含义：公民权和公民的自治受到保护；代表（或称统治者，包括领导人和机构）对公民负责；决策要得到公民的同意，并使

① Micheal Zürn, "Democratic Governance beyond the Nation-State", in Micheal Th. Greven and Louis W. Pauly eds. , *Democracy beyond the State? The European Dilemma and the Emerging Global Order*, Lanham: Rowman & Littlefield Publisher, 2000, p. 92.

② Philippe C. Schmitter, *How to Democratize the European Union… and Why Bother?*, Lanham: Rowman & Littlefield Publisher, 2000, p. 1.

人民受益①。

此外，西方的"自由民主"还有意识形态工具的作用。欧盟是与美国并立的西方世界的重要组成部分，冷战后"民主"也同样成为欧盟对外传播价值观、扩展外交影响的核心意识形态。这种外交和战略上的需要对欧盟民主理念和制度设计产生怎样的影响，对西方之外的读者来说，也是值得思考和探讨的重要问题。

是橙子，不是苹果

托克维尔所说的身份平等问题，欧盟在形式上已经通过给以公民权的方法予以解决。与世界大部分国家一样，民主也是欧盟及其成员国的公认政治原则，所有公民在政治上一律平等。欧盟不是公元前1世纪恺撒和屋大维缔造的古罗马，也不是17世纪太阳王路易十四、或18世纪拿破仑通过武力征服得来的欧洲帝国。在欧盟，不存在凌驾于普通人之上的特权人士，也没有哪个团体或阶层敢言明自己不属于人民中的一员（尽管许多欧洲国家保留了王室，以及一些贵族的称号）。1950年《欧洲人权公约》已经确立了当代欧洲以平等的个人主义为核心的人权世界观，而距离今天最近修改的欧盟总体性条约——2009年12月生效的《欧洲联盟条约》（《里斯本条约》的一部分）第9条明确规定："联盟所有活动均应遵守公民平等原则，所有公民均应受到联盟机构、团体、机关和办事机构的同等关注。"②

但是如果按照熊彼特式的精英主义、注重程序的民主定义，欧盟"统治者"的合法性则存在一定的问题，原因是欧盟的行政机构——欧盟委员会的主席不是通过直接选举产生的领导人。欧盟已有全民直

---

① 马库斯·雅克斯富克顿（Markus Jachtenfuchs）结合治理，从统治者角度给出一个经验意义上的民主定义，即"民主可被理解为一套控制治理的程序，它可以在实施有集体约束力的决策时，保证被治理者的参与"。参见 Markus Jachtenfuchs, "Democracy and Governance in the European Union", in Andreas Follesdal and Peter Koslowski, eds., *Democracy and the European Union*, Berlin: Springer, 1997, p. 47.

② 《欧洲联盟基础条约——经〈里斯本条约〉修订》，程卫东、李靖堃译，社会科学文献出版社2010年版，第35页。

选产生的立法机构——欧洲议会，但欧盟委员会（有时被简化等同于欧盟的内阁）的最高首脑并未遵循议会制国家的惯例，由每次欧洲议会大选获胜的党团（类似一个国家的政党）的党首担任（而绝大多数欧盟成员国的总理或首相却都是本国下院议会选举的第一大党的党首或联合执政政党推举的候选人）。欧盟委员会主席的人选是按挑选与选举（selection and election）相结合的程序产生的，即由各成员国政府首脑组成的欧洲理事会根据欧洲议会的选举结果，采用有效多数的表决方式来确定提名人选，然后提交欧洲议会表决，以半数议员同意的方式"选出"。批评者认为，这种遴选方式不够民主，欧洲理事会讨论委员会主席人选的过程不公开、不透明，候选人不会在选举前公布，也不会发布其执政设想和规划，在理事会选举之前也没有跨国政党和政府宣布它们会支持谁①。理事会确定委员会主席提名，实际上只是成员国政府之间讨价还价（horse-trading）的结果。而欧洲议会最后的批准则有沦为"橡皮图章"的嫌疑。

欧盟理事会的这种闭门磋商会议被有历史感和幽默感的欧洲人②嘲讽地比作选举教皇的格里高利十世规则（conclave）：在现任教皇去世后的十五天内，位于全球各地的枢机主教团要到罗马的梵蒂冈宫集合（在电报和铁路出现以前，这项规定实际上将意大利以外的多数枢机主教排除在外了）。教皇的内臣受命将主教们锁进一座合适的房子，通常是在礼拜堂，让他们拿着钥匙待在里面，直到他们做出决定。投票可以是口头的，也可以是委员会表决，或者按照已有的习惯进行秘密投票。在从早到晚的投票过程中，每位主教将一位候选人的名字投到祭坛上的一个杯子里。在没有得出结果的选举轮次中，内臣每天将选票焚掉，从火炉的烟囱里冒出一缕黑烟。直到有一位候选人得到三分之二以上多数选票成功当选，选举才算结束。这时候，内臣将以白

---

① Andreas Follesdal and Simon Hix, "Why There is a Democratic Deficit in the EU: A Response to Majone and Moravcsik", *Journal of Common Market Studies*, Vol. 44, No. 3, 2006, pp. 533 – 562.

② 比如欧洲议会议员，英国人安德鲁·达夫（Andrew Duff）。见他的博客：Andrew Duff: "European Council worse than Papal conclave", blogactiv, February 12, 2013。

烟作为选举成功的信号放出，主教团按照宗教仪式向新教皇宣誓效忠，以确认选举的结果①。

不过此类批评来自西方民族国家的代议制民主模式，这种经验是否可以套用到欧盟这个非民族国家行为体身上呢？这需要打上一个问号。欧盟委员会并非欧盟的政府，它并未拥有与德国、荷兰、匈牙利等国家政府等同的权限和强制力：虽然它垄断了大多数领域的立法倡议权，但其自主权很小，85%—95%的议案都是通过与欧洲议会、成员国、欧盟理事会和部长理事会反复磋商，在欧洲理事会的指导下制定的；欧盟的多年度预算规划案尽管是欧盟委员会编制，但核心的数额和各国分摊比例是欧盟各国首脑和相关部长们通过通宵达旦"吵架"达成的妥协结果，所以在这些方面，欧盟委员会更像是一个专门执行成员国政府谈判和协商结果的国际组织的秘书处，或者有些像我们中国政府体系中的国家发展和改革委员会，只是统筹、规划、建议和监督执行政府的决策。在欧盟拥有专属权能的领域，如共同农业政策和竞争政策领域，欧盟委员会有执行权和监督权，但在其他领域，欧盟委员会发出的指令只具有建议和指导效力。总的来说，欧盟委员会的定位比较模糊，它的行政权力远远比不上一个国家的政府，而是欧盟特有的共同体方法、议会制和政府间合作三种逻辑竞争，最终停留的一个平衡点②。

欧盟的性质决定了欧盟的民主具有特殊性。现代民主的载体是民族国家，人们熟悉的代议制等民主形式都是随着国家的形成而出现的。正因为如此，当谈起欧盟的民主时，无论学者还是大众，都常常习惯把欧盟当作"民族国家"来要求，经常忘记它其实已经是一种超越国家的新型政治系统。美国的欧盟法权威学者约瑟夫·威勒（Joseph Weiler）即指出，"现代民主的语言本身、它的语法、句法与语汇，都是围绕着国家、民族与人民——它的民众而发展的。而人们

---

① ［英］诺曼·戴维斯：《欧洲史》，郭方、刘北成等译，世界知识出版社2007年版，第385页。

② ［法］奥利维耶·科斯塔、［法］娜塔莉·布拉克：《欧盟是怎么运作的》（第二版），潘革平译，社会科学文献出版社2016年版，第101页。

普遍承认欧洲联盟不是一个国家。其结果是：用专门以苹果为基础形成的植物学语汇来描述橙子。"① 这个别致的比喻形象地点明了这一问题。欧盟的议会民主未必成为其成员国议会制度的翻版，欧盟委员会主席未必一定要由欧洲议会最大党团党首担任，欧洲议会也不一定要垄断立法提案权、政府任命权和财政审批权。

混合型柔势民主

那么如何形容欧盟这只"橙子"的民主建设情况呢？欧盟是一个超越国家的后民族国家组织或机构，它既不是常见的以国家间博弈和合作形态呈现出的"地区"，也不是一个联邦制或邦联制的"帝国"式的"欧罗巴合众国"，同时它也不是一般意义上的政府间国际组织，而是一个特殊的存在。按照美国政治学学者利昂·林德伯格（Leon N. Lindberg）和斯图尔特·沙因戈尔德（Stuart A. Scheingoud）的定义：欧盟（或欧共体）是一个"未来政体"（would-be polity）②。欧盟虽然属于西方，但它的民主运作在经验层面上展现出与西方国家不同的特征，具备自己的特质。我将其民主模式命名为"混合型柔势民主"（a hybrid gentle democracy）。之所以如此命名，我将在后续章节中详细论证，这里我先做几点解释。

第一，欧盟兼具政府间国际组织和超国家实体的混合性质决定了欧盟的民主政治制度是一种混合型体制。作为一个国际组织，欧盟的民主制需要满足国际关系民主化要求的"国家平等"原则，国家不论大小，一概平等；作为一个单一的政治体，欧盟又必须满足"人人平等""一人一票"原则。那么在决策时，怎么同时满足这两种要求呢？欧盟采取了皆大欢喜的双重满足法。在重大事项上握有最重要权力的欧盟理事会，《里斯本条约》里即规定：从 2014 年 11 月 1 日起，

① ［美］约瑟夫·威勒：《欧洲宪政》，程卫东等译，中国社会科学出版社 2004 年版，第 269 页。

② Leon N. Lindberg and Stuart A. Scheingold, *Europe's Would-be Polity*, New Jersey: Prentice Hall, 1970.

以"双重多数表决制"代替"特定多数表决制"作为欧盟理事会决策的标准程序，理事会通过决议需要超过总数 55% 比例的成员国和65% 以上的欧盟人口同意。这样既尊重了小国要求的"国家平权"，也考虑到大国人口众多的事实，适当增加了大国的权重。

欧盟民主的混合性也体现在民主制度的不同形式上，欧盟政治运作中代议制和参与式民主均有具体制度安排。从过去 20 年的欧盟政治发展来看，欧盟各国的政治精英们更加重视议会民主的发展，主要将各国议会和欧洲议会作为减轻欧盟合法性赤字的路径，[①] 他们试图建立一种由欧洲议会和成员国议会构成的双重合法民主制度。《里斯本条约》第二编第 10 条称："联盟的运行以代议制民主为基础"，毕竟欧盟有全体公民直选产生的欧洲议会，"在联盟层面，由欧洲议会直接代表公民"。同时，在欧盟层面协商和发挥作用的成员国首脑和部长们则是各国自己的代议制民主的产物，"在欧洲理事会内，成员国由各国元首或政府首脑代表；在理事会内，成员国由各国政府代表；在民主责任方面，这些代表本人或对其本国议会负责，或对本国公民负责"。同时《里斯本条约》中还规定有公民可越过自己所属国家，直接参与欧盟决策的参与式民主的内容，比如第 10 条明确写明"每个公民都有权参与联盟的民主生活"，第 11 条规定"各机构应保持与代表性社团和市民社会之间公开、透明、定期的对话"，并列明"来自相当数量成员国的、总数不少于 100 万的公民可提出动议，提请欧盟委员会在其权力范围内就此事项提交适当提议"[②]。

欧盟的民主也不仅局限在布鲁塞尔和成员国两个层面，次国家的省州、市县等多个层次理论上也都在欧盟民主政治架构之中。在划分各层级权限时，1991 年生效的《马斯特里赫特条约》即已提出，需秉承辅助性（subsidiarity）原则。所谓辅助性原则，按照《杜登德语大词典》，是指上层社会单位（特别是国家）只应当在下层单位（特

---

① Berthold Rittberger, *Building Europe's Parliament：Democratic Representation beyond the Nation-State*, Oxford：Oxford University Press, 2005, p. 177.

② 《欧洲联盟基础条约——经〈里斯本条约〉修订》，程卫东、李靖堃译，社会科学文献出版社 2010 年版，第 35—36 页。

别是家庭）没有能力履行某项任务时才自己承揽该项任务。① 在当前的语境中，最高的上层社会单位变为欧盟。这一原则在欧洲有深远的历史根源和宗教背景，体现的是民主制度尊重人民的自治能力，目的在于限制公共权力（比如欧盟或是国家），激励人们行使参与权。②

第二，社会民主和经济平等方面，欧盟也是新自由主义和社会民主主义的杂糅体。一方面，自1957年法、德、意、荷、比、卢六国签署《罗马条约》，成立欧洲经济共同体开始，欧洲一体化就一直是一种自由主义导向的改革，是以放开管制、打破国界以使欧洲各国以及欧洲整体获得更大的经济活力，提高效率为行军路线的。主导欧洲一体化的欧洲政治经济精英相信，经济稳定增长和充分就业带给民众更踏实的感觉，更实惠的收益，同时可以避免财富再分配可能引发的政治动荡和投资者出逃。如德国学者贝娅特·科勒（Beate Kohler）所说，"福利——这个在条约中占统治地位的信念，将通过市场自由化带来的经济增长来获取，而不是通过公共政策的调节和分配能力。"③ 1992年欧盟建成人员、货物、服务、资本自由流通的统一大市场，1999年又统一推出共同的货币——欧元，都是为了降低交易成本，扩大市场规模，做大经济发展的蛋糕，属于新自由主义思维逻辑。

但另一方面，西欧是社会民主主义的发源地，"二战"结束后，稍早于欧洲一体化，在社会民主党和其他左翼政党的努力下，西欧主要国家都启动了福利国家基本制度的建设，逐渐建成"从摇篮到坟墓"的全面社会保障体制。与人民生活最息息相关的社会保障、医疗、教育、税收等权能的核心部分虽然都被成员国政府留下，但随着地区一体化的深化和经济全球化的兴起，欧盟层面社会政策的指导性

① 1981年出版的德国《杜登德语大辞典》对"Subsidiaritaet"的释文，转引自殷叙彝《关于"subsidiarity"一词的译法》，《马克思主义与现实》1999年第3期。

② 殷叙彝：《关于"subsidiarity"一词的译法》，《马克思主义与现实》1999年第3期。

③ ［德］贝娅特·科勒－科赫等：《欧洲一体化与欧盟治理》，顾俊礼等译，中国社会科学出版社2004年版，第198页。

和规制性影响力变得越来越大。欧洲地区出现了"福利国家的欧洲化"①，成员国的福利制度一体化的趋势愈益明显②。欧洲的左派政治力量原本对欧共体持反对态度，认为它是一个"资本家俱乐部"，但在20世纪70年代之后态度逐渐转向现实主义，他们认识到民族国家已经不足以保护社会平等和人民的福利，左派的斗争必须在更大的舞台——欧共体/欧盟——之上展开。"就像走入镜子之前的爱丽丝一样，以前的左派似乎可以通过在民族国家的地形上奔跑而到别的地方去；然而现在，由于资本已经超出了民族国家的范围，所以左派不得不学会跟资产阶级一起在全球的地形上奔跑。"③

　　第三，欧盟在与其成员国的民主合法性竞争中处于弱势地位，致使它不得不采取"柔势"策略争取民众支持。毕竟欧盟是在各个成员国政府之上新添加的一层上层建筑，它的存在必须依赖各国政府、议会和民众的支持。一个成员国政府或者议会的反对、一次全民公决的否定，甚至一个国家最高法院的判决，都可能令欧洲一体化陷入停滞或者倒退状态。最近的一次例子就是2016年的英国公投"脱欧"，"脱欧派"的票数比"留欧派"只多出114万人，但这100多万人的选择却导致拥有6500多万人口的英国走上脱离欧盟之路，并令覆盖5亿人口的欧盟无计可施。从技术角度来看，欧盟的制度运行相当脆弱，高度依赖包括民众在内的各种决策者之间的共识，这决定了它的内部民主化措施不可能是革命性的。

　　此外，民主的载体还需要一定的神圣性，比如城邦在亚里士多德眼中是善的最高代表，民族国家也是历经数个世纪才替代教会成为人民的守护者，但当前的欧盟却并不具备这种光环。弗朗西斯·福山（Francis Fukuyama）的《历史的终结及最后之人》一书，在总结黑格尔思想的基础上提到"为了推动民主前进的车轮，公民们需要在他们

---

　　①　周弘：《福利国家向何处去》，社会科学文献出版社2006年版，第187页。
　　②　田德文：《欧盟社会政策与欧洲一体化》，社会科学文献出版社2005年版，第323—343页。
　　③　［加］利奥·潘尼奇：《全球化与国家》，载［英］D.赫尔德、［美］J.罗西瑙等《国将不国》，俞可平等译，江西人民出版社2004年版，第34页。

自己的民主制度下培养一种非理性的骄傲，而且还必须培养一种基于对小共同体骄傲的依附并被托克维尔称之为'交往的艺术'的意识"。① 从共同体意识这个角度看，人们并没有把欧盟当作国家的替代物。欧盟的机构长期以来被视为"技术官僚治国论"（technocracy）的负面典型，布鲁塞尔的欧盟委员会、法兰克福的欧洲中央银行，甚至包括位于布鲁塞尔和斯特拉斯堡两地的欧洲议会，都被为数众多的欧洲民众贬损为"浪费纳税人的财富"。部分欧洲民众的这种心理，与欧盟是一个缺乏实质性人民概念的政体相关。欧盟的公民至少需同时面对自己的国家和欧盟两种认同，两相对比之下，对自己的祖国有更强烈的认同感者占多数。所以，欧盟在铺设自己的民主"铁轨"时，非常注意与成员国的关系，它不可能采取"强势"立场，像欧洲中世纪末期的王权打击教会权力一样，去"抢夺"民众对成员国的效忠，而只能利用全球化和地区经济一体化对人们的边界意识、主权意识的消解，填补空白，以有效履行新的功能回应公众的要求，来争得民众的信任。其方法也是"柔和"的渐进式的制度累积推进法，在妥协中求共识，以一种慢节奏，逐步树立自己作为欧洲公民代表的形象。

　　对外关系方面，欧盟在将民主作为意识形态向外推广过程中，也树立起一种同美国不同的"柔势"民主战略。欧盟在所谓的"促进"民主时，是以其自身为圆心，以安全保证、经济利益诱惑、文化吸引等软实力为资本，谨慎考虑自身消化能力和周边大国的反应，有限度、有节制、和平地吸收对象国加入欧盟，最终同化对象国，使其民主水平达到欧盟的要求。最典型的例子就是波兰、捷克等中东欧国家的"民主化"：20世纪90年代初东欧剧变后，欧盟首先推行"法尔计划"（PHARE Programme），组成西方多国多边援助框架，先是援助波兰和匈牙利，随后扩展到所有中东欧国家；其次筹组"欧洲重建与开发银行"，提供贷款和投资，支持中东欧的私人资本和私有化进程；

---

① ［美］弗朗西斯·福山：《历史的终结及最后之人》，黄胜强、许铭原译，中国社会科学出版社2003年版，第10页。

然后和中东欧国家缔结《联系国协定》，赋予其"联系国"地位；1993 年欧盟制定了"哥本哈根标准"，提出包括自由民主制在内的入盟门槛，申请国必须达到这些政治标准才可入盟。相比之下，美国的"民主事业"则更具侵略性，它的功利性更强，注重结果而忽视手段，只要能达到政权更替的目的，不惜使用武力。"二战"后它已经有过多次这种实践，如在智利、厄瓜多尔、萨尔瓦多、伊拉克等。美国往往把自己的民主，不顾客观条件限制、不顾对象国人民是否同意，就生硬地从外部移植进去，这种"输出"方式和欧盟以自身为基点发动的"扩展"方式存在较大差异。英国前首相托尼·布莱尔（Tony Blair）的外交政策顾问罗伯特·库珀（Robert Cooper）提出：欧盟推广民主时，向对象国施展了"变为成员国的诱惑"，欧盟变成一个自由民主并愿意把那些想要加入的国家包容在内的帝国；这样一个不断扩展的欧洲把碰到的问题和冲突都吸收起来，而没有采用"硬碰硬"的美国方式①。

本书的思路与框架安排

　　欧盟是全球化时代国际政治的"实验室"，民主也是其中一项重要实验。作为一种带有超国家性质的政体，欧盟的民主化无先例可循，在这一点上，如美国学者阿尔伯特·斯布拉吉亚（Albert M. Sbragia）所说，欧盟所处的地位可同 13 世纪的英国相比。② 过去半个世纪，关于欧盟民主的讨论在世界各地，特别是欧洲和美国已经相当深入，但尚未有文献从民主的多重含义入手，对欧盟这一特殊行为体的民主性质和民主化程度进行广义综合分析和评估。欧洲现有关于欧盟"民主赤字"的批判文献，或是过于注重程序性逻辑，没有

---

　　① ［英］罗伯特·库珀：《和平箴言：21 世纪的秩序与混乱》，吴云、庞中英等译，北京大学出版社 2007 年版。

　　② Alberta M. Sbragia, "Post-national Democracy as Post-national Democratization", in Sergio Fabbrini, ed., *Democracy and Federalism in the European Union and the United States*, New York: Routledge, 2005.

对结果性逻辑给以足够重视，或者重视结果性逻辑，仅限于考评欧盟民主与经济水平或福利改善方面的关系。本书创造性地提出欧盟塑造的是一种"混合型柔势民主"（a hybrid gentle democracy），对过去60多年欧盟发展过程中所体现出的民主特征进行归纳和概括，并从政治民主（包括代议制民主和参与式民主）、社会民主以及国际政治层面的意识形态民主等三个视角评估其民主发展状况和发展水平。

民主是一项未完成，也永远不会完成的政治目标，是一个"度"的概念。在此思想的指导下，作者以总体民主观的综合视角全面观测了在欧盟民主化的进程中，它在理念、制度和政策方面的探索和尝试，它的成功与失败、妥协和无奈、傲娇同坚韧。第一章回顾了欧盟民主史，动态地描述了民主因子在欧洲一体化发展过程中滋生、发育、成长的过程；第二章是从比较政治和国际关系两个学科，从理论视角对欧盟这个民主新容器进行静态分析；第三章则结合欧盟层面政党政治发展，对欧盟的代议制民主形式——这一主导欧盟民主发展思路的民主制度加以解析；第四章是以参与式民主的视角，观察欧盟输入民主的新特性；第五章是以经济平等为考核标准，检验欧盟社会民主理念和政策的输出效果；第六章是从国际政治角度，通过概括欧盟对外展现和推广民主的模式，整合解读作为意识形态的欧盟民主的成与败；第七章最后进行总结各章节之间是一种层层递进，相互关联的关系。

第一章　民主化历程

　　当人们一旦对一个新事物进行真正的考察时，是没有什么事情经得起考察的。

——约翰·密尔

　　我总认为，着手建立欧洲欧共体之举，必须先征得各国人民赞同的看法并不正确，因为各国人民对于共同体的形式问题还毫无具体经验可谈。

——让·莫内

　　噢，真可怕，我们需要将更多的权力集中到行政机构，但同时又需要加强民主控制。

——雅克·德洛尔

　　19 世纪的英国学者沃尔特·白哲特（Walter Bagehot, 1826—1877）在 1867 年出版的《英国宪制》一书中指出：每一种政治体制必须先获得权力，然后才能运用权力。一个世纪之后，美国著名政治学家萨缪尔·亨廷顿进一步完善了这一论断："必须先获得权力，然后才能谈得上对它进行限制。"[1] 虽然剧本不同，但欧洲联盟（及其前身欧洲共同体）与民族国家一样，其民主发展也遵循了同样的规律。从 20 世纪 50 年代法国和德国设立欧洲煤钢联营的高级机构，法

---

[1]　转引自王绍光《民主四讲》，生活·读书·新知三联书店 2008 年版，第 131 页。

国、德国、意大利、荷兰、比利时和卢森堡六国签署《罗马条约》，
成立欧洲经济共同体和原子能共同体，到 20 世纪 90 年代建成统一大
市场，成立涵盖经济、外交、司法内务等广阔领域的欧洲联盟，再到
21 世纪初发行统一货币——欧元，《里斯本条约》赋予欧洲联盟法律
人格，60 多年间，欧盟手中的权杖经历了一个从无到有、权力由小
到大的进程。伴随权力的不断扩展而来的，是日益增多的对欧盟权力
进行制约的民主要求。

　　欧洲一体化是一场政治经济精英自上而下发起建设的"巨型工
程"，初期并没有民主的呼声和压力，西欧的民众默许精英建立带有
超国家性质的欧洲组织，推动欧洲一体化的各项建设。但随着一体化
向广度和深度两个维度的大幅推进，1991 年《马斯特里赫特条约》
（简称《马约》）批准前后，这种"宽容共识"消失了，民众"觉
醒"了，他们意识到自己生活的方方面面都已被笼罩进欧盟这个新政
体之下，因而以多种形式表达出对欧盟"统治"的不满。有碍于此，
无论欧盟机构，还是成员国政府，都开始重视欧盟民主问题，采取了
种种举措，但这些"民主导向"的制度性改革却没有减轻欧盟的合
法性"赤字"，反而在一定程度上加重了欧洲债务危机以来的欧盟政
治危局。

　　在这一章，我们纵向地概览欧盟（欧共体）的民主史，按照导言
中所述的"治理者对被治理者的回应"的"民主"定义（具体化为
欧盟机构与人民之间的动态关系），将其分为四个时期：分别是
1950—1958 年的一体化启动、1958—1991 年的一体化快速发展、
1991—2009 年的民主化和 2009 年之后的民主危机（本章末的表 1 - 1
总结了欧洲一体化民主建构过程中的重大事件）。

"圣西门"方式

　　第二次世界大战"制造了"一个满目疮痍的欧洲大陆，欧洲人民
饱受战火的涂炭，生产一落千丈，生活困顿不堪。如何避免战争再次
爆发，成为欧洲战后重建中的重大政治命题。战争过后，民族主义在

西欧已经不再是一个褒义词，很多知识精英都认为民族主义应当为两次世界大战负责。一些知识分子和"二战"地下抵抗运动组织〔以意大利反法西斯战士阿尔提艾罗·斯皮内利（Altiero Spinelli）为代表①〕提出了建立"欧罗巴联邦"的建议，1944 年 7 月召开的日内瓦抵抗战士大会制定了《欧洲联邦宣言》草案，宣布要建立一个欧洲联邦，认为唯有如此，才能保证欧洲的和平与繁荣，避免民族主义的自杀性恶果。不过，在"二战"结束之初的欧洲，支持这种观点的人并非多数。对绝大多数老百姓来说，首要问题还是本民族的独立和自己国家的经济复兴。但是另一方面，欧洲的政治精英普遍都已经意识到，要维持长久的和平，必须以某种方式解决德国问题。德国发动了两次世界大战，但无论人口，还是领土，德国又是西欧第一大国，德国的军事实力和经济实力恢复到战前的优势地位都是明眼人均可预期会发生的事情。德国问题不解决，欧洲稳定就无从谈起。因此紧迫的德国问题逼迫无论是强调欧美协作的大西洋派的英国的温斯顿·丘吉尔（Winston Churchill），还是主张欧洲自立的法国的让·莫内（Jean Monnet）等政治人物都拿出新的欧洲框架设计方案。

1946 年 9 月 19 日，丘吉尔在苏黎世发表了重要演说，指出法德和解至关重要，应该在适当的时候终止对德国的惩戒。他指出为了保证欧洲和平，应该建立一个"欧洲合众国"。但是丘吉尔所说的"合众国"，并非美国式的联邦国家，而只是联合国或英联邦式的政府间组织。此外他还表示英国不会参加这一"合众国"②。丘吉尔所代表的是传统的各国政府协商的路径。"二战"结束之后，西欧地区逐步建立起一些专门领域的政府间国际组织，比如为响应美国提出的"欧洲复兴计划"，并接受美国援助欧洲的"马歇尔计划"基金，1948 年

---

① "二战"期间，阿尔提艾罗·斯皮内利被囚禁在意大利文托泰内岛，与厄恩斯托·罗西（Ernesto Rossi）在香烟纸上写下《为了一个自由而统一的欧洲：宣言草案》，呼吁战后建立一个由民主国家组成的欧洲联邦，史称《文托泰内宣言》。战争结束后，这些抵抗战士成立了"欧洲联邦运动"组织。

② Winston Churchill, "Speech to the Academic Youth", Zurich, September. 19, 1946. 参见 http：//www. europa-web. de/europa/02wwswww/202histo/churchil. htm。

4月，西欧16国在巴黎成立了欧洲经济与合作组织（OECD）；此前一个月，比利时、法国、荷兰、卢森堡和英国签署了《布鲁塞尔条约》，建立起一个抵御武装入侵的自动相互援助系统，五国结成西欧联盟（后来发展成为北大西洋公约组织，即北约NATO）。但是这些经济和安全领域的欧洲组织，并不具备历史新意，它们在制约性和集中度方面都没有超过"一战"后建立的国际联盟（League of Nations，简称国联），而历史已经证明国联正是由于它不具备强制执行力，所以没能阻止第二次世界大战的爆发。

而法国的部分精英则有不同的思路，他们更倾向建立一个具有超国家性质的欧洲组织。法国和英国政府的意见分歧在建立欧洲委员会（Council of Europe）时表现得很明显。在比利时和意大利的支持下，法国外长乔治·皮杜尔（Georges Bidault）提出在《布鲁塞尔条约》基础上，成立一个包括条约成员国和感兴趣的国家的大会，他的意思是建立一个具有广泛权限的、由各国议员组成的欧洲大会，施行多数表决制。这样欧洲大会就将扮演核心角色，此计划在由国家政府主导的国际秩序中显得颇具革命性。但是英国强烈反对这一方案，它依然坚持丘吉尔式的政府间合作形式，在这种形式下欧洲大会将只具有咨询功能。最终英国在斯堪的纳维亚国家支持下获胜，成立了一个由部长委员会和一个咨询机构组成的欧洲委员会：部长委员会召开闭门会议，咨询机构的会议（Consultative Assembly）对外公开，咨询会议只有审议权，但决策权归属部长委员会，部长委员会中每个国家都具有否决权。1949年5月布鲁塞尔条约5国和意大利、丹麦、爱尔兰、挪威和瑞典签约成立"欧洲委员会"（Council of Europe）。不管是要求建立欧洲联邦的理想主义者，抑或希望解决安全和经济问题的实用主义者，不少人都曾对欧洲委员会抱有希望，但由于欧洲委员会缺乏强有力的、能够施行多数表决制的决策机构，加上各国的分歧，它很快就让他们失望了。

经过一系列的试错，历史最终选择了以法国政治活动家让·莫内，时任法国外长罗贝尔·舒曼（Robert Schuman）和时任比利时外长保罗－亨利·斯巴克（Paul-Henry Spaak）为代表的稳健派联邦主义者，或者说"秘密联邦主义者"（crypto-federalism）① 的方法。"二战"结束已有 5 年时间，但欧洲还没有出现一种看起来能行之有效解决德国问题的办法。1949 年 5 月联邦德国成立后，法德之间就萨尔（Saar）地区的归属问题又起争议②，这更增加了解决德国问题的迫切性。关键时刻，让·莫内说服了时任法国外长的罗贝尔·舒曼。舒曼于 1950 年 5 月提出了由莫内起草的，倡议成立欧洲煤钢联营的《舒曼宣言》，呼吁将法、德两国生产的全部煤炭和钢铁都交给一个联合的高级机构管理，这一机构具备组织的基本框架，并对欧洲其他国家开放，允许它们加入。这项改变欧洲历史进程的伟大倡议将煤和钢这两种战争必不可少的重要资源划给一个超国家机构进行管理，并确保它用于和平目的，使得法德之间屡屡发生的战争"不仅不可想象，而且从物质上也不再可能"。德国总理康拉德·阿登纳（Konrad Adenauer）在《舒曼宣言》发表当天，就对这一创新性建议表示热烈欢迎，因为它也可使战败的德国能以平等的身份融入欧洲。随后，意大利、比利时、荷兰和卢森堡也都相继认可舒曼的计划，表示愿意加入。1951 年六国签署《巴黎条约》，建立欧洲煤钢共同体（ECSC），由让·莫内担任第一任高级机构主席。

让·莫内是一位不同寻常的技术官僚，他不是民主选举产生的政治领导人，但也不是以服从为天职的公务员，他游离于法国的官僚体制的内外，但却以卓越的创意、不屈的毅力和审慎周详的计划，说服了法国、西德、美国的政治决策者，开创出前所未有的欧洲联合之路。美国前总统约翰·肯尼迪（John Kennedy）称赞道："在他的启

---

① "秘密联邦主义者"是意大利的欧盟研究学者贾恩多梅尼戈·马琼（Giandomenico Majone）对让·莫内的称谓。参见 Giandomenico Majone, *Europe as the Would-be World Power*, Cambridge：Cambridge University Press，2009，chapter 3。

② 1950 年 3 月，法国同萨尔地方政府签订了《萨尔协定》，企图使萨尔自治永久化。法国的行动激起了西德民众强烈的抗议，联邦德国的阿登纳政府指责法国是在"变相吞并"萨尔区。解决萨尔归属问题是莫内提出《舒曼计划》的直接原因。参见［法］让·莫内《欧洲之父——莫内回忆录》，孙慧双译，国际文化出版公司 1989 年版，第 61—126 页。Francois Duchene，*Jean Monnet：The First Statesman of Interdependence*，New York：W. W. Norton and Company，1994，p. 42.

发下，欧洲联合不到二十年的时间的成就，超过了之前的千年。"①
莫内深悉西欧各国政府对主权和国家利益的深切顾虑，他明白斯皮内
利等联邦主义战士冀望的召开一次制宪大会，就建立起美国样式的
"欧罗巴合众国"，这种"大爆炸"式的激进做法不切实际，既打动
不了欧洲民众，也没办法让以国家利益为行动出发点的西欧各国政府
放弃自己的主权。所以他实施的是一种渐进主义和功能主义的方法，
先从具体事务入手。如《舒曼宣言》所言："欧洲建设不会一蹴而
就，也不会仅靠一项计划来完成：它将通过一系列具体的成就来实
现，首先要做的是形成一种事实上的团结一致。"莫内的传记作者弗
朗索瓦·杜赛内（François Duchêne）将这种思路归纳为戴高乐将军
在 20 世纪 30 年代末所提出的集群（blitzkrieg）坦克突击战术的政治
版：即集中所有力量在一个狭小区域取得突破，然后就可全线铺开②。
莫内相信，一旦煤炭和钢铁两个部门在超国家机构中运转良好，随后
这种建设统一欧洲的超国家模式就可扩展到其他领域。

　　欧洲一体化的早期历史证明莫内方法的确有效。欧洲煤钢共同体
兼具超国家和政府间两种性质：超国家性质的机构为高级机构（High
Authority）和法庭，两者都独立于成员国；政府间性质的机构指特别
部长理事会；除此之外还有一个由各成员国议会组成的公共大会
（Assembly）。煤钢共同体行政机构、国家监督机构（理事会），以及
民主监督机构结合在一起的"三方机构"，奠定下之后欧洲一体化机
构的制度雏形。由于高级机构是煤钢共同体中最重要的决策机构，所
以有德国学者称欧洲煤钢共同体是国际合作历史上第一个超国家组
织③。虽然以煤钢共同体为模板的"欧洲防务共同体计划"，在 1954
年因法国国民议会的否决而流产，但 1955 年的墨西拿会议上，六国
代表同意将一体化扩展到所有经济领域。1957 年煤钢共同体六国签

　　① Francois Duchene, *Jean Monnet: The First Statesman of Interdependence*, New York: W. W. Norton and Company, 1994, p. 6.

　　② Ibid., p. 10.

　　③ Greg Thiemeyer, "Supranationalität als Novum in der Geschichte der internationalen Politik der fünfziger Jahre", *Journal of European Integration History*, Vol. 4, No. 2, 1998, pp. 5 – 21.

署《罗马条约》，宣告成立"欧洲经济共同体"（EEC），以及一个特殊领域的部门共同体——"欧洲原子能共同体"（EURATOM），其制度结构都与欧洲煤钢共同体相似。欧洲经济共同体中的执行机构——执行委员会，虽然权力比煤钢共同体中的高级机构弱，但无疑其独立性要远远超过一般国际组织的秘书处，仍是一个超国家机构。

如上所述，欧洲一体化的设计和启动来自"二战"后欧洲一批政治经济精英的远见卓识。在一体化的初始阶段，为了保证"德国问题"等国际政治问题的有效解决，让·莫内、舒曼等欧洲之父们选择了一条实用主义路线，主要是做西欧各国政治领导人的工作，并未充分征求民众的意见，精英主义色彩很浓。让·莫内在其回忆录中坦承："我总认为，着手建立欧洲欧共体之举，必须先征得各国人民赞同的看法并不正确，因为各国人民对于共同体的形式问题还毫无具体经验可谈。"①"二战"结束后，世界秩序和欧洲秩序面临重大的重建良机，但西欧各国民众迷茫地面对着未知的未来，一方面他们已然意识到不能重蹈过去的覆辙，但另一方面又不确定欧洲究竟应当向何处去。所谓"时势造英雄"，让·莫内，尽管没有显赫的出身（法国北部小城科涅克的酒商之子），但却成为引导欧洲航船航向的"领航员"。如他所说：

> 开始统一欧洲，与其说是一种政治观念，倒不如说是一种道德观念。煤钢共同体建立之前，欧洲人已经逐渐失去了共同生活和联合创造的能力。他们对进步事业做出的贡献，他们在创造他们的文化的斗争中曾起的作用，似乎已经显得苍白衰微了。那么，是否能够找出一种机构把欧洲人民引到那变幻着的世界中去呢？事实证明，纯国家形式是无能为力的。在新建的共同体中，我找到了使欧洲人民重新获得他们在历史上曾经具有的那些优秀

---

① ［法］让·莫内：《欧洲之父——莫内回忆录》，孙慧双译，国际文化出版公司1989年版，第186页。

品质的唯一方法。①

　　莫内和他的小圈子虽然擅长改变政治家的想法，但他们并不依赖西欧的政治人物，他们是坚定的"专家统治论"（technocracy）者，认为在欧洲联合的大业上，各国政府毕竟难以摆脱主权的束缚，无力为共同的利益做出明智的决定。而只有他们这些有欧洲理想的专业人士，才能以专业的知识和不懈的努力，不断协调和解决一个个具体问题，推动欧洲一体化不断前行。半个多世纪后，一位美国学者这样评论："民主政治混乱而分裂，并充斥着妥协。莫内厌恶这些……莫内和欧洲的技术官僚并非对民主充满敌意，但他们知道什么才是对欧洲公民最好的，知道什么是应该去做的。"② 欧洲煤钢共同体中的高级机构、欧洲经济共同体中的执行委员会都是由赞成欧洲统一梦想的技术官僚组成，他们代表着欧洲的利益，也是整个共同体的发动机和欧洲一体化事业的守护者。

　　大部分西欧民众没有"统一欧洲"的理想，那个时候的他们，同现在一样，更加关心经济复苏和自己生活水平的改善。但与当下不一样的是，"二战"后的西欧人民已经适应了战争时期的"统制"（dirigisme）经济模式。战争期间政府处于经济生活的中心，统一调配各种物资，分配生活用品，调整产业布局，以应对战争需要。战争的洗礼增强了公民对政府的信任感，"引发并培养了当时相当抽象的政府'计划'观念"，人们极度地相信政府有能力（不仅仅是有责任）出于集体目的和目标，通过动员和指挥人民，调度各项资源，来解决一些大规模的问题③。思想具有很大的惯性，"二战"结束后，这种思潮延续下来，一方面促使西欧各国普遍建立起"从摇篮到坟墓"，由国家为公民规避社会风险的福利国家体系；另一方面也使得西欧民众

---

　　① ［法］让·莫内：《欧洲之父——莫内回忆录》，孙慧双译，国际文化出版公司1989年版，第218页。

　　② ［荷］伊恩·布鲁玛：《欧洲需要英国吗?》，法国《费加罗报》2013年2月9日。

　　③ ［美］托尼·朱特：《战后欧洲史（卷一）：旧欧洲的终结（1945—1953）》，林骧华等译，中信出版社2014年版，第87页。

在心理上轻易地接受了在民族国家之上又新增一层管理机构（即欧共体）的政治制度安排。对于欧洲煤钢共同体和欧洲经济共同体里按法国官僚制模式构建起来的执行委员会，法、意、西德等六国民众也没有什么异议，很自然地将其视为自己国内都在轰轰烈烈进行的"现代化计划"的延伸和扩展。

初创阶段的欧洲一体化工程，在不少方面符合一个多世纪前圣西门的预言。19 世纪的法国空想社会主义者克劳德·昂利·圣西门（Claude-Henri de Rouvroy, Comte de Saint-Simon）因其思想对马克思主义的启蒙性影响而为中国人所熟知，但他同时也是欧洲联合的预言家和最早一批设计师。他在 1814 年拿破仑战败后，撰写了《论欧洲社会的改组》一书，提出法国和英国这两个欧洲实力最强、积怨最深的国家应当和解，并在这两个国家和解的基础上实现欧洲的联合。我们今天看到的欧洲一体化也是建基于欧洲两个大国的和解，只不过是把英国换成了德国。圣西门是专家治国论的先驱，在欧洲联合问题上，他认为应当首先建立一个法英议会，再吸收其他国家参加，成立一个全欧议会。这个全欧议会是欧洲的最高权力机关，组成议会的不是民选的议员，而是在行政管理、科学和经济方面具有杰出才能的并有着"爱欧主义"精神的专业人士。欧洲所有国家的议会都必须承认这一总议会的最高权力，它位于一切民族政府之上，拥有裁决它们之间的纠纷，并处理所有涉及总体利益问题的权力[1]。"唯有一个与知识状态相符合的政治体制的建立，和一个得到授权、能够抑制诸民族和诸国王的野心的普遍权力的创立，才能在欧洲建立起一种安宁稳定的秩序。"[2] 欧洲经济共同体和煤钢共同体中当然没有圣西门畅想出的由柏拉图式精英组成的最高权力机关——"全欧议会"，但由专业人士组成的执行委员会/高级机构和共同体法院的确发挥着推动欧洲一体化前进的核心作用，执委会是一个拥有动议权的规制性官僚机构，共

---

① ［法］皮埃尔·热尔贝：《欧洲统一的历史和现实》，丁一凡、程小林、沈雁南译，中国社会科学出版社 1989 年版，第 14 页。

② ［法］夏尔·奥利维耶·卡博内尔：《圣西门的欧洲观》，李倩译，北京大学出版社 2016 年版，第 90 页。

同体法院受理各机构和成员国之间的争端。而设在法德边境的斯特拉斯堡（位于法国境内），代表人民的共同大会（Common Assembly），其成员均非普选产生，它的设立也只不过是效仿当时其他一些国际组织（联合国、西欧联盟、欧洲委员会、北约等）的机制架构——所有这些国际组织都拥有自己的议会大会；它的所谓民主监督权力也非常有限，总体上它只是共同体的一个装饰品。

圣西门代表了专业精英治理的精神，它同莫内等"欧洲之父"们所开拓的欧洲一体化历史进程有一些共通之处。前世界贸易组织总干事帕斯卡·拉米（Pascal Lamy）言道：欧洲从一开始就是以一种"圣西门"式的方法（技术官僚）一体化的，这就是莫内路径：民众没有准备好同意一体化，所以你无须告诉他们太多发生了什么。① 早期的欧洲共同体机构的民主因子的确并不丰富。不过另一方面，即使在欧洲一体化之初，欧洲机构也已拥有一定的民主萌芽，这主要体现在两个方面：第一，分权制衡是欧洲机构创设时就秉承的理念，执委会代表欧洲的整体利益（通过技术官僚来代表），理事会代表各成员国利益（理事会机构是应荷兰、比利时和卢森堡这三个小国的要求设立的，目的是制衡法国和德国两个大国），议会大会代表人民的利益，三者相互制约，保持平衡。各个共同体还专设了监督机构和法院，检查委员会的工作。所以舒曼自信地勉励执委会的官员们："独立并不意味着不负责任。在你们的工作中已经使权力达到了平衡。依我看，权力平衡是民主制度的卓越保证。这种出色的民主制度已经确立，无须再去创造和发明了，这些民主制度的形式就是，超国家的权力机构，各国部长理事会，议会监督和法律监督机构。"② 第二，建立欧洲机构之时，让·莫内等精英就充分考虑到议会的不可或缺性，这反映出他们的民主精神和对民主的追求。《舒曼计划》倡议成立的煤钢联营中就设有共同体大会来监督和检查高级机构的工作，并赋予了它

---

① 转引自 George Ross, *Jacques Delors and European Integration*, London: Polity Press, 1995, p. 194。

② ［法］让·莫内：《欧洲之父——莫内回忆录》，孙慧双译，国际文化出版公司1989年版，第144页。

一定的权力：它有权以 2/3 多数通过弹劾案，解散高级机构。如他所言：在一个政府权威都来自代议制议会的世界，欧洲不能不建立这样一个大会机构①。1957 年《罗马条约》里规定，共同体议会议员未来不再由成员国指定，应当尽早实现直选。莫内等人在民主问题上走了一条实用主义的道路，但在一体化具体的每一步，均希望尽可能满足一些民主要件。如他所说："我认为，新创立的各种机构都应在有限范围内切实保证充分发扬民主，而且还应使民主得到进一步的发展。"② 这些制度安排和思想意识为之后的欧洲机构民主化植下了宝贵的种子。

"宽容共识"还是"偷来的一体化"

如果说欧洲共同体机构创立的合法性主要来自解决"德国问题"，带给西欧"和平"的话，那么之后 40 年欧洲一体化的合法性来源就是它帮助实现了西欧的"繁荣"。20 世纪 50 年代至 70 年代，西欧迎来经济发展的"黄金时代"。西欧是当时世界上除日本之外，增长速度最快的发达国家地区：1950—1973 年，西德的实际人均 GDP 翻了3 倍多，法国人均 GDP 上升 1.5 倍，意大利经济底子虽然薄，但发展得更快，荷兰经济的年均增长率为 3.5%，是之前 40 年年均增速的 7倍。西欧诸国的经济结构也发生重大变化，法国、意大利、爱尔兰、斯堪的纳维亚国家只用了一代人的时间就实现了工业化，从农业国直接越过工业阶段，变为以服务业为主体的经济体③。工业化和城镇化大大改善了居民的生活条件，汽车、电视机、冰箱、洗衣机进入寻常百姓家，成为占主体的中产阶级家庭必备品。随着实际工资不断增

---

① 莫内在各国代表团辩论《舒曼计划》时的发言。参见 HAEC，AA/PA. SFSP-62，11. 7. 1950. Cited in Berthold Rittberger, *Building Europe's Parliament: Democratic Representation beyond the Nation-State*, Oxford: Oxford University Press, 2004, p. 1.

② [法] 让·莫内：《欧洲之父——莫内回忆录》，孙慧双译，国际文化出版公司 1989 年版，第 186 页。

③ [美] 托尼·朱特：《战后欧洲史（卷二）：繁荣与革命（1953—1971）》，林骧华等译，中信出版社 2014 年版，第 117 页。

长，度假旅游等原属上流社会专有的奢侈休闲行为变成大众的普通娱乐方式。生活的安逸和欣欣向荣的繁华景象，塑造了西欧较为稳定的政治环境，也使得民众对政治精英推动欧洲一体化的举动基本上持一种相对超脱和消极支持的态度。有学者将这种状况概括为"宽容共识"（permissive consensus），即一方面公民们对于把欧洲一体化当作最值得追求的目标存在广泛的共识，另一方面又表示他们对一体化的具体实施很不了解，尽管精英们在不顾公众态度的情况下持续扩大一体化的范围，但公民没有感到自己的利益受到直接的负面影响，他们善意的基本态度以及因无知而产生的被动状况便允许一体化大步前进。①

1957 年《罗马条约》签署之前，在朝鲜战争等国际政治因素的影响下，欧洲煤钢共同体六国也曾尝试过政治一体化。1953 年 3 月以比利时前首相保罗 – 亨利·斯巴克为首的委员会，受煤钢共同体共同大会委托，制定了建立政治共同体的条约草案。根据该方案，政治共同体将设置一个由直接普选产生的两院制议会，分别是名为"人民院"的下院和被称作"参议院"的上院，议会拥有部分修宪权。但1954 年 8 月，法国国民议会否决了同欧洲政治共同体一起提交的《欧洲防务共同体条约》，所以《政治共同体条约》也就失去了意义，这一联邦制尝试失败了。随后从 1955 年的墨西拿会议开始，西欧六国整体上转向经济合作，按照关税同盟、共同市场、经济联盟（也包括统一货币）的巴拉萨经济模型②，分阶段推进一体化，力争为共同体内部所有经济活动建立一个跨越国界的大市场。

1957 年的《罗马条约》标注自己的目标是"为欧洲各国人民之间日益紧密的联盟奠定基础"，并在"序言"里把欧洲经济共同体的

---

①　Leon N. Lindberg and Stuart A. Scheingold, *Europe's Would-be Polity*, *Patterns of Change in the European Community*, Englewood Cliffs, N. J.：Prentice-Hall, 1970, p. 41. 转引自 ［德］贝娅特·科勒 – 科赫等《欧洲一体化与欧盟治理》，顾俊礼等译，中国社会科学出版社 2004 年版，第 224 页。

②　巴拉萨的模型认为经济一体化需经历自由贸易区、关税同盟、共同市场和经济联盟四个阶段。Bela Balassa, *The Theory of Economic Integration*, London：Allen and Unwin, 1962.

成立评价为"在欧洲实现和平的又一步骤"，但它的内容主要停留在经济领域，核心是建立关税同盟。关税同盟有别于英国主张的自由贸易区①，自由贸易区只是降低各参加国之间的关税，但是没有共同的对外关税，而关税同盟则要取消各参加国相互之间的全部关税及其他收费，建立共同的对外关税。《罗马条约》直接跨越了巴拉萨经济模型中的自由贸易区阶段，规定在共同体的"内部边界"（各成员国边界）内取消全部关税，在自条约生效（1958 年 1 月 1 日）以后的 12 年时间内建立共同的对外关税。此外，《罗马条约》还规定了工商业开业自由、人员、资本及服务业自由流通等共同市场建设的内容，以及实行有严格管理的共同农业政策和共同交通政策等"欧洲煤钢联营"类型的部门一体化规划。欧洲经济共同体在落实《罗马条约》提出的目标方面成绩显著：1961 年共同体六国的内部关税就已基本清零，工业品的配额限制大半消除，1968 年共同体宣布关税同盟比预计提前两年建成；1962 年经济共同体开始启动共同农业政策建设；1970 年各成员国同意由执委会代表它们参与关税贸易总协定肯尼迪回合的谈判。这些举措极大地促进了地区贸易增长，1958—1970 年间，欧洲经济共同体成员国的出口量增加 3.2 倍，进口增长 3.4 倍，而同期美国的出口只增加了 1.9 倍，进口增加了 2.4 倍。同时期，共同体内部贸易增长 3.6 倍，与第三国的贸易增加 3 倍②。共同体各国经济出现了"贸易增加"效应，企业通过规模经济效用，提高了它们的生产率。共同农业政策的实施也大大刺激了共同体六国，特别是法国的农产品生产，一度成就"黄油成山，葡萄酒如海"的盛景。

与欧洲一体化初始时期相似，共同体民众没有直接挑战欧洲层面的经济政策举措。但持联邦主义立场的政治精英很自觉地认为欧洲经济共同体应当逐步地"议会化"，欧洲机构中处于边缘地带的共同大

---

①　英国也正是因为不同意关税同盟建设方案，以及担心超国家机构对自己主权的干涉，所以没有加入欧洲经济共同体。丹麦、挪威、瑞士、奥地利、瑞典和葡萄牙也没有参加欧洲经济共同体，而是与英国组成了"欧洲自由贸易联盟"（EFTA）。

②　［法］法布里斯·拉哈：《欧洲一体化史：1945—2004》，彭姝祎、陈志瑞译，中国社会科学出版社 2005 年版，第 63 页。

会，也开始"以人民代表的名义"，不断维护和声索自己的权力。它的努力，得到了代表共同体利益的执委会的支持。《罗马条约》成立的欧洲经济共同体和原子能共同体都没有专门设立自己的公民大会（即议会），而是与煤钢共同体"共用"一家共同大会，该大会1958年更名为"欧洲大会"（European Assembly），1962年3月正式改名为"欧洲议会"（European Parliament）。大会成员来自各成员国议会，整体上支持建立联邦欧洲。1958年在选举新议长时，大多数代表拒不接受部长理事会提出的各国轮流坐庄的原则，反对六国部长推荐的意大利候选人，而是一致推选罗贝尔·舒曼这位联邦主义者为议长。欧洲议会（及其前身）不甘于被排挤在权力中心之外，不断尝试实现自身的普选，争取在监督共同体权力机构、参与立法和任命官员等方面的权力。欧洲议会扩权的合法性非常充足，1963年它出台的"加强欧共体议会民主"的报告中提出"扩大议会的权力是加强欧共体的民主结构和共同体精神之必须"①，但可惜却遭到成员国政府（主要是法国政府）的无视和驳斥。

欧洲议会在经济共同体内的拳击场上算不上真正的选手，够分量的权力对决发生在执委会与成员国政府之间。执委会握有立法提案权和监督执行权，它对共同体取得的经济成就贡献最大。德国总理阿登纳的前助手、经济学家沃尔特·哈尔斯坦（Walter Hallstein）担任欧洲经济共同体执委会首任主席（任职时间是1958—1967年）。他雷厉风行，行动果敢，但同时他也引起了有着强烈的民族主义情怀的法国总统夏尔·戴高乐（Charles de Gaulle）的反感。哈尔斯坦曾告知记者，或许他可以被视为"西欧"首相②，他也曾在执委会所在地——布鲁塞尔铺红地毯迎接各成员国大使，这些都激怒了戴高乐将军③。

---

① Paula Scalingi, *European Parliament: Three-decade Search for a United Europe*, London: Aldwych Press, 1980, p. 69.

② Derek W. Urwin, "The European Community: From 1945 – 1985", in Michelle Cini, ed., *European Union Politics* (Second Edition), Oxford: Oxford University Press, 2007, p. 23.

③ Charles de Gaulle, *Discours et messages: Tome IV: Pour l'effort*, Paris: Plon, 1970, pp. 195 – 196.

1965 年 3 月，执委会提出了加快联合步伐的"一揽子计划"，包括提前完成关税同盟和共同农业政策的目标、扩大欧共体的自有财源、加强执委会和欧洲议会对预算的控制权，遭到法国的否决。戴高乐严厉指责哈尔斯坦违反决策程序，在部长理事会讨论之前就擅自把"一揽子计划"的内容通告欧洲议会。① 4 月，执委会和德国、意大利等国提议把部长理事会的决策机制由全体一致通过变为特定多数表决制（QMV，超过 2/3 票数可通过），这一实质上取消了法国的一票否决权的制度改革倡议彻底惹恼了戴高乐。他召回了法国在共同体常设代表委员会的代表，用全面缺席来抵制执委会。在以后 7 个月的时间里，法国代表没有参加任何欧共体会议，从而引发了持续半年之久的"空椅子危机"。

戴高乐反对将更多的国家主权转让给执委会和欧洲议会，在民主理念上，他坚信通过代议制选举产生的民族国家政府，而不是执委会的技术官僚或者距离选民遥远的欧洲议会议员，才是最终的负责人。戴高乐的亲密助手，也是他的法国总统继任者——乔治·蓬皮杜（Georges Pompidou）很好地阐释了他的理念：

> 布鲁塞尔的专家们想要立即建立一个具有超国家权力的经济统一的欧洲，为了支持这一个欧洲，还提出组织欧洲议会的要求。这样做是违背理性的。譬如说，他们想关闭圣太田煤矿，明天又要规定小麦、牛奶、肉类的价格。矿工和农民会允许不经政府同意就由不负责任的技术官僚对他们生死攸关的问题擅作主张么？他们会起来造反，推翻他们的政府的。②

1966 年 1 月，欧共体与法国达成了妥协，其他成员国都做出让步，认可了法国的要求，即当欧共体决策涉及"重大利益"时，各

---

① 阎小冰、邝扬：《欧洲议会：对世界上第一个跨国议会的概述与探讨》，世界知识出版社 1997 年版，第 12 页。

② ［法］梅里·布隆贝热：《蓬皮杜传》，上海人民出版社 1973 年版，第 376 页。

国享有一票否决权,史称"卢森堡妥协"。"卢森堡妥协"标志着欧洲一体化进程中"国家的回归",技术官僚主导的功能性一体化路径暂时受挫,捍卫本国利益而不是从欧洲利益出发,在部长理事会内成为主流思维模式。成员国派出越来越多的官员和外交官去观察理事会的活动,并且认真考核执委会提出的各项议案,这种政府间主义不同于让·莫内倡导的超国家主义,被一些学者称为"第二次欧洲构建"(a second European constitution)。① 1967 年欧洲煤钢共同体和原子能共同体并入欧洲经济共同体,组成欧洲共同体(European Community)(简称欧共体),高级机构和原子能机构都不复存在;1974 年根据两份《达维尼翁报告》的建议,欧共体设立"欧洲理事会"(European Council,即首脑会议),成员国首脑每年固定召开三次会议,确定共同体政策的大政方针,形成"欧洲政治合作"机制。首脑们定期会晤和深度介入决策,标志着执委会不再拥有煤钢联营以来就拥有的"领导者"地位②。

处于权力博弈外围的民众则对欧洲一体化究竟由谁来主导不是非常感冒,一方面这是因为 20 世纪 80 年代之前的一体化措施主要属于"消极一体化"范畴,即削减贸易壁垒和公平竞争障碍,而不是"积极一体化",即在更大框架下重构经济规范体系③。"消极一体化"主要是减少因边界产生的成本和过多的行政管制,不涉及利益的重新分配,所以容易赢得各行业民众和企业的欢迎。另一方面,共同体六国的高速经济发展也确实增强了民众对欧共体的信任度。曾经主导建立"欧洲自由贸易联盟",同欧洲经济共同体唱"对台戏"的英国,由

---

① Sabino Cassese and Giacinto Della Lananea, "The Commission of the European Economic Community: The Administrative Ramifications of Its Political Development (1957 – 1967)", in Erk Volkmar Heyen, ed., *Die Anfänge der Verwaltung der Europäischen Gemeinschaft*, Baden-Baden: Nomos, 1992, p. 86. John Lamber, "The Constitutional Crisis, 1965 – 1966", *Journal of Common Market Studies*, Vol. 7, No. 3, 1966, pp. 195 – 228.

② Emmanuel Mourlon-Druol, "Filling the EEC Leadership Vacuum? The Creation of the European Council in 1974", *Cold War History*, Vol. 10, No. 3, 2010, pp. 315 – 339.

③ Fritz W. Scharpf, *Governing in Europe: Effective and Democratic?*, Oxford: Oxford University Press, 1999, p. 45.

于其出口大幅转向欧共体国家，为了其长远的商业利益①，三次申请加入欧共体。在两次被戴高乐否决后，1973年终于得偿所愿，与丹麦和爱尔兰一起成为欧共体的新成员。1975年英国就"是否留在欧洲经济共同体"举行它历史上的第一次全民公决，超过2/3（实际比例为67%）的投票者表示赞成，而且投票率高达64.67%，超过之前举行的英国大选。

20世纪70年代，欧共体内超国家主义者利用戴高乐离任带来的转机，稳步增加了欧共体的权力，并对欧共体的民主架构进行了改良。1971年，《卢森堡条约》生效，欧共体开始逐步扩大"自有财源"的进程，进口关税、农产品进口差价税、糖税，以及成员国增值税提成取代之前的成员国摊款和捐款，成为预算收入的主要来源。这标志着欧共体的财政独立性有了重大突破，拉大了欧共体与一般的国际组织的差异性（通常国际组织的财政开支依赖成员国政府缴纳的会费）。1975年的《布鲁塞尔条约》确认了欧洲议会与部长理事会一起成为共同体预算方面的权威，尽管当时欧洲议会仅拥有用于欧共体机构开支等方面的"非强制性"开支（约占总预算的3.5%）的拍板决定权。

1979年欧洲议会终于实现了普选，这部分要归功于让·莫内等"秘密联邦主义者"：1973年，让·莫内通过他创建的民间性质的"欧洲合众国行动委员会"，提交了一份关于建立欧洲联盟的法案，该联盟包括一个欧洲政府和一个由选举产生的议会。各国政府对其相当重视，1974年在巴黎举行的9国首脑会议讨论了建立欧洲联盟问题，委托比利时首相列奥·廷德曼斯（Leo Tindemans）牵头组织小组进行研究。1976年1月《廷德曼斯报告》出炉，提出如果共同体成员国能在经济、货币、防务、外交等各方面合作，1980年左右即可建立欧洲经济与货币联盟和政治联盟。这一报告的超国家程度是成员国短期内无法接受的，《廷德曼斯报告》建立经济和货币联盟的时间

---

① ［美］安德鲁·莫劳夫其克：《欧洲的抉择：从墨西拿到马斯特里赫特》（上），赵晨、陈志瑞译，社会科学文献出版社2008年版，第220页。

表没能兑现，但它提出的以选举改变议会的产生方式的建议得到采纳。1979 年欧洲议会实现了历史上第一次直接选举，9 个成员国的公民直接投票选举欧洲层面的 410 名议员。民众对欧洲议会选举的热情很高，9 国平均投票率达到了 62.5%，这充分证明当时共同体民众对欧洲联合事业普遍持一种支持态度。

与政治上的"进步"（如果我们按线性进化论观点，以更加欧洲为进步）相比，20 世纪 70 年代和 80 年代初，欧洲经济一体化成就则逊色得多。1973 年和 1978 年两次石油危机拖拽着欧共体国家与整个西方世界一道陷入"滞胀"（即经济停滞与通货膨胀并行），欧洲经济一体化也失去了"魔力"：欧共体在与英国关于财政缴款份额上争执不休，牵扯了欧共体的大量精力；虽然欧共体为了稳定汇率，建立起约束成员国之间汇率变动的"蛇形浮动"机制（成员国之间实行准固定汇率，上下浮动的界限为货币平价各 1.125%），但没有根本解决汇率波动问题；尽管关税同盟废除了公开的海关关税和收费，但各国货物与服务贸易的潜在的非关税壁垒，比如进口数量限额、互不兼容的工业规范和标准（例如电器插头或纸张规格的标准）、各国对健康保护和环境保护的不同规定，都阻碍了共同体市场的扩大和深化。

历经 30 年的经济快速发展之后，欧共体似乎患上了肌体"硬化症"，迫切需要一位技艺娴熟的主刀大夫来对症施策。1984 年它等来了第八任欧盟委员会主席——雅克·德洛尔（Jacque Delors）（1985—1995 年任欧委会主席）。德洛尔是一位精力充沛、富有决断力的法国社会党人，他曾在弗朗索瓦·密特朗（Francois Mitterand）的法国政府中当过 3 年财政部部长，是密特朗的亲密战友，同时他与比利时、荷兰、意大利以及 1986 年加入欧共体的西班牙等国领导人保持着个人友谊。德洛尔支持德国统一的态度也赢得了当时西德总理赫尔穆特·科尔（Helmut Kohl）的信任，两人成为"死党"（Bluntbruder-schaft）。他与时任英国首相玛格丽特·撒切尔（Margaret Thatcher）虽然在"联邦欧洲"还是"邦联欧洲"的系列斗争中互不相让，是一种类似让·莫内对垒戴高乐的关系，但对欧共体应当促进各国放松管制、走自由化之路的总体方向有高度共识。

德洛尔具有高超的治国理政之术（statecraft），为了"驯服"各成员国政府，除了与各国政要建立私人关系外，他充分利用欧洲 20 世纪 80 年代在经济上落后于美国和日本这两个发达世界主要竞争对手，结构性失业严重，科技密集型企业外流、贸易逆差不断增大的现实，创造一种欧共体必须尽快改革、时不我待的紧张气氛①。德洛尔在接受法国《费加罗报》采访时曾说：欧共体历史的第一阶段是 1950—1982 年，它的基石是舒曼的格言"我们之间永不再战"，从 1984 年开始，这一基石已经变为我的理念——"联盟是为了我们的生存"，没有联盟，"我们的国家将变成日本人和美国人参观的博物馆"②。在方法上，德洛尔领导下的欧共体委员会将一系列不同的问题打包在一起，提出一揽子解决方案，在各国之间进行利益互换，满足各国最核心的要求（无论是地缘政治，还是经济利益），从而取得了各国政府的支持。德洛尔重新树立起欧共体"共同体化"的新模式。

在他任内，欧共体成功地"重启"一体化，其中最重要的成就是建立统一大市场。1985 年欧委会发布《关于建立内部市场的白皮书》，提出消除关税取消之后存在的所有贸易壁垒，截止时间就定在 1992 年；随后举行的米兰首脑会议同意了该白皮书建议，制定了《单一欧洲法令》。1987 年生效的《单一欧洲法令》是对《罗马条约》的第一次重大修订，它明确提出了在 1992 年 12 月 31 日前建成内部市场，该"内部市场应包括一个没有内部边界的区域，在此区域内，商

---

① 有德国学者就认为欧共体在与美国和日本这两个对手的竞争中处于劣势，并在科研上存在"开发空白"并非客观事实，而是一种政治上对现实的虚构，这种虚构是被欧委会通过各种策略（例如成立各种专家委员会、定向地发布委托研究项目、逐步把愈来愈多的专家及官员引导到欧洲"科研滞后"的讨论中）而有意建立和推动，目的是让欧共体掌握制定科研开发政策的权力。参见 Jakob Edler, *Institutionalisierung europaeischer Politik*, *Die Genese des Forschungsprogramms BRITE als reflexiver sozialer Prozess*, Baden-Baden：Nomos, 2000。转引自〔德〕贝娅特·科勒－科赫等《欧洲一体化与欧盟治理》，顾俊礼等译，中国社会科学出版社 2004 年版，第 68 页。

② Charles Grant, *Delors：Inside the House that Jacques Built*, London：Nicholas Brealey, 1994, p. 125.

品、人员、服务和资本的自由流通应予以保证"。统一市场涉及各国经济社会诸多领域的规则和规制，成员国政府很多的经济管理权需要上交欧共体，所以仅 1988 年上半年，欧共体通过的决议就超过它 1974 年至 1984 年通过决议的总和，德洛尔自豪地声称："10 年内，80% 的经济立法，可能甚至连税收和社会议题，都将出自欧共体。"①

　　统一大市场尽管在实施过程中遇到许多实际障碍，但从已有的实施效果来看，它不仅增加了企业的活力（对跨国大企业尤其有利），同时也大幅降低了成员国民众的一些必要的生活成本，比如电话费下降70%，机票价格至少下调40%。由于欧洲建立了单一市场，现在欧盟范围内免收手机漫游费，廉价航空公司得以提供最低低至 1 欧元的机票（税费除外）。欧洲范围内的公路铁路更加开放，交通更加便利，《申根协定》签署国之间互免签证。单一市场也给欧盟的公民提供了选择在任何一个成员国居住、学习、工作、退休的可能。

　　但与此同时，欧共体权力的不断扩充引起了部分欧洲民众的警觉。首先是学者觉醒起来：20 世纪 80 年代后半程，关于欧洲政治一体化缺失和"民主赤字"的讨论开始升温。意大利的欧洲一体化问题专家贾恩多梅尼戈·马琼（Giandomenico Majone）就严厉地指出，以解决一个一个技术问题为名不断推进的"莫内理论"是一种"偷来的一体化"。②德洛尔很清楚欧共体扩权和增加民主控制是一对难解的矛盾。特别是当欧洲一体化进入货币联盟建设领域，开始触碰共同货币这一更加敏感问题时，他在 1990 年言道："没有平行同时推进的制度改变，保证共同体的民主和政治平衡，经济和货币联盟难题就会变得无解。这意味着我们一方面需要赋予共同体执行机构更多的权力，使其更有效率、更加强大，另一方面需要降低我们制度的民主

---

①　Charles Grant, *Delors: Inside the House that Jacques Built*, London: Nicholas Brealey, 1994, p. 88.

②　Giandomenico Majone, *Dilemmas of European Integration—The Ambiguities and Pitfalls of Integration by Stealth*, Oxford: Oxford University Press, 1995.

赤字。"①

为了减轻欧共体制度的"民主赤字"，欧共体 20 世纪 80 年代在两个方面有实质性举动：首先是增强欧洲议会权力。《单一欧洲法令》不仅要求部长理事会在共同市场问题上采取特定多数表决制（这是为了增加决策效率），同时也赋予欧洲议会一定的立法参与权。《法令》规定议会与部长理事会在共同农业政策和运输政策等领域根据"合作程序"进行决策，即部长理事会在对委员会的方案做出决定之前，需要把自己对议案形成的"共同立场"告知议会，而议会可以以绝对多数拒绝接受这一立场。当这种情况发生时，理事会只能以"一致同意"方式才能通过该提案。此外，议会还得到一定的批准权，比如如果欧共体要吸收新成员，必须得到欧洲议会的批准。其次，"社会欧洲"建设被提上日程，包括《单一欧洲法令》引入了"社会对话"的概念；1989 年欧共体通过了《欧共体劳动者基本社会权利宪章》，将共同市场的社会范畴具体化；德洛尔作为社会党的成员，非常重视委员会与各国工会等社会伙伴之间的咨询协商等（详见第五章）。

《马斯特里赫特条约》之后的政治化和民主化

1989 年柏林墙倒塌，上百万的民主德国人涌入联邦德国。次年两德统一，"德国问题"以民主德国并入联邦德国，德国"绑在"欧洲的方式得以解决。1991 年苏联解体，冷战出人意料地结束了。美国和西欧的政界和主流知识界对此颇为欣喜，弗朗西斯·福山提出的"历史终结论"（即自由民主制度是"人类意识形态发展的终点"和"人类最后一种统治形式"）虽然极端，但确是他们当时对自己政治制度骄傲和自信心境的写照。此种情绪感染之下，欧洲政治一体化步入快车道，1991 年 12 月欧共体 12 国在荷兰小城马斯特里赫特签署

① Charles Grant, *Delors: Inside the House that Jacques Built*, London: Nicholas Brealey, 1994, p. 129.

《政治联盟条约》和《经济与货币联盟条约》（两个条约并称为《欧洲联盟条约》，或按签署地称为《马斯特里赫特条约》，简称《马约》），"欧洲共同体"更名为"欧洲联盟"（简称欧盟），成为一个包括经济、外交、防务、司法和内部事务在内的综合性联合体。经济一体化方面，时任德国总理科尔为了降低德国马克的币值，以及换取法国等国支持德国统一①，压制了德国中央银行的意见，愿意响应法国的号召，推进货币一体化。《马约》制定了向欧洲经济与货币联盟（EMU）过渡的时间表和需要满足的条件，规定至迟1998年成立欧洲中央银行，1999年发行统一货币。

　　《马约》在欧洲一体化史上具有里程碑意义，它首次突破了欧洲煤钢联营建立以来，一体化所沿袭的经济一体化框架，避难政策、移民政策、打击犯罪、刑事和司法合作、警务合作、安全防务合作和外交政策协调等"高政治"领域的一体化都纳入欧盟架构。《马约》确定了欧盟的基本架构为"三根支柱"：共同市场和货币联盟等经济内容，以及社会、环境等传统上已被定为以"共同体方法"协调的政策被归入"第一支柱"，同时将"共同外交与安全政策"设为"第二支柱"，涉及外交、军事等政策，"第三支柱"则为"刑事领域警务与司法合作"，包括共同合作打击刑事犯罪等内容。欧盟初现一个超国家独立政治实体的制度架构，《马约》第6款写明：联盟建立在自由、民主、尊重人权和基本自由，以及法治原则的基础之上。

　　同时，《马约》在欧盟民主建构方面有一些突破性举措：第一是创立了欧洲公民资格，《马约》为欧盟成员国的国民建立了一种共同公民身份，保障了欧盟各成员国公民享有同等的政治权利，这样居住在另一成员国的欧盟公民也可享受参加市政选举的权利（选举权和被选举权）、参加欧洲议会选举的权利，任何公民都有在欧洲议会请愿的权利。第二是扩充了欧洲议会的权力，欧洲议会与部长理事会"共同决策程序"成为《马约》的正式条款。议会有权以"绝对多数票"

① ［美］安德鲁·莫劳夫其克：《欧洲的抉择：从墨西拿到马斯特里赫特》（下），赵晨、陈志瑞译，社会科学文献出版社2008年版，第511—633页。

否决或修改部长理事会对提案形成的共同立场，如果双方调解失败，这一议案将被搁浅。这样，欧洲议会的权力就比《单一欧洲法令》更进一步，如果议会否决，理事会无论是否"一致同意"，都无法通过此项决策（不过共同决策程序适用范围有限，局限于与内部市场有关的 15 个领域）。欧洲议会还拥有了更多的咨询权、批准权和监督权。第三是从宪政法理上规定了欧盟、国家和地方之间的权限原则，保证了地方层级的参与权。《马约》强调了辅助性原则（subsidiary）的重要意义，指出欧盟仅能够在专属自己的领域内，当它肯定要比国家、地区和地方一级自己采取行动更有效时，方可行使权力。否则，欧盟不应出面干预原属地区和国家的事务。辅助性原则强调权力归属的排序应是自下而上，尤其重视地方自治权，这也对欧盟的权力进行了成员国政府之外的制衡。

但是欧盟的政治化和民主化却没有赢得所有民众的"欢心"。丹麦就《马约》生效举行的第一次全民公投以失败告终，震惊整个西欧；法国也就《马约》展开激烈的国内辩论，总统密特朗不得不诉诸公投，结果是以 51% 对 49% 的比例惊险过关；第二次丹麦公投通过了《马约》，但欧盟其他国家为了说服丹麦人民，额外给予丹麦特别待遇，丹麦可选择不参加欧盟一些领域的政策（opt out）。此外，德国联邦宪法法院和丹麦最高法院还对欧盟提出了宪政层面的警告和挑战。德国宪法法院 1993 年 10 月的裁决书认定欧盟相当于一个国家联合体，即主权国家联盟，并提醒欧盟在定义和实施共同政策时，不仅需要共同体机构和成员国代表及其行政机构参与，有时也需要吸收地方领土单位参与[1]。社会层面也发生了一系列直接抗议欧共体和欧盟的活动，从 1990 年 3 月到 1992 年 1 月，丹麦、荷兰、德国、意大利和希腊的农民用封锁街道、港口和边境交通等形式抗议欧共体/欧盟侵害农民利益。欧洲政治研究界普遍认为，到 20 世纪 90 年代，普通民众与精英就欧洲一体化达成的"默契"，即"宽容共识"消失

---

[1]　［法］法布里斯·拉哈：《欧洲一体化史：1945—2004》，彭姝祎、陈志瑞译，中国社会科学出版社 2005 年版，第 99 页。

了。戴斯蒙德·迪南（Desmond Dinan）1994 年对此有一段评论，其观点与当时媒体的主流观点以及欧洲各国政治家们的结论比较一致：

> 1992 年，当《马斯特里赫特条约》的批准遇到危机之时，公众对欧共体的精英及其决策不透明的忧虑公开化了。……各国政府由此领教了一个代价高昂的教训：共同体愈来愈侵入到民众的日常生活当中，国内事务与共同体事务之间的界限正在逐步消失，因此公众希望共同体的决策能更为公开，并更多地参与到决策中。①

随着欧盟管理市场和产业的权力越来越大，经济一体化中"积极一体化"的成分越来越多，这部分导致民众感到欧盟的利益分配是不公正、不合理的。比如共同农业政策补贴农民，结构基金和地区基金对不发达地区给予补助，资助科研项目，这些都具有社会再分配的功能，很容易引起未获利者的怨恨。民众也越来越多地感知到欧盟的重要性：要求和监督企业达到环保标准和劳工标准，限定各国渔民捕捞范围，对涉嫌垄断企业发起反垄断调查，控制企业兼并，来自布鲁塞尔的这些决定和来自卢森堡的判决（卢森堡是欧洲法院所在地）的确使得欧盟与每个公民都可能发生切实的联系。如果说欧盟上述权力还不足以影响到其境内所有民众的话，那《马约》中规定的货币联盟建设就让欧盟"真切"地出现在货币区内每位公民的面前。1998年欧洲中央银行成立，1999 年欧元诞生，2002 年 11 个欧盟成员国废止其原有货币，统一使用欧元作为法定货币。流通的欧元纸币是统一的形式，硬币正面也都一致，只是硬币反面由发行国选择自己民族国家设计。欧洲中央银行设在德国的法兰克福，它可以决定欧元的汇率和欧元区国家的利率，这也就意味着欧元区的厂商和公民持有的财富多少，很大程度上与自己的国家脱了钩，却直接同欧盟挂上了钩。而

---

① Desmond Dinan, *Ever Closer Union? An Introduction to the European Community*, Basingstoke：Palgrave, 1994, p. 291.

且欧元区民众的住房抵押贷款、消费者信贷，抑或享受什么样的公共金融服务，均同欧洲中央银行等欧盟机构息息相关①，欧盟已经对民众的福利产生了决定性影响。

欧盟在 20 世纪 90 年代面临的另一大问题是扩大。1995 年，奥地利、瑞典和芬兰等 3 个西北欧国家加入欧盟，这 3 个国家既富裕，又是所谓的"成熟民主国家"。它们参加欧盟，没有引起多少疑义和麻烦。但冷战结束后，正在转轨的中东欧国家热切盼望加入欧盟，对此欧盟是既高兴又犹豫。高兴的是欧盟在经济上和制度上的实力，以及它所代表的社会模式展现出的魅力，"吸引"了中东欧国家"回归欧洲"；犹豫的则是几乎与西欧国家数目相当的中东欧国家如果入盟，将在制度上打破既有格局，财政上带来巨大负担，也会扰动欧盟内国家间、地区间、民众间的既得利益分配。最终欧盟委员会还是于 1992 年 6 月提交给欧盟首脑会议一份报告，第一次明确提到扩大问题，同时罗列了申请国必须满足的一系列条件，除了要采纳欧共体的共同法律成果（Acquis Coummunautaire）外，还要建立具有竞争力的市场经济以及民主制度，并且要尊重人权。1993 年这份报告经过少许修改后，成为哥本哈根首脑会议发布的首脑声明的基础。该声明向所有中东欧国家明确展示了在满足一定条件（称为"哥本哈根标准"）下可以入盟的前景。为了迎接即将到来的大扩容，欧盟于 1997 年和 2000 年先后签署了《阿姆斯特丹条约》和《尼斯条约》，对部长理事会、欧洲议会等机构进行制度改革，重新确定部长理事会中投票的权重、扩大多数表决制的使用范围、决定每个国家出任欧盟委员会委员的人数，目的是保证欧盟扩大之后仍具有较强的行动能力。

2000 年 9 月丹麦关于加入经济货币联盟第三阶段的全民公决因 53% 公民投反对票而告失败，2001 年爱尔兰对《尼斯条约》第一次公决失败。虽然分析表明丹麦、爱尔兰的全民公决，主要不是因为欧

---

① Giandomenico Majone, *Rethinking the Union of Europe Post-Crisis: Has Integration Gone Too Far?*, Cambridge: Cambridge University Press, 2013, pp. 11 – 12.

洲一体化不受欢迎，而是因为参加条约谈判的本国政府不受欢迎①。同时，绝大多数成员国的议会、主要政党和工会等社会团体都对欧洲一体化持支持态度。但是，自 20 世纪 90 年代开始，欧洲机构和成员国政府，都意识到民主政治、民主治理的迫切性。2000 年，各成员国签署的《尼斯条约》第 23 条指出，成员国政府清楚地认识到"有必要检查和提高欧盟及其机构的民主合法性和透明度，以使它们更贴近成员国公民"。② 欧盟委员会在 2001 年专门发布了一篇《治理白皮书》，提到："现在已经到了承认欧盟从一个外交进程，变为一个民主进程的时候了，欧盟的政策已经深入各国社会和日常生活。③"

　　20 世纪 90 年代末至 21 世纪初，欧洲议会的权能得到进一步的扩张④。《阿姆斯特丹条约》中，欧洲议会拥有对欧盟委员会主席的批准权，具体程序是各成员国政府协议推举欧盟委员会主席候选人，而候选人需经欧洲议会确认⑤。在同欧洲议会协商之后，成员国政府协议推举委员会的其他成员，包括委员会主席在内的委员会在作为一个整体经欧洲议会投票表决通过后，成员国政府方可对其进行任命。欧洲议会曾进一步要求能够针对委员会单个成员提出不信任案，但没有被接受。1999 年 1 月欧洲议会因对个别委员不满，对雅克·桑特（Jacques Santer）领导的欧盟委员会提起不信任提案，虽然未能成功，但桑特委员会仍旧集体辞职。继任的欧盟委员会主席普罗迪对欧洲议会做出让步，他让委员会所有成员交出书面保证，表示他们会在欧洲议会提出要求的情况下主动辞职。此案例充分表明，欧洲议会对欧盟

---

① ［德］贝娅特·科勒－科赫等：《欧洲一体化与欧盟治理》，顾俊礼等译，中国社会科学出版社 2004 年版，第 225—226 页。

② European Union, *Treaty of Nice*, "Declaration on the Future of the Union", No. 23, paragraph 6.

③ EU Commission, "European Governance: A White Paper", COM（2001）428 final, Brussels, 25. 7. 2001.

④ 德国是最积极的推手。

⑤ 从最后结果来看，欧洲议会是《阿姆斯特丹条约》的最大赢家。见 Richard Corbett, Francis Jacobs and Michael Shackleton, eds. , *The European Parliament*（6th edition）, London: John Harper Publishing, p. 347。

委员会这个欧盟重要的立法和执行机构已拥有相当大的监督审查权①。

使欧盟更"民主"也是欧盟各国领导人 21 世纪初决定要召开欧洲制宪会议的重要原因。2000 年，时任德国外长约施卡·菲舍尔（Joschka Fischer）在柏林洪堡大学发表演说，提出欧盟成员国之间应当签订一项"宪法条约"，明确规定欧盟政府与成员国之间"主权的划分"，欧盟只拥有"核心主权"，其他则留给成员国政府，从而避免欧盟机构庞大、缺乏行动能力和因不透明等因素而产生的"民主赤字"等问题。菲舍尔的演说在欧洲兴起了关于欧盟是否要制定一部宪法的激烈讨论。历史上制定宪法的工作通常由精英完成，而欧盟宪法则是整个世界历史中，为数不多的向大众公开、要求公众参与制定的一次商议进程（deliberation）。研究政治哲学、社会科学的学者，各政党、各媒体的评论者都普遍参与到宪法草案的决策进程之中②。2001 年 12 月，欧盟峰会决定组建"欧洲制宪大会"，为欧盟制定一部"宪法"，会议由各国政府官员、成员国议员、欧洲议会议员以及欧盟委员会的代表组成，欧盟候选国还派出了观察员。2002 年"制宪大会"向欧盟提交了"宪法条约草案"，2004 年欧盟各国经长期谈判后，通过了《欧盟宪法条约》的最终文本，并将《欧盟基本权利宪章》也纳入其中，送交各国批准。9 个国家决定用全民公决方式批准，其他国家则交由议会表决。

《欧盟宪法条约》在起始部分就引用了古希腊雅典城邦政治家和演说家伯利克利的话："我们的政体……之所以被称为是民主，是因为权力不是掌握在少数人手中，而是掌握在最大多数人手里。"但令人感到反讽的是，2005 年 5 月底到 6 月初的 4 天之内，法国和荷兰的全民公决相继给出了否决结果，这部尽力以贴近民众方式制定的"宪法"式条约，却因法荷这两个创始会员国的公民反对而告难产。欧盟各国领导人商议后，决定暂且进入一段"反思期"，以更好地了解民

---

① 通过此事，也可看出像欧盟委员会这样的超国家机构在合法性上的脆弱性。

② ［美］安德鲁·莫劳夫其克：《欧盟宪法的本质：仍需从自由政府间主义来理解》，赵晨译，《欧洲研究》2005 年第 2 期。

众拒绝宪法条约的原因和人们对欧洲一体化的期待（也有等待时机的意图）。2007 年，在时任法国总统尼古拉·萨科齐（Nicolas Sarkozy）等现实主义领导人的推动下，去除《欧盟宪法条约》中的盟旗、盟歌等与联邦或宪法相关的宪政性要素，但实际采纳了原宪法条约大部分内容的《里斯本条约》终获通过。在各国批准时，除了爱尔兰是其本国宪法规定涉及欧洲问题的条约必须公投外，其他国家均"自觉地"选择议会表决方式。但唯一一个公投国家——爱尔兰，2008 年 6 月就《里斯本条约》的公投又遭到否决。无奈之下，欧盟首脑会议对爱尔兰在欧盟委员会组成方面给以一定特权，爱尔兰政府允许再次举行公投。2009 年 10 月爱尔兰举行第二次全民公投，《里斯本条约》终于过关。

《里斯本条约》明确了欧洲联盟具有法律人格，欧盟理事会设立了常任主席，专门设立了类似"外交部"的欧盟对外关系行动署，从而将欧盟向联邦化方向又推进了一步，同时它又大幅增加了欧洲议会、成员国议会等民主监督机构的权力。《里斯本条约》将欧洲议会和部长理事会的"共同决策程序"更名为"普通立法程序"，并适用于几乎所有理事会以特定多数表决的场合，这就意味着欧盟 95% 的立法都将以这种方法制定①。所以，欧洲议会已经具备基本完整且具有实质性意义的参与立法权。理事会和欧洲议会共同行使立法和预算职能。同时成员国议会也争得了知情权和提起复审权，欧盟委员会、欧洲议会和理事会等欧盟机构需将立法性法令草案送交成员国议会，如果一项欧盟立法草案遭到三分之一成员国议会的反对，将被送返欧盟委员会复审②。

2009 年 12 月《里斯本条约》生效之后，欧洲议会已经从一体化之初的一个咨询机构变为与欧盟理事会平等的立法者。一体化初期权

---

① Christian Egenhofer, Sebastian Kurpas and Louise Van Schaik, *The Ever-Changing Union: An Introduction to the History, Institutions and Decision-making Processes of the European Union*, Centre for European Policy Studies (CEPS), 2009, p. 16.

② 《欧洲联盟基础条约——经〈里斯本条约〉修订》，程卫东、李靖堃译，社会科学文献出版社 2010 年版，第 174—175 页。

力最为"显赫"的欧盟委员会则不再能以"捍卫欧洲利益"的名义来保持自己的独立性，需要接受欧洲议会和成员国议会越来越多的质询和监督。同时，随着时代的改变，委员会的内部组织文化也变得更民主，新的欧盟委员会委员们都有较强的平等观念，不再视自己为尊贵的"委员先生"（Monsieur le Commissaire），他们也更愿意同民众、利益集团和公民社会团体沟通、交流，听取他们的意见①。随着更多民主措施的实行，抽样调查也显示，欧盟民众对欧盟民主的满意度在上升。欧盟晴雨表 2009 年秋的统计表明，欧盟民众对欧盟民主运行方式的满意度为 54%，超过对其成员国民主的满意度 1 个百分点（欧盟民众 2009 年秋对成员国民主的满意度为 53%）。② 但是，一些国家公决的失败，虽然次数不多，但却沉重打击了欧盟的民主声誉。这种负面效应在欧盟不断扩大（特别是 2004 年欧盟一次性吸纳波兰、捷克、匈牙利等 10 个中东欧国家）、有着强劲的经济增长率（2000年欧盟成员国 GDP 增长率为 3.9%）、在国际舞台上彰显力量的 21 世纪初还不明显，但当欧洲主权债务危机爆发，乐观情绪消散，欧盟给民众带来的自豪感下降后，就凸显出来。

欧债危机与民主的反噬

2008 年，"二战"后最严重的一场世界性金融危机在华尔街引燃。这场由美国次级贷款引发的危机很快"外溢"到欧洲主权债务和银行业，引发欧洲经济的震荡和衰退。相较于美国，欧洲的损失更大。美国是世界上最大的负债国，而欧元区则是世界上外国资产和债券最大的持有者。欧元区国家持有的外国资产是美国的 1.5 倍，这些巨额财产中很大一部分因金融危机而变成了"不良资产"。欧洲经济比美国遭受的打击更大，2008—2014 年，欧洲损失了 8% 的 GDP，总

---

① Derk-Jan Eppink, *Life of A European Mandarin*: *Inside the Commission*, Tielt: Lannoo Pulishers, 2007.

② European Commission, "EU Barometer 72: Public Opinion in the European Union", December 2009, http://europa. eu. int/comm/public_ opinion/index_ en. htm.

额超过美国自"9·11"以来的军费开支总和（包括伊拉克和阿富汗
两场战争开销），丢掉了超过1000万就业岗位[①]。欧盟一些成员国
（以南欧国家为主），如希腊、爱尔兰、葡萄牙、西班牙、意大利和
塞浦路斯（取其英文国名的首字母，称为"GIPSIC国家"）受泡沫经
济破灭和债务所累，陷入国家破产边缘，不得不接受欧盟和国际货币
基金组织的临时救助。西班牙和希腊的失业率一度逼近30%，达到
20世纪30年代"大萧条"以来的峰值。更可怕的是，西班牙和希腊
的青年失业率达到60%，意大利青年失业率也超过40%，大批青年
身处刚毕业即失业的生存困境。此次欧债危机不仅仅停留在经济和社
会层面，它也在政治上给欧洲一体化带来巨大冲击，激起了各国间关
于欧元责任和欧盟民主问题的争吵。欧洲四处响起了民族主义和民粹
主义塞壬女妖[②]般的歌声。

欧元的统一发行和使用剥夺了欧元区各国对货币政策的控制权，
所以债台高筑的希腊、西班牙、意大利等国无法以贬低本国货币币值
的办法减轻债务负担，而以德国为首的北欧国家和欧盟委员会、欧洲
中央银行又坚持不能无条件救助危机国家，希腊等被救助国必须采取
财政紧缩政策，裁减公共部门雇员，削减养老金等福利开支。这些要
求引起南欧国家民众的大规模街头示威游行。他们抗议的就是欧盟和
国际货币基金组织等国际机构对自己国家"内政"的干涉。西班牙
自2011年5月起，58个城市在"现在需要真民主"的口号下举行了
"愤怒者"示威游行。仅巴塞罗那一地，就聚集了8万民众，声援那
些无力偿还住房抵押贷款，甚至选择自杀的业主。2012年9月，近
百万葡萄牙人举行题为"'三驾马车'见鬼去吧！"的抗议示威。"三
驾马车"指国际货币基金组织、欧洲中央银行和欧盟委员会组成的救
助协调小组，它负责监督危机国家因接受救助而采取财政紧缩措施的

---

① Carlo Bastasin, *Saving Europe: Anatomy of A Dream*, Washington: Brookings Institution Press, 2015, p. 1.

② 塞壬（Siren）又译作西壬，古希腊传说中的女妖，传说中人面鸟身，拥有美妙的歌喉，常用歌声诱惑过往的水手倾听失神，导致航船触礁沉没，船员就会沦为塞壬的腹中餐。

执行情况。希腊民众的反抗情绪最浓，2011 年一年，希腊工会就组织了 4 次全国性反紧缩罢工：公共交通停运、政府部门关门、医院减少急诊。德国安格拉·默克尔（Angela Merkel）政府因为主导了欧盟以紧缩应对欧债危机的应对战略，也成为南欧国家政府和媒体的攻击对象。希腊的《万字报》、意大利的《日报》均刊载文章，指称德国正在企图建立"第四帝国"①。2012 年时任意大利总理马里奥·蒙蒂（Mario Monti）有言：如果德国无法帮助意大利降低其主权债务利率，意大利将爆发反对德国的抗议示威②。而英国的左翼周刊《新政治家》更是在封面故事里写出"德国总理默克尔是自希特勒以来最危险的德国领导人"③。

　　德国则对此感到十分"委屈"，《里斯本条约》中的《欧洲联盟运行条约》第 125 条就规定有"不提供救助"条款："在不影响为共同执行某一特定项目而相互提供财政担保的情况下，联盟不对任何成员国中央政府、地区或地方当局或其他公共机构、受公法规范的公共团体或公共企业所承担的义务负责或承担责任"，成员国也不为其他成员国政府或团体或企业承担责任④。实际上，德国和欧盟机构已经打破了该条款，从债务危机爆发到 2012 年 8 月危机高峰时，成员国和欧洲中央银行就已累计向 GIPSIC 国家提供了 1.339 万亿欧元救助资金，相当于向此 6 国国民每人发放 1 万欧元救助款。当南欧国家和法国进一步向德国提出"债务共同化"（debt mutualization）建议（即发行欧元区国家联合发行和担保的欧元债券，用于取代未偿还国家的政府债券）时，德国政府坚定地说了"不"。位于德国西南部小城卡

---

　　① 阿道夫·希特勒曾提出臭名昭著的"第三帝国"论。参见 "Quarto Reich", *Il Giornale*, August 3, 2012, 封面文章。

　　② Robin Alexander, "Mario Monti wehrt sich gegen Italien-Misstrauen", *Welt Online*, January 11, 2012, https://www.welt.de/politik/ausland/article13810405/Mario-Monti-wehrt-sich-gegen-Italien-Misstrauen.html.

　　③ Mehdi Hasan, "Angela Merkel's Mania for Austerity is Destroying Europe", *New Statesman*, June 20, 2012.

　　④ 《欧洲联盟基础条约——经〈里斯本条约〉修订》，程卫东、李靖堃译，社会科学文献出版社 2010 年版，第 94—95 页。

尔斯鲁厄的德国联邦宪法法院再次对决策施展了重大影响力：2012年该法院裁定，旨在救助欧元区重债国的欧洲稳定机制没有违反德国宪法《基本法》，但明确德国出资上限为 1900 亿欧元（约合 2432 亿美元）。德国、荷兰、芬兰等北欧国家同样民意鼎沸，指责希腊人"懒惰"、希腊政府靠借债搞高福利、希腊做假账加入欧元区（这一点倒是事实）的声音成为舆论主流。欧盟强调的"团结"（solidarity）精神在这段时期的南北欧辩论中荡然无存，有意大利学者将此称为"相互依存时代第一场战争"①。

从代议制民主制度的视角看，欧盟机构的民主化程度有所提升。确定欧盟委员会主席人选原本一向属于欧盟理事会的权力范畴，即欧盟各个国家的首脑经谈判和协商后提名，然后再交由欧洲议会批准即可，大国首脑的心仪对象常常成为最后的人选。但 2014 年 5 月的欧洲议会选举出现了新现象，中右的人民党和中左的社会党两大政党党团各自推出了自己的欧盟委员会主席候选人，即让-克劳德·容克（Jean-Claude Juncker）和马丁·舒尔茨（Martin Schultz）。由于原则上这两人当时没有得到欧盟成员国首脑的认可，无法称作"欧盟委员会主席候选人"，所以欧盟创造性地使用了一个德文词"热门人选"（Spitzenkandidaten）来称呼他们。选举过程中，容克和舒尔茨还模仿美国大选，举行了几次电视辩论，吸引了媒体的报道，提高了选民的关注度。人民党党团在欧洲议会选举中成为第一大党团后，欧洲议会各党团一致推举容克担任欧盟委员会主席。虽然一些成员国领导人对这种做法相当不满，但在"民主压力"面前不得不做出让步，容克最终获得欧盟理事会的任命，并经过欧洲议会"选举"后成为欧盟委员会主席。

不过欧盟委员会在欧债危机的系列决策中并不是主角，各国首脑，尤其是德国、法国等大国领导人才是"领舞者"。委员会的地位甚至不如欧洲中央银行，欧央行扮演了"最终贷款人"的角色，它

---

① Carlo Bastasin, *Saving Europe: Anatomy of A Dream*, Washington: Brookings Institution Press, 2015, p. 11.

为危机中的国家提供了巨额的救助授信额，不仅购买了大量危机国家的政府债券，并宣称，如有必要，它将继续购买。同时欧央行还帮助危机国家和它们的外国债权人，通过这些国家的中央银行和银行机构解决其国内融资问题，确保公民和企业能够购买进口商品，并回购他们手中的国外私债。这样一个具有很强独立性，"不民主"的机构未经公众讨论或是其他民主程序，但却"出手"稳定了局势，显现出民主与效率之间的矛盾。此外，欧盟的"救助计划"正是因为避开了预算问题，所以才能得以绕开欧洲议会的"纠缠"①，这也是效率导向战胜民主导向的结果。在危机时刻，决策的果断性往往是成功还是失败的关键。否则，如德国经济学家汉斯－维尔纳·辛恩（Hans-Werner Sinn）所言："当老百姓意识到政府从他们的养老金和收入中为南欧国家的政府和银行提供融资资金时，他们的心态可能会出现变化，并会付之行动。这可能比金融危机更会威胁到西方社会的稳定。"②

　　欧债危机的另一个政治后果是促发了极端政党的崛起。主张回归民族国家，去全球化和反欧洲一体化，并且带有白人种族主义基因，反移民和穆斯林的极右政党以及同样反感全球化和欧洲化，强调需以"革命"手段解决社会不平等问题的极左政党在欧盟和各成员国政坛原本处于非主流地位。但欧债危机爆发后，欧盟各国民众疑欧情绪的增长，对政府现行政策的反感，为极右翼和极左政党提升支持率创造了空间。它们制造和释放了众多能够放大欧盟机制弱点和欧元缺陷的政治话题，打民粹主义牌，提出了一些包括反欧盟和反欧元在内的简单、夸张的解决方案，吸引了许多欧元区国家的选民。2014 年的欧洲议会选举被西方媒体称为"地震"，极端政党成为最大赢家。以"反欧盟"和"反移民"为政治纲领的法国极右翼政党国民阵线（National Front）和英国独立党（UKIP）战胜各自国内主流政党，分

---

　　① ［德］汉斯－维尔纳·辛恩：《欧元陷阱：关于泡沫破灭、预算和信仰》，曹慧译，社会科学文献出版社 2016 年版，第 5 页。

　　② 同上书，第 307 页。

别占据法英两国欧洲议会选举的头名①。成员国政坛也形成建制派对阵反建制派的格局。因为南欧和北欧分属"等待救援者"和"施救者"的不同身份,极左政党在南欧国家比较活跃,极右政党在北欧影响更大。

在南欧,债务危机漩涡中心的希腊政治变动最大,从希腊共产党分裂而来的极左政党——激进左翼联盟(Syriza)赢得了 2015 年希腊议会选举,成为欧盟国家中第一个执政的非主流政党;西班牙 2013年刚刚诞生的反紧缩、反欧盟极左政党——"我们能"(Podemos)在 2015 年年底的大选中成为第三大党,逼迫人民党和工人社会党两大主流政党联合组阁;意大利的极左民粹主义政党——"五星运动党",是一个由意大利喜剧明星贝佩·格里洛(Giaseppe Piero "Beppe" Grillo)组建的议题性政党,但它在 2013 年的意大利选举中异军突起,超过意大利民主党成为众议院第一大党,2016 年还在意大利地方选举中拿下罗马和都灵两大城市的市长职位。北欧是极右政党的"活跃区",极右政党先后在奥地利、荷兰、瑞士和丹麦有过联合执政经历。极右翼的丹麦人民党曾一度拥有 179 个国会议席中的 25席;瑞典民主党在 2010 年的议会选举中获得 5.7% 的选票,第一次进入了国会,占有 349 个国会议席中的 20 席;在芬兰,正统芬兰人党在 2011 年的大选中赢得超过 1/5 的选票。荷兰的极右翼新自由党(PPV)在 2012 年 4 月反对联合政府为应对欧债危机提出的削减赤字计划,导致内阁集体辞职,不得不重新进行大选。

2015 年开始的欧洲难民危机,超过百万中东北非难民涌入欧洲,引发社会矛盾和本土居民的排外思潮,这更进一步助长了极右政党的声势。欧盟陷入从未有过的"生死存亡"的危险境地。2017 年 3 月的荷兰选举,基尔特·威尔德斯(Geert Wilders)的新自由党没能获胜,避免了荷兰举行脱欧公投;玛丽娜·勒庞(Marine Le Pen)领导的国民阵线在 2012 年的法国大选中就成为第三大党,到 2017 年 5 月的总统选举,她更是"来势凶猛",进入法国总统大选第二轮(两人

---

① 赵晨:《欧洲议会选举之后的欧洲政治走向》,《当代世界》2014 年第 8 期。

对决），险些在欧盟的核心国——法国，制造欧洲一体化的"黑天鹅"事件；德国由于历史原因，对极右政党和新纳粹比较警惕，极右政党在政坛上不算活跃，但2017年的德国大选，仅仅成立4年时间的反欧元极右政党——"德国另类选择党"（AFD）居然获得超过12%的选票，成为德国第三大党。

而英国，则开起了欧洲一体化的历史性"倒车"。2013年英国首相戴维·卡梅伦（David Cameron）在独立党和自己保守党内疑欧派议员的压力下，承诺如他能赢得2015年首相职位，将就英国是否继续留在欧盟举行全民公决。尽管卡梅伦在公投前同欧盟不断博弈，为英国拿回部分特殊待遇，但依旧没能说服英国公民，2016年6月的公投，"脱欧派"以51.9%对48.1%的比例战胜"留欧派"，宣告了英国人民放弃已有43年的欧盟身份，希望脱离欧盟的意愿。英国"退欧"是对欧洲一体化的沉重打击，退出欧盟没有先例（格陵兰岛等"脱欧"属于"技术性"脱离），这表明一些成员国质疑的已经不仅是欧洲一体化是否应当深化，而是质疑一体化本身是不是有必要的问题[①]。究其原因，当然有英国维持了千年的"岛民"心态的作祟，有英自加入欧共体起就存在的不信任欧盟"官僚"机构的"疑欧"传统等因素[②]，但部分上也是欧洲一体化和经济全球化造就的新的社会分层在民主政治上的投射。史学家托尼·朱特（Tony Judt）对此有一段精彩的描述：

> 站在分界线一侧的是老练的欧洲精英：主要是年轻人，不分男女，他们去过很多地方，受过良好的教育，也可能在欧洲的2个甚至3个不同的大学学习过。他们的素质和专业能够让他们在欧盟的任何地方找到工作：从哥本哈根到都灵，从巴塞罗那到法兰克福。高收入、低飞机票价、开放的边界和综合性轨道交通网

---

① ［法］奥利维耶·科斯塔、［法］娜塔莉·布拉克：《欧盟是怎么运作的》（第二版），潘革平译，社会科学文献出版社2016年版，第45页。

② 陈建利：《专访赵晨：英国脱欧公投与欧盟的"双速化"前景》，《南方都市报》2016年5月1日A18版。

络使得流动变得容易而频繁。为了消费、休闲、娱乐和就业，这些欧洲新人类在欧洲大陆四处游走，轻松自在，信心十足，就像游走于博洛尼亚、萨拉曼卡和牛津的中世纪教士一样，他们用一种国际通用语交流：在当时用拉丁语，现在用英语。

　　在分界线的另一侧，绝大多数人仍旧是那些不能成为美好新大陆成员的人们，或许他们不想加入（或者还没有决定加入？）——千百万欧洲人因缺乏技能、教育、训练、机遇和方法，而只能固守原地。这些男男女女就像是中世纪的农奴一样，无法轻松地从欧盟市场提供的商品、服务和劳动中受益。相反地，他们只能停留在本国或当地的社区；对各种可能发生的事情不熟悉，又不懂外语，这些情况都对他们造成了条件限制。他们通常比那些国际大都市的同胞们对欧洲怀有更多的敌意。①

　　2017 年，德国和法国大选结束后，欧盟又站在了一个新的十字路口，一面是与英国的脱欧谈判，另一面是欧盟需要重新思考下一步的去向。法国马克龙政府提出了"多速欧洲"，建立欧元区财政部的建议。法德能否重新结成轴心再出发，将欧洲一体化继续向联邦欧洲的方向推进，是未来欧洲一体化发展的关键所在。从多数决的角度来看，全民公决应当说是最"民主"的形式（详见第四章），但不幸的是，多次公投中欧洲政治精英都很"尴尬"地等来了否决的消息，这是欧盟民主的一种"悖论"。面对着自下而上动员起来的反欧洲的力量，撕裂的民意，各国"各扫门前雪"的私欲，混杂的利益和信仰，"欧洲"这项伟大的实验是否会因民主的离散性而夭折，我们还需要继续关注。

---

① ［美］托尼·朱特：《战后欧洲史（卷四）：旧欧洲 新欧洲（1989—2005）》，林骧华等译，中信出版社 2014 年版，第 175 页。

小　结

本章简要回顾了自第二次世界大战结束至今，欧盟（包括其前身组织）民主发展的历史。托克维尔的《论美国的民主》认为美国的民主化是建立在乡镇自治基础上一次自下而上的建构过程，而欧盟的民主制度则很明显是由精英驱动，自上而下发展建设起来的。让·莫内等"欧洲之父"们在欧洲一体化之初就注意到民主对煤钢共同体、欧洲经济共同体的重要性，在初期的制度设计中融入了他们对民主的理解。之后，伴随欧盟机构权力的不断扩展，民众对制约这些机构的民主的呼声不断升高，对其的要求不断增多，欧盟/欧共体做出相应的响应，调整和加强自己的民主制度建设（精英自己的民主意识非常重要，欧盟的民主制度建设中，精英的主动性和自发性所做出的贡献相当大）。当然，我们也应当注意到民主，或者说合法性并非总是同一个政治体的生存和发展为正相关关系，有效性（集权很多时候比民主更有效率）反而是更关键的因素。如美国政治学者西蒙·马丁·李普塞特（Martin Lipset）所言：在一个新的社会结构建立起来之后，如果这套新系统不能支持主要群体的期望（基于有效性）足够长的时间（在这段时间里该系统才能建构起合法性），那么危机就可能发生。另一方面，如果有效性缺失的情况一再发生，或者是长时间缺失有效性，那么也会威胁到一个合法体系的稳定。[1] 欧盟在 20 世纪 50—60 年代、90 年代及 21 世纪初叶的成功与当前阶段的受挫都是这一论断的有力例证。

此外，在欧盟民主化的历程中，我们也屡屡看到超国家和政府间两种逻辑间的博弈，有时欧盟的技术官僚占据上风，有时各国政府主宰一切。究竟谁可以代表欧盟，谁是民主定义中的"治理者"？是欧盟委员会和欧洲议会，还是德国、法国等成员国政府代表组成的欧盟理事会和成员国议会？欧洲中央银行、欧洲法院、德国联邦法院在这

---

① Seymour Martin Lipset, *Political Man*, Garden City: Anchor Books, 1963, pp. 67 – 68.

个民主体系中又是什么角色？亨利·基辛格（Henry Kissinger）在 20
世纪 70 年代就提出的著名的"基辛格之问"：如果我想打电话给欧
洲，我该打给谁呢？借用一下这个形象的比喻，我们也可以这样问：
如果人民希望统治者倾听自己的心声，那么他们应该让谁来接听电话
呢？毕竟在民主史上，欧盟是一个全新的政治单位。我们在下一章就
来分析欧盟这一民主新容器的性质。

表 1 - 1　　　　　　　　欧盟民主建构大事年表

欧洲一体化民主建构过程中的重大事件	
时间	事件
1944 年 3 月	《欧洲联邦宣言》宣布要建立一个欧洲联邦
1947 年 3 月	美国提出杜鲁门主义； 英法签署《敦刻尔克条约》
1947 年 6 月	美国发布马歇尔计划
1948 年 1 月	比荷卢关税同盟建立
1948 年 3 月	英国、法国、荷兰、比利时、卢森堡五国签署《布鲁塞尔条约》
1948 年 4 月	16 个欧洲国家以及美国、加拿大联合建立欧洲经合作组织（OEEC）
1948 年 5 月	欧洲联邦主义者大会在海牙举行
1949 年 4 月	12 个国家签署《北大西洋公约》成立北大西洋公约组织（NATO）
1949 年 5 月	欧洲委员会（Council of Europe）成立
1950 年 5 月	"舒曼计划"提议法国和联邦德国实施煤钢联营，且允许其他欧洲国家加入
1950 年 10 月	欧洲防务集团（EDC）计划提出
1951 年 4 月	《巴黎条约》签署，欧洲煤钢共同体（ECSC）成立
1952 年 5 月	《欧洲防务集团条约》签署
1952 年 7 月	欧洲煤钢共同体正式开始运作
1953 年 3 月	欧洲政治共同体草案提出
1954 年 8 月	法国议会否决欧洲防务集团条约，欧洲防务集团和欧洲政治共同体计划宣告失败
1954 年 10 月	布鲁塞尔条约组织经调整改为西欧联盟
1955 年 6 月	欧洲煤钢共同体成员国的外交部部长在意大利墨西拿会晤，商讨欧洲进一步一体化的相关事宜

时间	事件
	欧洲一体化民主建构过程中的重大事件
1957 年 3 月	《罗马条约》签署，宣布建立欧洲经济共同体（EEC）和欧洲原子能共同体（EURATOM）
1958 年 1 月	欧洲经济共同体和欧洲原子能共同体正式成立
1959 年 1 月	欧洲经济共同体做出首次关税减让
1961 年 7 月	"富歇计划"提出
1961 年 7—8 月	英国、丹麦和爱尔兰申请加入欧洲经济共同体
1962 年 1 月	欧洲经济共同体制定关于共同农业政策的基本法规
1962 年 5 月	挪威申请加入欧洲经济共同体
1963 年 1 月	法国总统戴高乐否决英国加入欧共体的申请；《法德友好合作条约》签署
1965 年 4 月	欧洲煤钢共同体、欧洲经济共同体和欧洲原子能共同体的合并协定在布鲁塞尔签署
1965 年 6 月	法国召回在欧洲经济共同体常设代表委员会的代表，抵制共同体，引发"空椅危机"
1966 年 1 月	"卢森堡妥协"结束了"空椅危机"
1967 年 7 月	欧洲三大共同体合并为欧洲共同体
1967 年 11 月	法国总统戴高乐再次否决英国加入欧共体的申请
1968 年 7 月	欧共体建立关税同盟并就共同农业政策达成协议
1969 年 12 月	欧共体海牙峰会同意考虑扩大共同体规模并建立更加广泛的政策合作以及经济与货币联盟
1970 年 10 月	魏尔纳提交了关于经货联盟的《魏尔纳报告》；达维农提交了关于外交政策合作的《达维农报告》，促成了欧洲政治合作计划（EPC）的达成
1972 年 3 月	货币"蛇形浮动体系"创立，降低了参与国的货币波动幅度
1973 年 1 月	英国、丹麦和爱尔兰加入欧共体
1974 年 12 月	欧共体巴黎峰会同意建立欧洲理事会并接受欧洲议会采取直接选举原则
1976 年 1 月	《廷德曼斯报告》出炉，建议改革欧共体机构
1979 年 3 月	欧洲货币体系建立
1979 年 6 月	欧洲议会实现了第一次直接选举
1983 年 6 月	欧共体各成员国首脑签署了《欧洲联盟神圣宣言》
1984 年 2 月	欧洲议会批准了《欧洲联盟条约》草案
1985 年 3 月	欧委会同意在 1992 年前建立单一市场

续表

欧洲一体化民主建构过程中的重大事件	
时间	事件
1985 年 6 月	欧委会通过了一项针对《罗马条约》的修订
1986 年 2 月	《单一欧洲法令》签署
1987 年 7 月	《单一欧洲法令》正式生效
1991 年 12 月	欧共体马斯特里赫特首脑会议通过了《欧洲联盟条约》
1992 年 2 月	《欧洲联盟条约》签署
1993 年 11 月	欧洲联盟正式成立
1997 年 6 月	欧盟阿姆斯特丹首脑会议通过了《阿姆斯特丹条约》
1997 年 7 月	《2000 年议程》提出
1997 年 10 月	《阿姆斯特丹条约》签署
1999 年 1 月	欧洲经济与货币联盟进入第三阶段
1999 年 5 月	《阿姆斯特丹条约》正式生效
2000 年 12 月	欧盟尼斯首脑会议通过了《尼斯条约》
2001 年 2 月	《尼斯条约》签署
2001 年 12 月	欧盟莱肯首脑会议发布《莱肯宣言》
2002 年 1 月	欧元正式进入流通
2002 年 3 月	《欧盟宪法条约》草案提出
2003 年 2 月	《尼斯条约》正式生效
2004 年 6 月	欧盟布鲁塞尔首脑会议通过了《欧盟宪法条约》草案
2004 年 10 月	《欧盟宪法条约》签署
2005 年 5—6 月	法国、荷兰全民公决先后否决了《欧盟宪法条约》，宣告了条约的搁浅
2007 年 10 月	欧盟里斯本首脑会议通过了《里斯本条约》
2007 年 12 月	《里斯本条约》签署
2009 年 12 月	《里斯本条约》正式生效
2009 年 10 月	希腊爆发主权债务危机，标志着欧洲主权债务危机的开始
2009 年 12 月	《里斯本条约》正式生效
2010 年 5 月	建立欧洲金融稳定工具（EFSF）和欧洲金融稳定机制（EFSM）的倡议被批准
2011 年	西班牙、希腊相继爆发反对紧缩措施的游行
2011 年 3 月	建立欧洲稳定机制（ESM）提议被批准

续表

欧洲一体化民主建构过程中的重大事件	
时间	事件
2012 年 10 月	欧洲稳定机制（ESM）生效
2014 年 5 月	让－克劳德·容克当选欧盟委员会主席，成了第一位由欧洲议会党团而非欧洲理事会推举的欧盟委员会主席
2015 年	中东、北非难民大量涌入欧洲，造成了欧洲难民危机
2016 年 6 月	英国经过公投决定退出欧盟

第二章　民主新容器

我们现在正在经历民主的第三次转变。正如早期城邦失去了它们的众多政治、经济、社会和文化自主性，被吸纳进规模更大的民族国家一样，在我们的时代，跨国体系的发展也降低了民族国家政治、经济、社会和文化各方面的自治性。

——罗伯特·达尔

欧盟是人类设计出的最复杂的政体。

——菲利普·施密特

如果对欧盟的权力不加限制的话，在旁观者看来，它有可能会发展成一种"怪物"（ogre）。

——海德润·阿布罗梅特

规模一直是影响民主形式和制度的一个关键因素。直到 19 世纪，民主制度有长达两千年的时间停留在城邦规模上，按古代雅典的标准，民主制所涵盖的至多不过 4 万—5 万公民，这样才有可能召开公民大会，面对面地决定公共事务，或是用抽签的方法抽出统治城邦的官吏①。当欧洲的基本政治行为体由城邦扩展至民族国家，民主才逐渐开始转型，出现了民众选举出国会议员等"代议士"，由他们代行

---

① ［古希腊］亚里士多德：《雅典政制》，日知、力野译，商务印书馆 1959 年版；王绍光：《民主四讲》，生活·读书·新知三联书店 2008 年版，第 3—10 页。

管理政府职能的代议制民主形式，如此这般，民主制度才能适应百万、千万或过亿人口的政治体规模。从此，"民主逐渐不再被理解为公民大会式的民主，而是民族国家的代议制民主"①。但在全球化的今天，从规模上看，我们需要探讨我们是否正在亲历民主的第三次转变：区域化和全球化蚕食了民族国家的部分权力，却树立起联合国、国际货币基金组织、世界贸易组织、欧洲联盟等国际或地区组织的权威，它们的决策可以影响到普通民众的生活。从规范的角度来看，这些组织也应当受到民主监督和制约。但是，这些超越国家的机构和组织应当采取何种政治制度架构（或者说，建构什么样的政体）才能算是民主呢？

　　欧盟是当今国际社会中，政治制度构造最接近国家的国际组织。但是究竟如何准确定义欧盟却是一项令学者颇为头疼的工作。人的认识有时落后于事物的发展，欧盟就是明显的一个例子。很长时间以来，欧盟"是什么"一直是一个未解的"斯芬克斯之谜"。欧盟官方文件和欧盟的政治领袖们对欧盟性质没有明确的界定，欧盟委员会前主席雅克·德洛尔曾将欧盟比喻为一种"不明飞行物"（UFO）②。对于学界来说，欧盟虽然已是国际政治中已经实际存在的、可确指的对象，但它又难以用现有词汇定义，按已有经验类型归类，以至于人们经常只能用"它不是什么"来形容，比如"欧盟不是一个通常意义上的国际组织"，"欧盟不是一个主权国家"等。无奈之下，大多数研究欧盟的西方学者只能将它称为一个"独特"（sui generis）的跨国政治系统③。在欧盟的重大条约中，我们也找不到关于欧盟的定义，只是对欧盟未来的发展目标做过模糊的表述：1993 年生效的《马斯特里赫特条约》指出，欧洲一体化的目

---

① Robert A. Dahl, "A Democratic Dilemma: System Effectiveness versus Citizen Participation", *Political Science Quarterly*, Vol. 109, No. 1, 1994, pp. 23 – 34.

② 德洛尔的这一比喻被很多欧洲学者和评论家引用，如 Timothy Garton Ash, "Keeping the UFO flying", *The Guardian*, June 8, 2004; Nicolas de Boisgrollier, "The European Disunion", *Survival*, Vol. 47, No. 3, 2005, p. 59。

③ ［德］贝娅特·科勒－科赫等：《欧洲一体化与欧盟治理》，顾俊礼等译，中国社会科学出版社 2004 年版，第 3—11 页。

的是建立"一个欧洲人民间日益紧密的联盟"①；2009 年生效的《里斯本条约》序言中描述道：欧盟各国"决心继续推动在欧洲人民之间建立一个更加紧密联盟的进程"②。但首先这是一种动态而非静态的描述；其次，这些基础性条约也没有说明欧盟的最终发展目标是什么。欧盟性质的模糊性干扰了我们对欧盟民主问题的认知，很大程度上，欧盟"是什么"决定了它应当建立什么样的民主制度。所以，让我们先从学理的角度认识一下欧盟这个民主容器的性质。

破解欧盟性质之谜

美国政治学者唐纳德·普查拉（Donald Puchala）就欧盟曾有一个著名的"盲人摸象"的比喻，他说关于欧盟有多种说法，每一种说法可能只能解释欧洲一体化或是欧共体（大象）的一个侧面③。在理论界，感知、触碰和解析"这头大象"的主要是政府间主义、超国家主义和治理理论三种流派，或者说"测绘方法"。

政府间主义是传统的国际关系理论，它将欧盟看作一种"密度很高"的国际组织，认为成员国政府是最核心的行为体。用这种范式来观察，欧盟就同现代几乎所有其他成功的国际组织一样，是各个国家设计用来协调相互之间的政策，促进互利合作，适应地区化和全球化的工具。如果说欧盟比其他国际组织更发达、更先进，那只是因为欧盟成员国之间相互依赖程度大大超过世界上其他国家，客观的经济需

---

① 《马约》这一句为："本条约标志着欧洲人民创建一个尽最大可能紧密（ever closer）的联盟的进程上了一个新台阶，欧盟的决策向尽可能贴近公民的目标又近了一步。" *Treaty of Maastricht*, Article A，参见欧盟官方网站网页 http://europa. eu/scadplus/treaties/maastricht_ en. htm。

② 《欧洲联盟基础条约——经〈里斯本条约〉修订》，程卫东、李靖堃译，社会科学文献出版社 2010 年版，第 32 页。

③ Donald Puchala, "Of Blind Men, Elephants, and International Integration," *Journal of Common Market Studies*, Vol. 10, No. 3, 1972, pp. 267 – 285.

求使得它们之间产生了更强的相互合作的国家利益。① 该理论从经济角度很好地解释了欧洲一体化的动力。西欧诸国与美国、苏联或者是后起的中国相比，体量相对狭小，所以扩大市场规模是它们和平时期发展经济的重要途径，而扩大的方法就是共同协调推进相互之间的经济一体化；同时，这些中等规模或更小规模的欧洲国家也只有采取共同的贸易、农业政策等，才能避免相互之间的惨烈竞争，从而保护它们"二战"后建立起的社会福利体系，实现"自我救赎"②。在欧盟60 多年历程中，经济一体化是其"发展的起点和基石，它始终是欧盟的活动中心，并随着形势的发展演变，在较高的起点之上，不断走向深化与扩大，最终实现经济货币联盟，从而为欧盟的整体发展，创造了根本条件"。而欧洲的经济一体化从根本上说，"是战后欧共体国家顺应历史条件，不断应对危机与挑战，谋求共同发展而做出理性抉择的结果。"③ 在美国国际关系学者安德鲁·莫劳夫奇克（Andrew Moravcsik）看来，之所以会出现从《罗马条约》到《马斯特里赫特条约》的欧洲一体化进展，主要是由于欧盟/欧共体成员国为了解决碰到的各项实际问题（大多数是经济性质的），所以它们将一定的主权委托（delegate）给欧盟委员会等超国家机构，或者是约定日后共同投票决定未来的执行事项，也即所谓的"汇集"（pool）的结果。欧洲各国之所以同意通过某种多数决定的表决机制实行共同决策，目的也是通过协调相互的政策以应对全球潮流，否则它们在经济上就得不到发展。

　　除了经济因素之外，还有一些政府间主义理论从地缘政治角度强调国家是欧盟的核心行为体，比如建立欧盟是西欧国家为了团结对抗

---

① ［美］安德鲁·莫劳夫奇克：《欧洲的抉择——社会目标和政府权力：从墨西拿到马斯特里赫特》，赵晨、陈志瑞译，社会科学文献出版社 2008 年版，中文版序。

② Alan S. Milward, *The European Rescue of the Nation-State*（Second Edition），London and New York：Routledge, 2000.

③ 吴弦：《欧洲联盟 50 年：经济、政治、法律与价值建构述评》，载周弘主编《2007—2008 欧洲发展报告》，中国社会科学出版社 2008 年版，第 4 页。

苏联、限制和拴住德国，或者阻止英美对欧洲大陆的渗透等①。但总体来看，在政府间主义看来，欧盟只是各国政府进行博弈的场所，欧盟委员会、欧洲法院等欧盟机构仅是用来执行它们谈判结果的工具。在主张政府间主义的学者看来，欧盟只是一个经各成员国政府同意才建立的组织，国防、税收、社会保障、财政等最重要的核心权力都掌握在成员国手中，由各成员国首脑组成的欧洲理事会是欧盟决策的最高机构，各国政府（尤其是德国和法国两个大国）可以授意欧盟委员会制定议案内容，它们在布鲁塞尔设立了由自己的外交官组成的"常驻代表委员会"（COREPER），监督和影响委员会的运作。此外，设在布鲁塞尔的欧盟委员会等欧盟机构规模并不大，欧盟机构的行政官僚人数只有不到43000人②，与欧洲一个中等城市的公务员规模相当，欧盟年度行政开支约87亿欧元③，约相当于美国哈佛大学两年的开支而已④。无论是人力，还是财力，欧盟层面的机构都不够强大，它们不足以威胁到国家在欧盟中的核心地位，只不过是履行各成员国政府意愿的秘书处和协调执行机构而已。

把欧盟视作一个国际组织可以有力地解读欧盟的历次条约修改进程，的确，每次大的条约修订都推动欧洲一体化取得阶段性发展，欧盟的核心制度内容也都是在政府间会议上确定下来的。但是，政府间主义无法解释欧盟与其他国际组织相异之处。毕竟，如本书第一章所

---

① Stanley Hoffmann, "De Gaulle, Europe and the Atlantic Alliance", *International Organization*, Vol. 18, No. 1, 1964, pp. 1 - 2, 16 - 19; Hoffmann, "Obstinate of Obsolete? The Fate of Nation State and the Case of Western Europe", *Daedalus*, Vol. 95, 1966, pp. 892 - 908; Timothy Garton Ash, *In Europe's Name: Germany and the Divided Continent*, New York: Vintage, 1993.

② 其中33000人受雇于欧盟委员会，约6000人为欧洲议会工作，3500人为欧盟理事会的秘书处效力。参见欧盟官网 https://europa.eu/european-union/about-eu/figures/administration_ en。

③ 2015 年欧盟年度预算约为1450亿欧元，其中的6%，约87亿欧元为行政开支。参见欧盟官网 https://europa.eu/european-union/topics/budget_ en。

④ 美国哈佛大学 2016 年年度支出为 47 亿美元。参见 Harvard University, "Financial Report: Fiscal Year 2016", http://finance.harvard.edu/files/fad/files/harvard_ ar_ 11_ 12016_ final.pdf。

述，欧洲煤钢联营和欧洲经济共同体设立之初已经植入了很强的联邦主义和超国家基因，这种初始设置在一定程度上为欧洲一体化的后续发展设定了制度发展路径，从而使得欧盟的组织结构、法律效力、决策方式具有很多其他国际组织不具备的超国家性。这些超国家性将欧盟变得与我们熟悉的民族国家已经具有一定相似度和可比性，它们主要体现在以下几点。

第一，欧盟委员会掌握动议权、执行权、部分立法权和监督权，而无论联合国、世界贸易组织等国际组织，抑或东南亚国家联盟（ASEAN）、非洲联盟（AU）、南锥体共同市场（MERCUSOR）等其他地区性组织的秘书处，仅为协调各国立场的场合和组织机构，它们的权力难以同欧盟委员会相提并论。

第二，欧洲法院（ECJ）经过数十年的判例积累，在共同市场领域已经树立起很高的权威，它的裁决对欧盟公民和企业直接产生法律效力；共同体法相对于成员国法处于优先法律地位，即共同体法具有最高效力，成员国国内法院有权利也有义务像实施国内法一样实施共同体法，各国法院不得订立与它的规则相悖的新法。欧洲法院的职责宽泛，可以裁决宪法问题、行政诉讼、民事纠纷，同时它还是仲裁法庭和鉴定法院。欧洲法院的独立性很强，它的裁定不受成员国政府的影响。

第三，欧洲议会（EP）的权力在一体化的过程中不断扩张，已经由最初的一个"咨询性会议"变成一个拥有立法参与权、部分监督和批准预算权，以及共同决策权（欧盟95%的立法均由部长理事会和欧洲议会共同决策）的重要机构。欧洲议会议员1979年之后由欧盟公民直选产生；对欧盟委员会和欧洲理事会主席人选，欧洲议会有最终批准权，2015年欧洲议会选举后，议会对这两个最高职位人选的推荐和产生过程也发挥了重要作用（见第一章和第三章）。这在各种国际组织中都是绝无仅有的。

第四，欧盟下属的欧洲中央银行、欧洲食品安全局、欧洲药品管理局、欧洲标准化委员会、欧洲警察署等专业机构管理着欧元区的货币发行和定价，欧盟范围内的食物和饲料安全、药品审批、行业技术标准和警务合作等诸多事项。它们制定的规则，直接影响着欧洲的企业运作和公民生活。它们的存在也使得欧盟类似一个国家式的政体，而不是更分散的国际组织。

所以，持超国家主义观点的学者认为在组织架构上，横向来看，欧盟已经建构起美国式的立法、行政和司法三权分立的政治架构：欧盟的立法权可以看成是部长理事会和欧洲议会共同拥有，欧盟委员会拥有提案权；行政功能则可看作由欧盟委员会、成员国及某些领域的独立规制机构行使；而司法功能则由欧洲法院、欧洲初审法院（CFJ）①和各成员国法庭履行。②在纵向上，很多政治学和比较政治研究者认为欧盟已经构成一个联邦式的超国家政体。"联邦式"制度安排包括三项要素："1. 公共权威由各州政府和一个中央政府分享；2. 每层政府都在某些问题上有最后决定权；3. 有一个联邦法庭，裁决关于联邦主义的争端。"③从超国家主义视角观察，欧盟符合这些特征，它在欧盟和成员国层面上实施分权，并拥有可裁决欧盟与成员国关系的欧洲法院，这样各成员国就可视作各"州"，欧盟就变成人们通常认识的"国家"。一些欧盟机构的领导人也曾经雄心勃勃地宣示欧洲联邦是欧盟建设的方向。1991 年决定《马斯特里赫特条约》的政府间会议召开之前，雅克·德洛尔宣布："我的目标是在 2000 年前，欧洲建成一个真正的联邦，欧盟委员会应当变成一个真正能够决定根本共同利益的政治执行机构。"1999 年，欧盟委员会主席罗马诺·普罗迪在接受西班牙报纸《国家报》（*El Pais*）采访时声称，"这里在布鲁塞尔，一个真正的欧洲政府已经诞生了"。④

---

① 欧洲初审法院（Court of First Instance），1986 年《单一欧洲法令》设立，现在包括 25 名法官，协助欧洲法院处理越来越多的案例。

② Mark A. Pollack, "Theorizing EU Policy-Making", in Helen Wallace, William Wallace and Mark A. Pollack, eds., *Policymaking in the European Union* (5ᵗʰ ed.), Oxford: Oxford University Press, 2005, pp. 30 – 31.

③ R. Daniel Kelemen, "The Structure and Dynamics of EU Federalism", *Comparative Political Studies*, Vol. 36, No. 1 – 2, 2003, pp. 184 – 208.

④ Cris. Shore, "'European Governance' or Governmentality? The European Commission and the Future of Democratic Government", *European Law Journal*, Vol. 17, No. 3, 2011, p. 290.

但很明显，这种超国家主义的看法过于乐观了，欧盟距离一个美国或德国式的联邦国家还很遥远。如政府间主义理论所强调的，在外交、安全、文化政策等与国家核心主权相关的"高级政治"和同国家认同密切相关的领域，以及接纳新成员国或涉及欧盟预算的重大安排，欧盟各国政府都保留了一票否决权，可以不受欧盟机构和其他成员国的"挟制"；在实行特定多数表决制的经济和社会事务方面，各国政府也采取"掺沙子"的方法影响欧盟委员会的提案内容，由来自各成员国的使节组成的"常驻代表委员会"参与了90%的欧盟立法①，即使是通过的欧盟决议和立法，不少欧盟成员国政府也会找出种种理由选择性执行，甚至将其搁置；现实中的欧盟重要决策，很多来源于德国和法国两大"发动机"的事先沟通和统一立场，然后交给欧盟委员会提交部长理事会讨论并通过。

不过另一方面，依靠制度，超国家主义也有限制各国政府的办法：部长理事会在经济、社会事务很多领域的决策采用绝对多数表决制，这意味着只要以 2/3 以上多数票通过的法案，各成员国均需履行或参照执行。所以，即使是德国、法国这样的大国也无法单独阻止委员会提案在部长理事会获得"通行证"。同时，各国政府固然在接受新成员国、文化政策、外交和安全政策等事项上有一票否决权，但是如果成员国政府试图修改或废除既有制度安排，一票否决权就会发挥逆向作用，这时成员国就被戴上了制度的"手铐"，只要有一个国家不同意，原制度就会继续"惯性"存在。比如 1993 年，包括英、法、德三个欧盟大国在内的国家联盟试图修改欧盟的聚合基金政策（cohesion policy），但当时爱尔兰、葡萄牙和比利时坚决反对，欧盟委员会就没有落实大国的意图，提出相应的提案。

通过以上论辩，我们可以看出，无论是将欧盟概括为一个国际组织，传统的以国家为中心的国际关系理论，或是把欧盟比作德国或美国的联邦式超国家政体的比较政治学学说，都仅能揭示出欧盟这一复

---

① Neill Nugent, *The Government and Politics of the European Union* (5th Edition), Basingstoke: Palgrave Macmillan, 2003.

杂行为体的"局部真相",无法反映欧盟的全貌。因此,20 世纪 90
年代,当"治理"概念进入欧盟研究领域后,它迅速成为一个学界
和政界的流行语。如德国学者贝娅特·科勒教授所言:欧盟研究出现
了"治理的转向"①。

　　当代意义上的"治理"(governance)这个词汇,最初是一个制
度经济学术语,20 世纪 70 年代下半叶被用来概括企业、大学等国内
组织机构管理中出现的多元化、水平化、注重协商而非命令的新现
象②,当时欧美的企业管理机制和社会组织运行在长期的国家干预和
管制之下,层级化、官僚化和僵化现象比较严重,所以自由主义经济
思潮回归,社会与市场关系开始向市场方向进行反弹;20 世纪 90 年
代,在世界银行等国际机构和西方一些政治人物的推动下,这一概念
进入公共管理和国际经济政治领域③。联邦德国前总理,前社会民主
党国际主席维利·勃兰特(Willy Brandt)倡议于 1992 年成立的"全
球治理委员会"(the Commission on Global Governance)在 1995 年发
布《我们的全球之家》报告,给出一个比较权威的"治理"定义:
治理是各种公共的或私人的个人及机构(institutions)管理其共同事
务的诸多方式的总和。它是一个使相互冲突的或不同的利益得以调和
并采取合作行动的持续的过程。它既包括那些有权迫使人们服从的正
式机构与机制(regimes),也包括那些人们和机构已经同意的或认为
将符合其利益的各种非正式的安排。④

　　同传统国际关系理论里的国际合作和相互依赖概念比起来,治理
概念在行为体和行为方式两个方面都进行了创新性改造:行为体方

---

　　①　[德]贝娅特·科勒–科赫、[德]贝特霍尔德·里腾博格:《欧洲研究中的"治
理转向"》,陈新译,《欧洲研究》2007 年第 5 期。

　　②　詹姆斯·马奇和约翰·奥尔森 1976 年合著的《组织中的二重性与选择》一书中首
次用到"治理"这个词,他们用"大学治理"来定义大学组织中的决策。见 James March
and Johan Olsen, *Ambiguity and Choice in Organizations*, Oslo: Universitets forlaget, 1976。

　　③　[法]让–皮埃尔·戈丹:《何谓治理》,钟震宇译,社会科学文献出版社 2010 年
版,第 43—47 页。

　　④　*Our Global Neighborhood*: *The Report of the Commission on Global Governance*, Oxford and
New York: Oxford University Press, 1995, p. 2.

面，它既包括政府，但又不局限于政府，"治理囊括了社会中的每个组织和机构，从家庭到国家"，国家（政治组织和政府机构）、公民社会组织和私人部门都属于治理部门①，但同时，非政府组织、国际组织、跨国公司、跨国专业网络等都参与了外交决策；行为方式方面，治理概念强调决策的非强制性，一方面它要求政府采用新的非暴力的施政手段，另一方面它也相信在国际无政府状态下，国际法和国际条约之外，共有观念、国际制度等软性约束也是有效的协调矛盾和解决冲突的方法。

虽然"治理"仍是一个没有权威定义的概念，有学者甚至认为它在概念上的模糊，正是"其成功的秘密"②，但将欧盟定义为一种"治理体系"，却比"国际组织"和"联邦式超国家政体"更贴近欧盟实际权能划分和实际运行情况。之所以这样说，是出于以下三点原因。

首先，"治理"可以用一种突破传统民族国家语境的新语汇（以及它延伸而来的一套语境）来界定欧盟"独一无二"的制度特性。"治理"概念的应用范围极其广泛，从全球、地区到国家，再到地方、企业，甚至街区和一个班级或小组，均可成为"治理"的定语，这样使用"欧盟治理"就避开了超国家主义"欧盟政府"的政治敏感性。治理概念的宽泛性使其可以用来指代欧盟特性中类似国家，但又不能称为"国家"的部分。毕竟，我们对现代社会组织形式的认知都来源于民族国家的形式，我们的各种社会科学学科（不仅限于政治学）皆受制于民族国家的思维和视域，在解释欧盟时就有"力不从心"之感。如德国学者马库斯·雅克斯富克顿（Markus Jachtenfuchs）所言：

> "法学、社会学和经济学的基本概念和理论都依赖传统的国家概念，国家内部是按一个等级体制建立起来的，外部则身处一

---

① *Reconceptualising Governance*, UNDP, New York：UN Publications, 1997, p. 9.
② V. Schneider, "State Theory, Governance and the Logic of Regulation and Administrative Control", in A Warntjen and A. Wonka, eds., *Governance in Europe*, Baden-Baden：Nomos, 2004, p. 25. 转引自［德］贝娅特·科勒－科赫、［德］贝特霍尔德·里腾博格《欧洲研究中的"治理转向"》，陈新译，《欧洲研究》2007 年第 5 期。

个无政府体系中"，而欧盟一方面像联邦国家政治体系，有一个中央机构体制，但同时在没有中央权威的地方又处于国际关系状态中；一方面它有公法（public law），另一方面在各国法律体系冲突的地方又适用国际公法和国际私法；在社会一体化方面，欧盟仍维持民族国家体制，但在体系一体化方面，它又已整合成一个社会；欧盟各成员国能自己主动调节创造经济秩序，但同时欧盟又身处一个弗里德里希·哈耶克所说的"自生自发的"（spontaneous）的世界市场秩序之中，特别是在统一大市场建成后，受到共同市场规律的约束。①

其次，"治理"可以准确呈现成员国政府无法垄断欧盟所有事务的现实，欧盟委员会、欧洲中央银行、欧洲法院等欧盟超国家机构，成员国内的州或者是大区、省，甚至是市、县也可直接参与到欧盟决策的过程之中，各种利益集团和公民社会组织也可以通过游说，影响欧盟委员会提案的内容。所以，治理是一种要比国际组织更深、更复杂的"系统"，用它能够揭示国家层面之外的其他行为体也是欧盟整体运作的有机组织部分的事实。

根据行为体分布的结构，目前主要有两种关于欧盟治理结构的概括性说法：一种是纵向的多层治理（Multi-Level Governance）理论，这一理论认为决策权并非仅由成员国政府垄断，而应扩大到不同决策层面，包括次国家、成员国和超国家层面。而且这里的次国家层面，还可再细分为地区层次、地方层次等②。另一种是纵横交叉的网络治理（Network Governance）理论，该理论更强调欧盟的协商特征，它把欧盟看作一个完美的协商谈判体系。在网络治理体系中，"'国家'在横向和纵向上都是被分割的，其作用由'自下而上'的专断配置转变成

---

① Markus Jachtenfuchs, "Democracy and Governance in the European Union", in Andreas Follesdal and Peter Koslowski, eds., *Democracy and the European Union*, Berlin: Springer, 1997, p. 39.

② Lisbet Hooghe and Gary Marks, *Multi-Level Governance and European Integration*, Lanham: Rowan and Littlefield, 2000.

一个‘激活者’。治理欧盟要将相关国家和社会行为体聚集在一起，将各种问题归类”①。如果说多层治理侧重从垂直角度看待欧盟的话，网络治理的观察角度则更水平一些。它认为"从结构角度来看"，欧盟"始终是一个国家联合体，这些国家紧密联系在一起，承担共同行动的义务，但是其运作不是通过等级式结构，而是通过关心其自主权的各成员国的协调来实现的"②。同时，这幅治理的图景相当复杂，介入的行为体相当多，除了超国家机构、成员国政府及它们指定的组织和个人外，欧盟的谈判协商体系所涉及的范围和关系还要广泛得多。所有的决策都要由大大小小许多委员会事先进行商议。各成员国的官僚机构、各利益集团作为社会对话伙伴和游说集团都参与进来。而且欧盟委员会在提案时也要同社会利益集团的代表相结合。在长期的决策实践中，连续的、往往是多年的合作会形成各领域的"政策共同体"，在对某个新问题开始进行协商或试图找出一揽子解决办法时，有时便会围绕一些主体形成跨越不同谈判网络的这类共同体③。

最后，相对于"统治"而提出的"治理"，更加强调决策通过"协商"达成一致意见，忌讳自上而下地"强制"执行方法，这符合绝大多数欧盟决策的实际状况。治理进程中的欧盟并非通过权威机构的表决来施政施策，而是一种十分艰难的共识管理。欧盟在制度上虽然规定在不同领域实施绝对多数表决制或一票否决制，但在实际操作过程中，无论采用何种决策方法，理事会都很少投票，绝大多数通过的议案都是经过协商和博弈，各国最终达成共识。所以，即使有一个或少数几个成员国不同意某项提案，欧盟也不会做出统一的行动或表态，通常的做法是将其搁置，留待日后处理④。2017 年时任德国外长

---

① Rainer Eising and Beate Kohler-Koch, "Governance in the European Union: A Comparative Assessment", in B. Kohler-Koch and R. Eising, eds., *The Transformation of Governance in the European Union*, London: Routledge, 1999, p. 5.

② ［德］贝娅特·科勒－科赫：《欧洲一体化与欧盟治理》，顾俊礼等译，中国社会科学出版社 2004 年版，第 177 页。

③ Beate Kohler-Koch and Rainer Eising, eds., *The Transformation of Governance in the European Union*, London: Routledge, 1999.

④ ［法］奥利维耶·科斯塔、［法］娜塔莉·布拉克：《欧盟是怎么运作的》（第二版），潘革平译，社会科学文献出版社 2016 年版，第 132 页。

加布里埃尔就是为此抱怨因为几个成员国不同意，欧盟没能在中国南海问题上形成统一立场和表态。欧盟自 20 世纪 90 年代在产业政策、研发和教育政策、社会政策等领域开始实施的"开放式协调法"（OMC），通过设定标准、底线和排行榜等方法，促进各成员国改革国内规定，协调政策。这种方式，也只能归入"治理"的路径范畴。

在全球化时代，如法国学者让 - 皮埃尔·戈丹（Jean-Pierre Gaudin）所说，治理是一种联邦制度的辅助性原则和企业文化的亲密结合，同时它也是一种与新的"软权力"配合使用的一种新政治鸡尾酒①。冷战结束之后，欧盟在经济上奉行新自由主义，政治上扬弃了官僚做派，民主化程度不断提升，组织结构上趋于网络化，以援助、贸易和规范引导等"软实力"工具发挥对外影响力，这些都符合一个超国家的治理系统的特征。因此，我们大致可以将当下的欧盟称为"一个多层网状治理体系"。整个欧盟的政体，我们可以用如图 2 - 1 所示的柱状结构来进行概括。欧盟委员会、欧洲议会、欧洲法院、欧洲中央银行等欧盟机构组成欧盟的内核，中间的"奶酪"是成员国，而欧盟的 28 国民众则包围起欧盟内核和成员国政府，构成欧盟的最

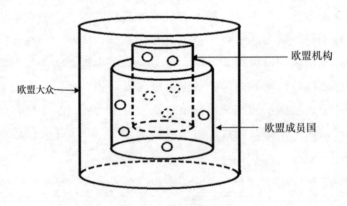

图 2 - 1　欧盟政体构造

资料来源：笔者自制。

---

① ［法］让 - 皮埃尔·戈丹：《何谓治理》，钟震宇译，社会科学文献出版社 2010 年版，第 97 页。

外层。三个圆柱体并非绝缘，它们的外壁都是多孔的，相互干涉、渗透和交流连接。欧盟机构所作出的大部分决策却需要成员国间接传输至公民层面，但也有部分"露出水面"，可直接同民众交往沟通。

关于欧盟民主的辩论

因应欧盟性质的不明确，关于欧盟民主问题也有激烈的争论，国际关系学科和比较政治学科对此有不同的认知。首先我们来看将欧盟视为国际组织的情况。关于国际组织应承担什么样的民主责任，有两种传统观点，一种认为国际组织，包括欧盟，根本就不适于以民主标准来衡量；另一种则认为建立在成熟民主国家基础上的国际组织（比如欧盟），通过民主国家的授权，已经解决了其自身的民主合法性的问题。这两种看法虽然结论不同，但都是从国家中心主义出发，认为欧盟不存在民主问题。下面我们先看第一种观点。

国际关系通常被描述成是一种无政府状态（Anarchy），在一些抱持现实主义理念的政治家和学者看来，国际政治的动力就是利益和势力均衡[1]，之所以存在国际组织，只是因为各个国家为了自己的利益，需要一个相互博弈的场所；国际组织即使拥有一些权力，那也是各国政府出于自利的目的，委托给它们执行的，目的是更好地贯彻自己的意志，实现自己的利益。所以，国际组织不存在民主的问题。在这种观点看来，国际组织是各国政府的对外政策工具，而对外政策，"即使在民主传统最为悠久的国家，外交和国防部门的工作都是在幕后进行，公民无法知道国家的真正目标和用来实现这些目标的手段。所有的政府都认定，如果把国家对外政策的制定过程公开，向公共的意见开放，会使国家的'根本利益'受到损害。"[2]

一些西方民主理论家思索国际民主问题时，也得出与上述现实主义

---

[1]　［意］达尼埃·阿尔基布吉：《联合国的民主》，载［日］猪口孝、［英］爱德华·纽曼和［美］约翰·基恩编《变动中的民主》，林猛等译，吉林人民出版社1999年版，第287页。

[2]　同上书，第289页。

国际关系理论学者相似的结论，比如罗伯特·达尔就认为：不管民主的门槛有多模糊，国际体系都处在门槛之下；国际组织不会变得民主，也不可能变得民主①。国际组织可能是有一些促进世界民主化的功效，比如"有时帮助不民主的国家做出困难的转型，使其从一个极不民主的政府变得更民主些"，再如，国际组织还能帮助扩展人权和法治等与民主迫切相关的重要因素，但这些并不构成国际组织追寻民主的理由，也不能仅仅为了增加国际组织的合法性，就给国际组织"披上民主的外衣"。在他看来，当代世界有很多可以替代民主的塑造合法性的方法，比如商业企业的管理采取等级制，但它也拥有合法性，因为等级制使企业适合在私有市场经济中运行；大学、研究中心、医院的运行有一些不民主的方面但被许可，是因为其领导者在知识和专业技能上大大超过被管理者，而且对决策做了充分的考虑②。

达尔专门以欧盟为例做了说明："欧盟提供了有说服力的例子。这里，像人民选举和议会这样一些结构，在名义上都已经正式到位，可实际上所有的观察家都同意，它依然存在着巨大的'民主赤字'：它的一些关键的决定主要还是由政治和官僚精英的讨价还价产生；决定它能走得多远的，不是民主过程，而主要是谈判各方的能力，以及对国内国际市场可能造成的影响的掂量。讨价还价、等级结构和市场操纵着最后的结果；而除了对最终结果的认可以外，民主过程几乎不起作用。"③ 所以，达尔认为，国际组织最好被看成"官僚博弈系统"（bureaucratic bargaining systems）。国际事务的决定"主要借助的是行政首脑、部长、外交官、政府和非政府机构的成员、企业领导人等诸如此类的政治和官僚精英之间的讨价还价的结果。虽然偶尔地，民主过程也会为精英达成的协议确立一些外在的限制，但如果因此就把国

---

① Robert A. Dahl, "Can International Organizations be Democratic? A Skeptic's View", in Ian Shapiro and Casiano Hacker-Cordón, ed., *Deomcracy's Edges*, Cambridge: Cambridge University Press, 1999.

② Ibid., pp. 32 – 33.

③ ［美］罗伯特·达尔：《论民主》，李柏光、林猛译，冯克利校，商务印书馆1999年版，第124页。

际体制的政治实践称为'民主'，那会失去这个名词的原义。"①

第二种观点认为像欧盟这样的国际组织已经以间接的方式解决了民主问题。安德鲁·莫劳夫奇克是一位代表性人物，他从自己的自由政府间主义出发，认为既然欧盟的政策主要是成员国政府博弈的结果，而成员国政府都是各国经过民主程序产生的，所以最终的欧盟政策不会违背各国人民的意愿。莫劳夫奇克指出，各国政府是欧盟最直接向人民负责的政治机构，"如果欧洲范围的选举是欧盟民主责任的唯一形式，那怀疑欧盟存在民主问题肯定站得住。但是，一个更重要的渠道是，成员国政府都是民主选举产生的，这种形式是欧盟更多领域决策的主导形式，也是欧盟政府间结构的主要架构"②。作为一个国际组织，欧盟已经通过成员国的代议制解决了民主问题，欧盟的决策已经得到了各国公民的间接授权。同时，成员国议会和媒体已经逐渐增多了对各国政府部长在布鲁塞尔的行动的监督。既然欧盟在很大程度上仍然是一个政府间组织，那么欧洲理事会和部长理事会的决策对各国国民负责的逻辑，同各国政府内阁做出的国内决策的负责机制其实是一样的。鉴于欧盟的重大条约都是或经成员国议会表决，或者通过国内公决的形式，对本国政府的谈判结果予以认可，因而也就具有充分的民主合法性。此外，因为欧盟事实上增强了成员国（这里指的实际是成员国的执行机构，即政府）的影响力③，这也就挑战了有关对欧盟"民主赤字"的批评，既然民主产生的各国政府在欧盟机制运行中扮演主要角色，所以，欧盟就更不存在大的民主问题了。

上述两种观点认为在欧盟仍然是主权国家之间结成的国际组织的前提下，欧盟或者是根本称不上存在"民主赤字"，或者已通过其成员国的民主化解决了民主合法性问题。但是，如果欧盟是一个联邦国

---

① ［美］罗伯特·达尔：《论民主》，李柏光、林猛译，冯克利校，商务印书馆1999年版，第126页。

② Andrew Moravcsik, "In Defense of the 'Democratic Deficit': Reassessing the Legitimacy of the European Union", *Journal of Common Market Studies*, Vol. 40, No. 4, 2002, p. 612.

③ Andrew Moravcsik, "Why the European Community Strengthens the State: Domestic Politics and International Institutions", Harvard Centre for European Studies Working Paper Series, No. 52, Cambridge: Center for European Studies, 1994.

家式的政体，或者它的目标是变成一个这样的"国家"，那么它的民主性就很可质疑了。在许多赞成这种看法的学者的心目中，谈到欧盟存在的合法性时，总有这样一个参考对象，那就是欧盟的成员国（主要是德国、法国、英国这样的西欧国家）样式的"成熟民主国家"。绝大多数欧盟成员国采用议会民主制，一般有一个两院制的议会，行政部门向议会负责，通过民选产生的下院议会掌握立法权和财政、宣战等重大事项决策权。这些国家普遍实施行政、立法和司法三权分立，相互制衡。领导人或由全国公民直接选举，或由议会多数党领袖担任。另外，它们有完善的政党制度，通过政党竞争，轮流执政，避免"暴政"的出现，同时不同政党的不同政策方案也为选民们提供了广阔的选择空间。这些制度设计似乎能够保证国家政府免受民主批评，拥有足够的先天合法性。

目前的欧盟经过半个多世纪的发展，在形式上也具备了一些国家民主的要素：有一个普选的欧洲议会，类似成员国的下院，部长理事会类似上院，欧盟委员会被誉为"条约的维护者"和"一体化的发动机"，常被认为扮演了欧盟行政机构的角色。欧盟设有审计署，对财务和人员严格审查。欧洲法院拥有独立的裁决权，还有一定的监督权。欧盟委员会主席的任命是欧盟成员国在欧盟理事会决定的，但要经过欧洲议会的批准。欧洲议会内也有一些按政党归属组成的议会党团，比如中左阵营的社会民主党/社会党、中右阵营的基督教民主党/保守党，以及自由党、左翼党等跨国政党联盟。但如果逐项同西方成熟民主国家进行精确的类比，欧盟在一些方面还达不到它们的水平，正如威勒所说："即使联盟打算在其治理体制中复制与其成员国完全相同的机构设置，但是在经过重新划分后的政治疆界内，每个成员单位的特殊分量、政治上的重要性与控制程度都会有所降低。"① 如果以所谓的"成熟民主国家"为参照物，欧盟至少存在如下一些"民主"问题：

---

① ［美］约瑟夫·威勒：《欧洲宪政》，程卫东等译，中国社会科学出版社 2004 年版，第 266 页。

1. 欧洲议会拥有的权力有限

尽管欧洲议会是欧盟中代表民主合法性的代议机构，但它拥有的权力有限；经过多次条约修正，欧洲议会的权能比成立之初有了很大的扩展。但如果同实行代议制民主的民族国家比起来，它的权力还是小得多。欧洲议会没有立法提案权，也没有完全意义上的立法权，它只拥有参与决策的权力，有时是提供参考意见，有时是理事会机构一道共同决策。在监督权上，委员会和理事会的确必须向欧洲议会提交工作报告，但欧洲议会只对委员会这一超国家机构有一些制裁手段，即不信任投票和拒绝批准委员会的提案。在财政预算方面，它只能通过确认财政支出等形式来发挥参与决策的作用。除了接纳新成员国等问题，欧洲议会对能影响欧盟宪政全局发展和未来走向的重大问题，也没有多大影响力，进行制度改革和界定超国家和国家职权的权力（Kompetenz-Kompetenz）（即把成员国职权转移到欧盟的权力）都掌握在各成员国政府组成的理事会手中。[①]

2. 欧盟委员会、欧洲央行、欧洲法院等超国家机构所受约束较少

欧盟委员会作为一个官僚机构，却拥有立法创制权、执行权和一定的监督权。对外，欧盟委员会主席和"共同外交与安全事务高级代表"，以及欧盟理事会主席共同代表欧盟，在对外经济政策上，委员会是欧共体对外谈判的代表。虽然欧盟委员会主席及其整个班子的任命需经欧洲议会批准，但整个委员会却都不是选举产生的。作为一个"行政精英主导"的机构，它的政治权力是以"传统代议制度"的受损为代价的。[②] 在某些情况下，如对共同农业政策项下的水果和蔬菜的管理，在欧洲范围内抵制英国疯牛病牛肉，欧盟委员会不用通过欧洲议会或部长理事会，自己就能直接出台政策法规，直接施行于欧盟地区。在这些时刻，用一位法律观察家的话说，委员会"把起诉人和

---

① ［德］贝娅特·科勒－科赫等：《欧洲一体化与欧盟治理》，顾俊礼等译，中国社会科学出版社 2004 年版，第 112 页。

② Dimitris N. Chryssochoou, *Democracy in the European Union*, London：Tauris, 1998, p. 11.

法官的角色融为一身"，"使得委员会成为程序上掌握自己命运的人"①。这种权力的不受制约，在很多欧洲人看来是不民主的。很多学者和媒体都担心欧盟的"技术官僚化"，这主要是针对欧盟委员会而言。马约内就尖刻地指出：由欧盟委员会代理提案权，这一模式不是雅典式的民主，而是斯巴达式的专制。欧洲议会相当于斯巴达的公民大会，而欧盟委员会相当于元老院，欧洲议会只有对欧盟委员会提案投"是"或者"否"的权力，就像斯巴达的公民大会对元老院提案所做的那样。②

欧洲央行是另一个被认为权力过大的机构。根据条约，欧洲中央银行可以不受各国议会、欧洲议会，以及其他欧共体机构的干涉，直接出台规制规定，这些规定还会变成欧洲和成员国的法律，得到贯彻执行。要改变欧洲央行的地位，只能通过条约修改程序进行，这就意味着必须得到全体成员国政府的一致同意，这使得欧洲中央银行成为世界上地位最稳固、最有权势的中央银行。而欧洲央行所受的民主约束却不大，它唯一正式的责任义务是向欧盟理事会、欧洲议会、部长理事会和欧盟委员会提交一份年度报告，内容为欧洲中央银行体系的活动，以及当年和前一年的货币政策。同时，欧洲央行的收入和开支都不列入欧共体预算，这使它拥有了另一种独立性。

欧洲法院的权威过大。在欧洲一体化的发展过程中，欧洲法院悄悄地把《罗马条约》变成了一部实际上的欧共体宪法③。从 20 世纪 60 年代，欧洲法院就已开始将对成员国行为的审议从国际法的范畴向宪政法律的方向转变。1963 年时，执行《罗马条约》中的规定还要完全依靠成员国的法律机构，到 1965 年，成员国公民已可以要求其国家法院宣布其国内法某条款因与欧共体条约规定的直接应用的条

---

① Richard Brent, "The Binding of Leviathan—The Changing Role of the European Commission in Competition Cases", *International and Comparative Law Quartely*, Vol. 44, No. 2, 1995, p. 278.

② Giandomenico Majone, *Europe as the Would-be World Power*, Cambridge: Cambridge University Press, 2009, p. 30.

③ Thomas D. Zweifel, *Democratic Deficit? Institutions and Regulation in the European Union, Switzerland and the United States*, Lanham: Lexington Books, 2002, p. 20.

款相冲突而失效（即"直接效力原则"）。此外，在 Costa 案中①，欧洲法院还确立了最高效力原则，成员国不能将单方面和其后的措施凌驾于它们基于互惠而接受的法律制度之上。直接效力原则、最高效力原则以及欧洲法院在判例中确立的其他一些原则，如先占原则等，确立了共同体法的权威性及其在实践中的效力②。在欧洲法院潜移默化的作用下，《罗马条约》已经被转化成一部对成员国有直接效力的超国家法律③。这样的结果是，欧盟法摆脱了各国政府、议会和法院对国际协定的执行控制④，同时，这些法律也未直接经人民或人民选举的代表批准⑤。

3. 领导人产生中的竞争缺失

欧盟最重要的决策部门——欧盟委员会和理事会的领导人都不是民选产生。欧洲理事会和部长理事会作为政府间性质机构，其领导人和组成人员在各自国内拥有民主合法性，受到的质疑还不多。但在超国家主义理论家看来，欧盟委员会主席这个握有最大行政权力的领导人的合法性非常成疑。《尼斯条约》之后，欧盟委员会的产生办法是：欧盟理事会以少量多数（small majority）票数提名候选人，特定多数（qualified-majority）投票通过，然后欧洲议会以简单多数批准。在罗马诺·普罗迪（Romano Prodi）之后，欧盟委员会主席的竞争人选开始增多，但是选举方式仍有很多问题，本质上依旧是成员国政府之间讨价还价（horse-trading）的结果。2014 年欧洲议会选举推出了"热门人选"（Spitzenkandidaten）的"潜规则"，即各成员国政府"默许"欧洲议会选举中最大党团推举出的候选人担任欧盟委员会主

---

① Costa 案，见 Case 6/64，［1964］ECR 585。

② 程卫东：《欧洲联盟 50 年：经济、政治、法律与价值建构述评》，载周弘主编《2007—2008 欧洲发展报告》，中国社会科学出版社 2008 年版。

③ Joseph H. Weiler，"The Transformation of Europe"，*Yale Law Journal*，Vol. 100，No. 3，1991，pp. 2403 – 2437.

④ Fritz W. Scharpf，*Governing in Europe: Effective and Democratic?*，Oxford: Oxford University Press，1999，p. 53.

⑤ Ignacio Sanchez de Cuenca，"The Democratic Dilemmas of the European Union"，Manuscript，1997.

席，但这仍然是"潜规则"，并非明文规定，属于随时可以更改的
"规矩"。这与"成熟民主国家"赢得选举者即赢得执政权的简单逻
辑是不一样的。

4. 决策与民众的关系链过长

欧盟复杂的体制使其比民族国家的决策层同民众的距离更加遥
远。尽管欧洲议会的权力得到了增强，但主导欧盟决策的仍然主要是
欧盟委员会和部长理事会，前者被赋予立法创制权，后者握有重要立
法决定权。欧盟委员会虽然被视为代表共同体利益，但其高层机构
（或称"内阁"）人员组成却仍是各国政府推选、博弈较量的结果，
即使委员会主席人选受到欧洲议会制约，但委员（相当于部长）人
选一般都遵循一国一位的原则。欧盟委员会的立法提案虽然会参考欧
洲议会和部长理事会的意见，同一定的利益集团、专家团体和经济社
会委员会等欧盟咨询机构磋商，但很难直接同民众发生关系。部长理
事会拥有立法决定权，特别重大的事项还会交给欧洲理事会，由成员
国首脑决定。虽然作为政府间性质的机构，欧洲理事会首脑都经过其
国内议会选举或直选产生，部长理事会代表是成员国政府指派的各部
部长，代表看似没有合法性问题，但是决策的结果通常都是妥协的产
物，不会与民众的偏好完全重合。这种过长的决策链使其比民族国家
更容易扭曲民众的真实意愿，让人民的声音变为实际政策更加困难①。

5. 不存在全欧范围的政党辩论和公共舆论

在西方所谓的"成熟民主国家"，政党竞争、辩论和选举被认为
可以给民众提供思考国家的未来政策和方向，明晰自己的利益和倾向
的机会。但在欧盟，还没有形成一个类似国家政党的凝聚力的全欧范
围的政党。虽然在欧洲议会中有政党党团的存在，但是这些政党之间
的联系很松散，组织也乏力。欧洲议会里的欧洲议员更多从本国角
度，而不是从全欧的角度来考虑问题。而且在欧洲议会的选举中，这

---

① Andreas Follesdal and Simon Hix, "Why there is a democratic deficit in the EU: A re-
sponse to Majone and Moravcsik", *Journal of Common Market Studies*, Vol. 44, No. 3, 2006,
pp. 533 – 562.

些政党也没有提出全欧范围的政策，而是重复着国内选举的议题和政策主张①。所以，没有在全欧范围形成必要的政党和政治辩论，传统的国家容器内的民主意见表达途径没有延展到欧盟层面。此外，全欧范围的公共舆论和公共讨论也几乎没有兴起过。2003 年，哈贝马斯、德里达、穆希格、埃科等 7 名欧洲公共知识分子超越学术界限，几乎于同时在德、法、意等各国重要报纸上发表反对伊拉克战争的文章，他们从欧洲各地的反战游行中看到了"欧洲的重生"，认为这一事件将会作为欧洲公共领域的诞生信号载入史册。但最终历史证明这只是一个偶然事例，而且这几位公共知识分子暂时的团结所形成的公众舆论影响也还是相当有限的。整体而言，欧盟内跨国界的交流空间和话语机制还是很弱的。

但是如我们在第一节对欧盟性质的分析所述，对欧盟来说，国际组织与国家之间的界限已经模糊了，欧盟是一个兼具二者性质的混杂体，因此，用考量一般性国际组织和所谓"成熟民主国家"的标准和原则来评估欧盟的民主状况就有了"郑人买履"② 之嫌。同时，时代的演进也对国际组织提出了更多的民主要求：传统上所说的民主一直是一个政治学名词，是民族国家的政治组织形式，但自冷战结束后，伴随着全球化的兴起，"民主日渐成为一个超出国内政治的概念，部分地成为思想与交往全球化趋向的一个条件"③。在全球化格局之下，"民族共同体根本不可能孤立地'设计'其政府的行动、决定和政策，而它们的政府自身也根本不能简单地决定对它们的公民来说，什么是对的或适宜的"④。20 世纪 90 年代以来，由于国际组织的权力

---

① 林民旺：《试析欧洲联盟的"民主赤字"问题》，硕士学位论文，中国社会科学院研究生院，2005 年，第 10 页。

② "郑人买履"的寓言出自《韩非子·外储说左上》。原文为：郑人有欲买履者，先自度其足，而置之其坐。至之市，而忘操之。已得履，乃曰："吾忘持度！"反归取之。及反，市罢，遂不得履。人曰："何不试之以足？"曰："宁信度，无自信也。"

③ ［日］猪口孝、［英］爱德华·纽曼、［美］约翰·基恩编：《变动中的民主》，林猛等译，吉林人民出版社 1999 年版，第 10 页。

④ ［英］戴维·赫尔德：《民主的模式》，燕继荣等译，王浦劬校，中央编译出版社 1998 年版，第 440 页。

不断增长，甚至在一些领域可"为世界定规则"①，所以相应地，关于像联合国这样的国际组织应当提高自己的透明度和民主责任的呼声也越来越高，国际组织的民主合法性也受到越来越多的质疑。很多学者和媒体都指出，国际组织的决策没有受到民主舆论的监督，在制度上也未受到相应的权力制衡②。所以，如果我们将民主视为一种带有规范意义的目标，即使将欧盟当作一种国际组织，也无法忽视欧盟有不断提升、改进自己民主水平的必要，民主已成为全球治理的组成要件之一。

另一方面，将欧盟民主状况与欧洲学者和精英们过度熟悉的民族国家进行类比又很"不公平"。民主是有边界的，国家民主的预设前提是存在"某国公民"，如要类比国家的话，就要求欧盟民主的预设前提是存在"一个欧洲公民"（one European demos），但现在的欧洲却是由"多个欧洲公民"（many demoi）构成的③。德国宪法法院关于《马约》的判例曾指出，在共同的语言、文化和历史基础上形成的"显著同质性"是一个民主共同体的先决条件④。不过，成员国公民之间共同体感（sense of community）的薄弱却恰恰是欧盟的主要社会特征之一。欧洲一体化半个多世纪的历史进程证明，经济一体化无法消除欧洲公民对自己民族国家的认同，而欧盟的政治共同体意识塑造还远称不上成功。从图 2-2 和图 2-3 中我们可以看出，在过去的 30 年中，欧盟公民中完全认同欧洲的意识始终在10%以下，而认同自己仅属于自己民族国家的人数比例始终在50%上下徘徊。可见，建构欧盟民主的社会条件并不理想。如海德润·

---

① ［美］迈克尔·巴尼特、［美］玛莎·芬尼莫尔：《为世界定规则：全球政治中的国际组织》，薄燕译，上海人民出版社 2009 年版。

② ［英］戴维·赫尔德：《民主与全球秩序：从现代国家到世界主义治理》，胡伟等译，上海人民出版社 2003 年版。Allen Buchanan and Robert O. Keohane, "The Legitimacy of Global Governance Institutions", *Ethics & International Affairs*, Vol. 20, No. 4, 2006.

③ Thomas D. Zweifel, *Democratic Deficit? Institutions and Regulation in the European Union, Switzerland and the United States*, Lanham: Lexington Books, 2002, p. 12.

④ 转引自［德］贝娅特·科勒－科赫《社会进程视角下的欧洲区域一体化分析》，吴志成编译《欧洲研究前沿报告》，华东师范大学出版社 2007 年版，第 9 页。

阿布罗梅特（Heidrun Abromeit）所说，像欧盟这样大规模的行为体，必须从社会心理角度考虑它的民主问题："欧盟没有一个自觉的，热心公益的，政治上活跃的'跨国公民'，没有一种对欧洲'政治共同体'的'归属感'。"[1] 民主政治的主体，或曰参与者，应是具有共同文化、共同认同、享有共同权利和义务的公民，在缺乏此一前提的情况下，我们不可简单地将欧盟成员国的民主制度与欧盟比照分析（尽管这种对比对揭示欧盟民主问题具有启迪意义），必须另辟蹊径。

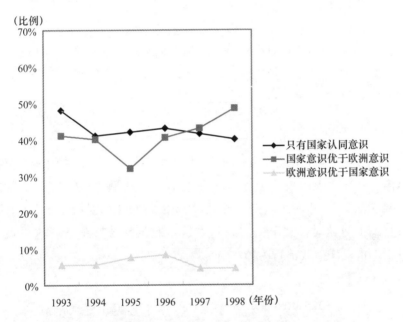

图 2 - 2　20 世纪 90 年代国家认同意识与欧洲认同意识之比较

资料来源：《曼海姆〈欧洲晴雨表〉趋势文件 1970—1999 年》。转引自［德］贝娅特·科勒 - 科赫等《欧洲一体化与欧盟治理》，顾俊礼等译，中国社会科学出版社 2004 年版，第 223 页。

---

① Heidrun Abromeit, *Democracy in Europe: Legitimising politics in a Non-State Polity*, New York: Berghahn Books, 1998, p. 4.

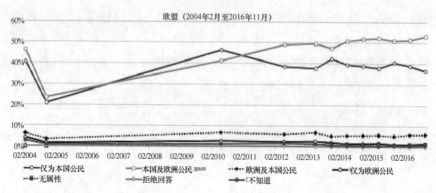

图2-3 2004—2016年国家认同意识与欧洲认同意识之比较

资料来源：欧洲晴雨表（Eurobarometer），http：//ec. europa. eu/COMMFrontOffice/ publi-copinion/index. cfm/Chart/getChart/chartType/lineChart//themeKy/41/groupKy/206/savFile/47。

治理体系的民主

作为一个复杂的、多层次的网状治理系统，欧盟民主的适用范围总体上处在无须民主的国际组织和所谓的"成熟民主国家"之间的区域（如图2-4所示）。介于欧盟性质的特殊性和创新性，我们在观察其民主问题时，宜于回归到基本的"政治系统"概念，这一概念可用来指代任何政治行为体。

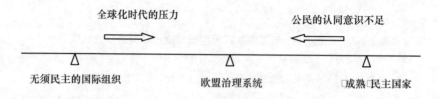

图2-4 欧盟民主位置图

资料来源：笔者自制。

美国政治学者戴维·伊斯顿（David Easton）将政治系统分为

"输入"和"输出"两个部分,"输入"为环境对系统的要求和支持,"输出"是该政治系统的决策和行动,"输入"和"输出"之间存在反馈和循环关系,使得该政治系统不断运作,从而实现社会价值的权威分配①。如果"输入"因子是正面的,可以增添政治系统的活力,加强它和它的政策的合法性,减少执行过程中的阻力,反之就会损害政治系统的声誉,为政策执行制造障碍;如果"输出"因子是正面的,也就是说政策是有效的,那就可以反作用于政治系统,增加环境对政治系统的支持,如果"输出"因子是负面的,那也会削弱环境对政治系统的支持力度。这一关系见图2-5。

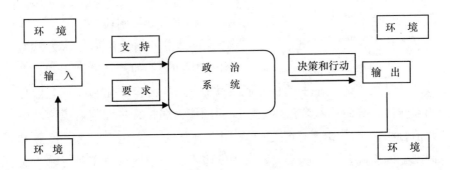

图2-5　政治系统的输入与输出

资料来源:〔美〕戴维·伊斯顿:《政治生活的系统分析》,王浦劬等译,华夏出版社1987年版,第35页。

　　此系统论可以用来检视作为治理体系的欧盟的政治民主状况。在欧盟这样一个多层次、网络化的政体结构中,图2-5中的"环境"即可具化为图2-1里的欧盟的公众,"政治系统"即为图2-1里的成员国和欧盟的机构(这里的机构不仅指政府,也包括议会、法院、中央银行和各种专业指导委员会)。德国学者弗里茨·沙普夫(Fritz Scharpf)曾将欧盟的民主分为"输入性(input-oriented)民主"和

---

① 〔美〕戴维·伊斯顿:《政治生活的系统分析》,王浦劬等译,华夏出版社1987年版。

"输出性（output-oriented）民主"：输入导向的民主强调"民治"（government by the people），意为如果，并且由于政治选择反映了"人民的意愿"，是共同体成员的真正偏好的话，这样的选择才是合法的。相反，输出导向的民主强调的是"民享"（government for the people），意为如果，并且由于政治选择能有效提升共同体成员的共同福利，它才具有政治合法性①。这一分类可以作为我们分析的起点，"输入民主"意味着欧盟需要制定符合人民意愿的政策，拥有反映民意的政治机制，无论其构造是代议制（本书第三章将详述），还是参与式（见本书第四章）的形式；而"输出民主"则是功利化的考量，要求决策使人民受益，并维护和增进其价值观的稳定和影响力（第五章社会民主和第六章意识形态民主部分将进行详细阐述）。

　　沙普夫在提出"输入"和"输出"民主的两分法后，认为欧盟应当解决的不是输入民主，而是输出民主问题。他的《欧洲治理：有效的还是民主的》一书的核心假设就是："经济全球化和欧洲一体化相互作用，导致西欧政治体系解决问题能力弱化，进而削弱了西欧的政治合法性。"② 由于欧盟各成员国存在历史、文化、语言、民族和制度上的差异，所以沙普夫就认为欧盟不宜仿效民族国家实行输入民主，因为输入民主需要实施多数决定制，而欧盟并不存在实施这种决策方式的前提条件；另一方面，输出民主则是以利益为基础，而不是认同为基础，所以对欧盟更为适用，它可以依靠制度规范和激励机制，防止公共权力的滥用，增强解决问题的能力，同时还能使各方利益以公共利益的名义得到考虑，而且各项措施的成本和收益会根据分配正义的规范来分配③。这是一种新功能主义的一体化理论在民主政治领域的反映。新功能主义认为，欧洲一体化是由于经济发展的需要而不断造成的政策外溢的结果，是政治因应经济规模不断扩大而做出的相应调整。所以，欧盟民主的政治任务就是促进欧洲经济的发展，

---

① Fritz W. Scharpf, *Governing in Europe：Effective and Democratic ?* , Oxford：Oxford University Press, 1999, p. 6.

② Ibid. , p. 2.

③ Ibid. , pp. 7 – 13.

从而给欧洲人民带来福祉。从这个意义上说，欧盟的民主合法性就在于其经济发展的绩效，或称为"有效性"。当欧盟的政策对促进成员国经济发展，改善地区发展差异等方面做出贡献，它就能够证明并巩固自身存在的合理性和合法性。因而欧盟的统一大市场建设、经济与货币联盟政策在取得不俗的经济成就的同时，也巩固了欧盟的民主合法性①。也就是说，如果超越民族国家的治理能够有效率与效益，那么建立在结果基础上的合法性就是充分的。这一路径可以解释20世纪60—70年代民众对欧洲一体化的"宽容共识"，但已经没有办法回答20世纪90年代之后政治化气氛日渐浓厚的欧洲"事业"，以及欧盟民主的多元化特征。因此，本书本着马克思主义辩证法的立场和方法，认为输入民主和输出民主二者对欧盟这一新型治理体系，缺一不可，无法偏废。而从输入和输出民主两个理论视角去看欧盟，它都存在一定的民主问题。

决策提升公民的收益，它只是民主的一个方面，民主是统治者与被统治者之间的一种动态平衡，需要让普通民众觉得是自己在治理该体系，拥有自己是共同体主人的信念，这种感受并不会因福利的提升而自然拥有，所以输入民主，即"民治"，不会因"民享"的实现就自然实现。

输入民主有两点要求，欧盟在这两方面都有很大欠缺。第一是公民认同意识。民主需要一种集体认同感，公民对国家的认同，公民对自己的国家充满热爱和归属感，是经过较长时间，历史地或是有计划有目的地塑造而成②。而欧盟如以1957年《罗马条约》签署开始计，也仅有61年的历史，民众的认同感与对各自国家、民族和家庭的认同感比起来要弱得多。仅靠经济上的成就难以说服公民认同欧盟，雅

---

① 林民旺：《试析欧洲联盟的"民主赤字"问题》，硕士学位论文，中国社会科学院研究生院，2005年，第7页。

② 对民族国家的认同是历史自然形成，还是塑造出来的，学术界有不同观点。近来后者越来越成为民族主义研究的潮流，代表作参见［美］本尼迪克特·安德森《想象的共同体：民族主义的起源与散布》，吴叡人译，上海人民出版社2003年版。

克·德洛尔就曾说过:"欧洲民众不会爱上共同市场。"① 德国哲学家于尔根·哈贝马斯(Jürgen Habermas)提出"宪法爱国主义"的规范性理论,认为"正如瑞士和美国这样的多元文化社会的例子所表明的,宪法原则可以生根于其上的政治文化,根本不必依靠所有公民都共有的种族上、语言上和文化上的共同来源","民主的公民身份不需要根植于一个民族的民族认同之中",但他也承认:"民主的公民身份确实要求所有公民在共同的政治文化之中经历社会化过程。"② 哈贝马斯从其交往沟通理论出发,提出对欧盟未来认同的构想,即不会成为国家认同的复制品,而是一个与国家认同相互促进,相互补充,但同时在道德上又超越于传统国家认同至上的过程。他设想通过跨国交流,借助话语传播,在市民社会基础上形成整个欧洲范围的公共政治领域,进而形成政治文化,达到欧洲认同③,实现欧洲民主的前提条件。不过反过来看,这些计划都是针对欧洲认同程度低下的现状而提出来的,当前的欧洲认同还不能满足欧盟民主的需要,虽然《马约》在政治上对欧盟的公民作了界定,但在目前,欧盟各国人民可以感到的只是共同的经济和政治利益,而在语言、文化和社会心理等方面并没有强烈的集体认同感。英国学者乔·肖(Jo Shaw)说,尽管欧盟的法律结构确实在欧盟的政府机构与欧盟各国公民之间建立了一种垂直的关系,但是我们无法从中设想在这些公民之间存在一种水平的关系(诸如文化特征、民族地位和公民义务),而正是这种关系才能够把他们约束在一起④。各成员国的公众没有完全形成一种对欧盟的认同感,整体上的欧盟公众尚未出现,欧盟范围的政党和团体

---

① Peter van Ham, "Europe's Postmodern Identity: A Critical Appraisal", *International Politics*, Vol. 38, 2001, p. 242.

② [德]于尔根·哈贝马斯:《在事实与规范之间:关于法律和民主法治国的商谈理论》,童世骏译,生活·读书·新知三联书店 2003 年版,第 664 页。

③ 王展鹏:《宪法爱国主义与欧洲认同:欧盟宪法的启示》,《欧洲研究》2005 年第 5 期,第 118—119 页。

④ Jo Shaw, "Interpreting the Concept of European Union Citizenship", Working Paper 2/99, on http://www.leeds.ac.uk/law, 转引自李巍《如何认识欧盟的"民主赤字"问题》,《欧洲研究》2002 年第 6 期。

也缺少坚实基础①。

输入民主的第二点要求是政治传输和协调机制。欧盟不像其老成员国那样，在决策者和公民之间运行着成熟的政治制度，在民族国家内部，政党和以媒体为基础的公共对话可以调解二者之间的关系②，但在欧盟这样的新型政治体内，一方面是缺乏成熟民主国家长时期以来形成的行之有效的政治传导和协调机制；另一方面是由于其跨越个人、地方、国家、欧盟等多个层级，涉及多领域、多个体的复杂网络领域，出现很多权责不清的模糊地带，导致其民主信任问题不断涌现，加上发展时间短，至今没有形成完善成型的民主政治制度。

作为一个治理体系的欧盟，在制度和责任上的输入民主缺陷体现在纵向和横向两个坐标轴上，我们可以分别用前文介绍的多层治理和网状治理理论来揭示：首先，当权力在超国家、成员国和次成员国机构之间进行纵向分配时，行政、立法和司法的权能范围有很大程度的改变，由此产生了对民主公信力的冲击；其次，从等级制的、正式的程序转换成网络化的、非正式的程序会破坏政治平等和相互制衡的民主原则。在欧洲多层级体制中，行政权很容易跨越管辖权，但相比之下，议会的权力要超越领土管辖权则很难，而且实际迈出的步子也的确很小。按照民主的要求，各国议会本应预先对部长们在欧共体舞台上的行动严加监督，但事实证明这点基本上做不到，各成员国的行政部门在布鲁塞尔的行动和表态经常不受议会任何一院的控制。近年来，成员国议会已经开始竭尽其能对欧盟施加影响，而且在新的《里斯本条约》中已获得一些监督和控制权力，但成员国议会在欧盟决策中发挥的作用还是无法达到民主公信力的标准。在欧洲议会的监督没有完全建立起来的情况下，成员国议会采取了一些非正式手段（它们的行动还要避免不要降低欧盟理事会的协商效率和成功概率，因而不能对其政府的行为给以太大制约），造成欧盟决策的"非制度化"，

---

① 李巍：《如何认识欧盟的"民主赤字"问题》，《欧洲研究》2002 年第 6 期。

② Markus Jachtenfuchs, "Democracy and Governance in the European Union", in Andreas Follesdal and Peter Koslowski, eds. , *Democracy and the European Union*, Berlin: Springer, 1997, p. 48.

导致公众无法控制的不透明的进程，给代表们的公信力增加了难度，而且削弱了代议制结构的民主质量①。

在欧盟治理体系中，权力超越政府层面的纵向扩散很严重，但权力的横向扩散更明显。欧盟作为一个网络，欧盟委员会、欧洲议会、理事会、欧洲央行和欧洲法院等各机构之间互相联系，成员国政府各部门之间在部长理事会内相互联系，成员国议会之间相互联系，成员国地方机构之间也会建立关系，同时它们还跨越层级相互联系，比如某成员国的农业部可以直接同欧盟委员会某总司联系；上述是公共部门间的网络，另外私人和私人团体也参与到欧盟治理之中，专家学者经常作为顾问参加欧盟委员会和欧洲议会的咨询和提案进程，利益集团会在布鲁塞尔游说欧盟委员会、欧洲议会和理事会。网络治理打破了成员国政府的垄断，在权力横向扩散过程中，管辖权具有任务特定性、部门的相互交叉性以及灵活性的特点②。有一些实证研究证明，由于新的利益和革新观念具有更大程度的开放性，所以网络治理的包容性具有积极作用。但是，网络治理与提高公民参与度导致的民主提升之间的正相关关系没有得到实证研究证明，反而在一些欧盟新推出的旨在提高自己合法性的措施，比如"社会伙伴关系"在实施时，通常达不到规定的包容性、开放性和透明度。同时，由于参与的规则和实践，不能保证众多行为体之间的平等，所以虽然有众多行为体参与，但还是不能提高欧盟的民主水平。此外，新的网络治理的形式打破了旧的民主监督模式，"相关行为体之间的关系……没有充分暴露在公众的监督之下，或没有受到合法的、民主的和代表性的机构的监督"。所以，这种"非正式性"会带来一种潜在的不平等，从而威胁民主治理的基本规范③。

---

① Arthur Benz, "Compounded Representation in EU Multi-Level Governance", in Beate Kohler-Koch, eds., *Linking EU and National Governance*, Oxford: Oxford University Press, p. 88.

② Liesbet Hooghe and Gary Marks, "Unraveling the Central State, But How? Types of Multi-Level Governance", *American Political Science Review*, Vol. 97, No. 2, 2003, p. 237.

③ ［德］贝娅特·科勒－科赫、［德］贝特霍尔德·里腾博格：《欧洲研究中的"治理转向"》，陈新译，《欧洲研究》2007年第5期，第39—40页。

输出民主方面，欧盟治理体系也存在不少问题。首先我们要确定什么才是福利水平整体提高的标准。民主经济学中一般将帕累托效率作为衡量指标。帕累托效率又称分配效率，因此概念 1906 年由意大利的维尔弗雷多·帕累托（Vilfredo Pareto）提出而命名，它是现代福利经济学、公共选择理论，甚至是"二战"后政治科学的核心概念之一。当经济后果在效用可能性边缘上时，它被定义为帕累托最优状态。简单地说，就是再没有一种重新安排结果的方法能在不使某一个人的状况变坏条件下使任何一个人的状况变好①。关于福利的改进，有不同的衡量函数，比如伯格森学派的福利函数是把社会福利（部分地）看作基于由政治领袖制定的经济政策目标所被完成的程度，而不论是否每一个居民都分别赞同这些目标，但这样衡量过于倾向决策者；庇古学派的社会福利函数是在边沁的功利主义传统基础上建立起来的，社会福利被看作多人各自效用的总和，但是在这种福利概念中，一个人福利的下降可以被另一个人福利的增长补偿，这样福利的正增长可能掩盖了部分人生活水平下降的现实，从而违背了平等——这一民主的核心概念；罗尔斯的社会福利函数则认为社会福利由社会中处境最差的人所决定，只有当他们的处境得到改善，社会福利才会增长②，但如此又显得苛刻，降低了福利总量的意义。相比之下，帕累托效率虽然不能充分描述社会福利的各种状况，但它可保证在所有人不受损的状况下，增加福利总量，同时它也较易操作，所以第二次世界大战后在福利经济学界，帕累托效率成为主流概念。

20 世纪 80 年代之前的欧洲一体化在沙普夫看来，主要是"消极一体化"，即消除沿国界布设的贸易投资壁垒和阻挡公平竞争的管制规定，这样欧盟/欧共体即是在限制生产和消费的负面外部性，增进

① ［美］保罗·A. 萨缪尔森、［美］威廉·D. 诺德豪斯：《经济学》（第 12 版），高鸿业等译，中国发展出版社 1992 年版，第 806 页。

② ［荷］汉斯·范登·德尔、［荷］本·范·韦尔瑟芬：《民主与福利经济学》，陈刚等译，中国社会科学出版社 1999 年版，第 32—33 页。

经济的正面外部性效应①。由于欧盟/欧共体的主要权能集中在经济领域，所以贾恩多梅尼戈·马琼将其称为"一个值得褒扬的规制性机构，是政府的第四机构，在很大程度上类似于欧洲范围内国家层面的规制机构，如电信局、竞争主管当局、中央银行，甚至法院"②。所谓规制，是指国家出台的纠正市场失灵的措施。在20世纪，西方经济中最激进的变化之一就是公共部门的迅速增长。政府开始在多个方面立法，对私人部门的活动加以规定。规制的内容包括劳动力合同、社会保障措施、安全措施、竞争原则、环境保护以及州郡计划等方面。私人公司关于生产和价格的很多决策都必须遵从这一类的法定要求③。而在欧洲，正是欧盟机构，特别是欧盟委员会，替代成员国在欧盟层次上推出了一系列规制措施，协调成员国之间的相关政策，促进标准的协同统一。由于这些规制具有规模效应，所以它们比各国单独制定的规制更接近效用的可能性边界，提高了欧盟整体的帕累托效率。

马琼认为欧盟的规制措施起到了校正市场失灵的作用，而且不涉及再分配性质的政策领域，也就是说，所有欧洲公民，不论国家，也不论从事什么行业，都会从市场的扩大和良性运转中得益，由于市场总量增大，"蛋糕"变大了，所以每人可能分得的份额也就增大了（当然可能有人没有分到，有人得到很多）。如果我们按马琼的说法，将欧盟的功能定位为"规制国家"式的治理体系的话，欧盟就不应以代议制标准去要求。比如说如果欧洲议会控制欧盟，或者欧盟委员会是直选产生，那欧盟出台的规制政策就会无法避免"被政治化"的命运，而政治化只会导致再分配结果，无法实现帕累托优化。比如说，欧盟的社会政策就应去补偿市场中的受损者，而不是

①　外部性又称外部效应或外部经济，是指经济当事人（生产者和消费者）的生产和消费行为会对其他经济当事人（生产者和消费者）的生产和消费行为施加的有益或有害影响的效应。

②　Giandomenico Majone, "The European Community: An 'Independent Fourth Branch of Government'?", EUI Working Paper 1993/09, Florence: European University Institute, 1993.

③　[荷]汉斯·范登·德尔、[荷]本·范·韦尔瑟芬：《民主与福利经济学》，陈刚等译，中国社会科学出版社1999年版，第1页。

仅仅纠正市场失灵。另外，如果按民主的多数制决定原则，欧盟的政策结果就会向多数选民的短期偏好靠拢，而少数派选民的偏好，以及多数派的长远利益都有可能得不到保证。所以，马琼从输入民主的视角出发，认为为了不危及帕累托最优的解决方案，决策应掌握在独立的管理机构手中，而议会多数派政治的对抗性权力游戏应该被排除在决策之外①。安德鲁·莫劳夫奇克也同意马琼的看法，即保持欧盟规制决策者的角色不变，不要受民主多数派的控制。他从其政府间主义的立场出发，进一步指出欧盟相互分离的、特有的准法律性（quasi-judicial）决策体制足以保护少数派的利益，避免"多数暴政"，目前欧盟中决策者分散的状态要比实行多数获胜原则的选举，更能保证决策的正确。所以，现在的欧盟由于它不那么民主，反而更能代表人民的利益。

但是这种观点有其片面性。欧洲一体化不仅包括"消极一体化"，"规制国家"也无法概括欧盟治理体系的全貌，欧洲一体化和欧盟也包含着"积极一体化"的内容，为数众多的欧盟规制是再分配领域的法令和政策。马琼认为欧盟实行的单一市场、环境政策以及制定的社会规制等，避免了因边界壁垒或是信息不对称导致的经济效率损失，起到了或是放开市场，促进自由竞争，或是纠正市场失灵的效果。但正如一些欧洲学者指出的，很多欧盟的规制性政策会造成明显的再分配后果：比如，只为国内市场生产的私有厂商就会成为欧洲单一市场和贸易自由化政策的受损者②；同样，一些厂商也会因未达欧盟的环境标准，比如排放标准而付出代价；当然，也有人会特别获利，比如实行低社会标准的成员国中的临时或兼职工人会因欧盟统一

---

① Giandomenico Majone, "The Credibility Crisis of Community Regulation", *Journal of Commons Market Studies*, Vol. 38, No. 2, 2000; Giandomenico Majone, "Delegation of Regulatory Powers in a Mixed Polity", *European Law Journal*, Vol. 38, No. 3, 2002.

② Jeffry A. Frieden and Ronald Rogowski, "The Impact of the International Political Economy on National Policies: An Overview", in Robert O. Keohane and Helen V. Milner, eds., *Internationalization and Domestic Politics*, Cambridge: Cambridge University Press, 1996.

的社会标准而受益①。另外，有的欧盟政策就是再分配性质的政策，比如结构基金和聚合基金②，即欧盟为平衡地区差距，促进经济均衡发展的措施，德国等经济发展水平较高的国家是净出资国，而希腊、西班牙等当时发展水平不高的国家为净受援国；再比如共同农业政策，通常它被认为是欧共体发展史上留下来的一个问题，是当时成员国间博弈的产物（特别反映了法国的利益）③，它也具有再分配性质④，农民得到额外补贴，而出资的却是共同体财政，那就涉及工业企业和服务业厂商的利益。

所以，指望欧盟规制总是实现帕累托最优的结果并不现实，欧盟的政策也无法做到持续普遍地增进了欧洲全体公民的福利，即使仅从输出民主角度考虑欧盟的民主合法性并不可行。所以，输出民主也无法替代输入民主的重要性，欧盟委员会等欧盟机构不能因为其欧洲利益代言人的角色地位和专业技术能力，就可以免于民众的政治监督，否则欧盟很有可能沦为"官僚统制的集权体制"。从这个意义上说，挪威学者安德列亚斯·弗勒斯达（Andreas Follestal）和英国学者西蒙·希克斯（Simou Hix）把马琼和莫劳夫奇克的观点称为"帕累托威权主义"（Pareto Authoritarianism）⑤，是有一定道理的。

小　结

本章对欧盟的性质和欧盟的民主问题进行了静态的理论解析。因

---

① Andreas Follestal and Simon Hix, "Why There is a Democratic Deficit in the EU: A Response to Majone and Moravcsik", European Governance Papers（EUROGOV）No. C－05－02, 2005, p. 11, http: //www. connex-network. org/eugov/pdf/egp-connex-C-05－02. pdf.

② 社会再分配问题详见第五章。

③ 博弈情况参见 Andrew Moravcsik, *The Choice for Europe: Social Purpose and State Power from Messina to Maastricht*, Ithaca: Cornell University, 1998, Chap. 3。

④ 德国不来梅大学的埃尔玛·里格尔（Elmar Rieger）教授于 2007 年 6 月 12—14 日在中国社会科学院举办的"讨论'欧洲模式'"国际研讨会上曾对此点做了专门的论述。

⑤ Andreas Follestal and Simon Hix, "Why There is a Democratic Deficit in the EU: A Response to Majone and Moravcsik", European Governance Papers（EUROGOV）No. C-05－02, 2005, p. 14, http: //www. connex-network. org/eugov/pdf/egp-connex-C－05－02. pdf.

为欧盟杂糅了国际组织和民族国家的部分特征，所以我们采取"退一步"的策略，将欧盟视为一个高密度的多层网络治理体系，这是一个更加符合欧盟实际政体状况的分析欧盟民主的起点。传统的民主理论均基于民族国家这一容器，但对欧盟，由于至少涉及国家和超国家两个层面，我们需要超越固有模式的新思维来检视它的民主问题。沙普夫的输入和输出民主的分类法具有普遍意义，可应用于评估小到城邦、大到国家，抑或欧盟这样的带有超国家色彩的治理体系的民主状况。本章即以此为方法论基础，对欧盟是否存在"民主赤字"做了一些初步的理论探讨。

综合来看，作为一个治理体系，欧盟存在一定的"民主赤字"。不论是输出，还是输入民主，欧盟都没有完整满足其条件和要求，欧盟解决问题能力并不能自动等同于它同时具有民主功能。自 20 世纪 90 年代开始，欧盟机构和成员国也意识到民主问题的重要性，开始不断探索各种增强欧盟民主合法性的方式和途径，力图为欧盟建立新的全球化时代的区域民主治理模式。本书第三、四章会从代议制和参与式的角度观察欧盟在输入民主方面的努力，第五章和第六章将从社会民主和意识形态民主的视角考察欧盟在输出民主方面维护其合法性的得与失。下一章我们就首先来看看欧盟在代议制民主方面的突破和创新。

第三章 代议制民主

既然在面积和人口超过一个小市镇的社会里，除公共事务的某些极次要的部分外，所有的人亲自参加公共事务是不可能的……一个完善政府的理想类型就是代议制政府了。

——约翰·密尔

各国政府已经发现欧洲议会权力的增长是极难阻挡的，因为它们无法轻易找到其他解决"民主赤字"的替代方案。

——迈克尔·沙克尔顿

投票本身是远远不够的，这可以从古往今来专制政体中暴君往往在选举中获胜得到充分说明。

——阿玛蒂亚·森

出于惯性思维，欧洲的政治家和观察者在思索欧盟这一新型政治组织时，往往在脑海里自然地选取一个自己熟悉的，历史既有的民主制度作为参照物。世界历史上，欧洲是代议制民主的发源地，同时它也是当代议会制政体最集中的区域。欧盟成员国中，除了法国等少数实行半总统制的国家外，大部分国家都实行两院制或一院制式的议会制民主。这样，欧盟（以及欧共体）在超国家层面的民主建设也很难脱开以代议制民主制度为核心的自由民主思维定式。欧盟实行议会民主制，符合欧洲政治家和公民的政治习惯，他们对这种制度更为熟悉，有一定的固有政治偏好①。人民选举自己的代表组成政府，代替自己管理国家，政府对人民负责的代议制民主，在过去的一个世纪中已经成为欧洲政治的主流形式。所以我们看到 2004 年布鲁塞尔欧盟首脑峰会上通过的《欧盟宪法条约草案》中，已明确规定了"代议制民主原则是联盟运转的基础"②；2009 年生效的《里斯本条约》，在第 10 条第 1 款列明：欧盟的运作基于代议制民主原则，欧盟公民直接由欧洲议会代表。

按照代议制政治思想先驱约翰·斯图亚特·密尔（John Stuart Mill）的定义，"代议制政体"是指"全体人民或一大部分人民通过由他们定期选出的代表行使最后的控制权"③。代议制民主中的核心机构就是由选举产生的人民代表组成的议会，因为它代表了民意，是民意的输入机构，所以它成为一个政体中的最高权力机构。代议制下的政府，可被简单地定义为"一种立法权威和政治权威全部或主要掌握在由自由选举产生的议会手中的政府形式。"④ 虽然西方存在议会制和总统制之分：在议会制政府制度中，政府或行政机关由议会中获得多数支持的议员组成；在总统制政府制度中，比如美国，宪法规定了权力分立，国会主要行使立法职能，而不是行政职能，但就整个制度而言，总统制政府制度仍可以称为代议制政府。⑤

代议制是一种间接民主制度体系，即民众不直接决定国家事务，而是通过选举出的议员代行治国理政之责。之所以用"代议"的方法来管理共同体，一是出于实际可操作性的考虑：民族国家不是古希

---

① 阎小冰指出，是强大的"政治文化惯性"使得欧共体/欧盟在初创时就要把代议制的胚胎引入欧共体机制。参见阎小冰、邝杨《欧洲议会：对世界上第一个跨国议会的概述与探讨》，世界知识出版社 1997 年版，第 181 页。

② 《欧盟宪法条约草案》第六编第四十六条。参见欧共体官方出版局编《欧洲联盟法典》（第三卷），苏明忠译，国际文化出版公司 2005 年版，第 32 页。

③ ［英］约翰·斯图亚特·密尔：《代议制政府》，汪瑄译，商务印书馆 2007 年版，第 99 页。

④ ［英］戴维·米勒等主编：《布莱克维尔政治学百科全书》，邓正来等编译，中国政法大学出版社 1992 年版，第 648 页。

⑤ 同上。

腊的城邦，其统辖的人口通常都比雅典多得多，欧盟中即使最小的成员国——卢森堡的人口也有 58 万人，远远超过雅典城邦的 4 万—5 万公民，这使得在技术上实施面对面的直接民主变得相当困难，成本极高，而且可以想象其效率必定极低；二是专业化的需要，现代社会职业高度分化，监督政府执政也需要专业知识和大量时间，普通公民委托"代议士"代替他们在议会中"说话"①，来管理国家或者欧盟这样的政治体，可以增加决策的正确率和成功率。从民主治理的角度来说，这样的输入民主设计也有利于提升输出民主的效力。当然，欧盟的多层治理体系要比民族国家多了一层，其结构更复杂，而且它所涵盖的人口更多，对"代议士"的能力和知识的要求也更高，所以它施行代议制民主更加困难。首先，它就需要有一个具有足够代表性的欧洲议会。

欧洲层面的代议机构：欧洲议会

　　议会制民主在欧盟政治实践中最突出的体现就是欧洲议会的存在。欧洲议会也是欧共体/欧盟有别于一般国际组织的重要特征：欧洲煤钢共同体始建之时所设立的欧洲议会的前身——共同大会（the Common Assembly），遵从的是联合国、北约、西欧联盟、欧洲委员会等国际机构的惯例，当时认为需要这样一个代表人民的咨询性的建言机构，但在之后的 60 多年里，它已逐渐改变了原有的咨政建言的性质，"变身"成为一个具有立法和审批预算职能的"立法者"，能够监督、甚至在一定程度上控制行政机构的真正的实权部门。当下没有客观严肃的政治学学者会认为欧洲议会只是欧盟民主的"装饰品"或欧盟其他机构和成员国所做决策的"橡皮图章"，而且欧洲议会也已经摆脱了"清谈馆"属性，它身处欧盟治理体系的中心，是参与

---

　　① 法语中的"议会"一词的原始含义就是"谈话的地方"。参见［加］沃尔特·怀特、［加］罗纳德·瓦根伯格、［加］拉尔夫·纳尔逊《加拿大政府与政治》，刘经美、张正国译，北京大学出版社 2004 年版，第 206 页。

制定可施用于全欧洲法律的重要的立法机构，是欧盟运作中不可或缺的有机组成部分。按照英国伦敦经济学院教授西蒙·希克斯（Simon Hix）等学者的说法，它已是"世界上经选举产生最有权力的立法会之一"①。

　　欧洲议会的成长来源于两种动力的驱动：第一种是代议制民主观念的影响，第二种是组织机构自我扩张的逻辑。代议制民主的思想逻辑和思维惯性渗透至欧洲公民、行政领导人乃至法院和专业人士的言行，使他们不自觉地受这种规范的约束，自发地尊重欧洲议会，视其为欧洲民众的代言人，民主的集中呈现者，比如，共同体（欧盟）法院在就有关欧盟各机构之间的权能划分进行判决时，就重点捍卫了欧洲议会的权力：法院规定只要条约有规定，就必须征求欧洲议会的意见；在没有条约规定的情况下，欧洲议会也可以向法院提出这方面的要求②。另外，作为一个组织，欧洲议会具有不断增加自身在欧盟"权力池"中份额的天性。欧洲议会为了自己这个集体的利益，一直在同成员国和欧盟委员会等机构博弈，为自己争取更大的权力。当然，这两种动力也有相互交叉之处，比如欧洲议会可以充分利用自己代表民众的地位，不断宣传自己可以降低欧盟的"民主赤字"，以"民主的名义"和民意代表的身份来迫使欧盟其他机构向自己转让决策权。事实上它也是这样行事的。

　　在所有的欧盟机构中，欧洲议会地位提升和权力增加得最快、幅度最大③。目前在欧盟这一特殊的治理体系中，它虽然没能垄断整个体系的某种职能，但在立法、预算、监督和人事任免等数类核心权能方面都握有重要的决策权。

---

　　① Simon Hix, Tapio Raunio and Roger Scully, "Fifty Years on: Research on the European Parliament", *Journal of Common Market Studies*, Vol. 41, No. 2, 2003, pp. 191 – 202.

　　② ［法］奥利维耶·科斯塔、［法］娜塔莉·布拉克：《欧盟是怎么运作的》（第二版），潘革平译，社会科学文献出版社 2016 年版，第 168 页。Margaret McCown, "The European Parliament before the Bench: ECJ Precedent and European Parliament Litigation Strategies", *Journal of European Public Policy*, Vol. 10, No. 6, 2003, pp. 974 – 995.

　　③ David Judge and David Earnshaw, *The European Parliament*, 2nd edition, Hampshire: Palgrave, 2008, p. 1.

1. 立法权。立法权可分为立法动议权（或称提案权）、立法决定权和批准权三项，其中最重要的是立法决定权和批准权。这两项权力由代表成员国国家利益、主要组成人员来自成员国政府、政府间性质的欧盟理事会与代表欧洲民众、由5年一度的欧洲议会直选产生的议员组成、性质为超国家的欧洲议会共享。在形式上，作为欧盟的共同立法者，欧洲议会与欧盟理事会已经构成类似英国国会的下院和上院，或者美国国会的众议院和参议院这样的两院制代议结构，二者共同决定欧盟绝大部分重大事项。当然，欧盟的两院制结构虽同英美相似，但权力来源和比重分配各有特殊之处：英国的上议院是贵族制沿袭的产物，议员并非普选产生，它也仅有最多将下议院通过的议案搁置12个月的权力，普选产生的下议院才是权力的绝对拥有者。欧盟的两院制与美国的体制的相像程度要高于英国，美国的众议院主要负责立法提案，参议院负责批准，而且美国的参、众两院议员均为普选产生。欧洲议会议员是经整个欧盟公众的普选当选，而理事会则是成员国政府意志的体现，如果按照莫劳夫其克等政府间主义理论家的说法，理事会成员是间接代议制的代表，他们通过了成员国国内大选的民主"认证"，然后被派到欧盟层面来代表本国与其他欧盟成员国谈判，并形成统一的欧洲意见。立法权能方面，欧洲议会还不能参与全部立法的决策，共同外交与安全政策（CFSP）和刑事合作仍属于政府间性质，这些领域属于与国家安全高度相关的"高政治"①，成员国依然保留着大部分的主权，所以由欧盟理事会独自掌握这些"高政治"领域的立法权和实施权力。

但毕竟能将欧洲议会排除在立法权范围之外的领域并不多（仅占全部事项的5%）。从1987年《单一欧洲法令》生效，欧洲议会正式

① 20世纪60年代美国著名法裔国际关系学者斯坦利·霍夫曼（Stanley Hoffmann）提出"高政治"和"低政治"两个概念，他把安全和防务归入"高政治"范畴，把社会政策、地区政策及其他一些经济议题归入"低政治"范畴。他认为，"高政治"涵盖的是与国家生存紧密相关的重要议题，而"低政治"议题都是与国家福利联系在一起的，对国家的存在没有决定性的影响。所以，欧洲一体化中成员国对安全、防务等领域的权力向欧盟/欧共体转移持谨慎态度。参见 Stanley Hoffmann, "Obstinate or Obsolete? The Fate of the Nation-State and the Cases of Western Europe", *Daedalus*, Vol. 95, 1966, pp. 862 – 915。

获得参与立法权以来，欧洲议会参与立法的范围越来越广。《单一欧洲法令》做出了关于欧洲议会和部长理事会根据"合作程序"（Cooperation Procedure）决策的决议，意即理事会在对欧共体委员会的方案做出决定之前，必须把自己对议案的"共同立场"告知欧洲议会，而欧洲议会可以绝对多数拒绝接受这一立场，在议会拒绝的情况下，理事会只能以"全体一致"的方式，并且得到欧盟委员会支持，才能通过这一提案，但当时涉及的政策领域颇为狭窄，仅限于共同农业政策和运输政策。1992年的《马斯特里赫特条约》将"合作程序"改为"共同决策程序"（Co-decision Procedure），并将范围扩展到大多数内部市场、公共卫生、消费者保护、教育、文化、工人的自由迁移、科研等15个领域。"共同决策程序"赋予欧洲议会最终否决议案的权力，即欧洲议会有权以"绝对多数"否决或提出修正案，要求理事会和委员会重新考虑，如果调解失败，这一议案将搁浅。这就意味着一项立法提案如果有超过组成议会议员总数的半数议员反对（这就是欧洲议会"绝对多数"的意涵①），便不能通过。1997年的《阿姆斯特丹条约》和2001年的《尼斯条约》将交通、反欺诈、发展合作、环境政策、海关合作、反对歧视、就业政策以及部分社会政策等方面的共同体立法也纳入"共同决策程序"的适用范围，使"共同决策"的领域达到44个。到了2009年生效的《里斯本条约》，共同决策程序已变为欧盟的"普通立法程序"（Ordinary Legislative Procedure）②，适用于几乎所有理事会用特定多数表决的场合，如农业、渔业、共同贸易政策，传统上属于"高政治"领域的自由、安全和司法事务也都进入欧洲议会的协同立法范围。这样，共同决策的事项由44项增加至85项，《里斯本条约》之后，95%的欧盟立法均需要欧洲议会和欧盟理事会共同批准。

---

① 详见张磊《欧洲议会中的党团政治》，北京大学出版社2013年版，第28—29页。

② 《欧洲联盟运行条约》（TFEU）第251条（Article 251 TFEU）。《里斯本条约》没有像《欧盟宪法条约》那样，把《欧洲联盟条约》（即马约，TEU）和《欧共体条约》（即罗马条约，TEC）合二为一。它以传统的政府间方式修改了这两项条约，并将《欧共体条约》更名为《欧洲联盟运行条约》（TFEU）。

　　立法动议权虽然形式上为欧盟委员会所垄断，但欧洲议会和欧盟理事会均可间接参与提案的制定过程。《马斯特里赫特条约》第192（2）（原第138b（2））条款规定："欧洲议会可以以其多数成员的决议要求委员会呈交任何适宜的立法提案，这种立法提案是它认为的，为实现该条约之宗旨而要求共同体采取行动的事项。"① 2000年6月，欧洲议会与欧盟委员会还签订框架协议，进一步明确二者之间的关系："欧盟委员会应在欧洲议会相关委员会中迅速对欧洲议会的立法请求做出详细回应，如果可能，应在欧洲议会的全体会议上做出回应。"② 在欧盟治理体系中，欧洲议会实际上经常在立法议案正式提出之前，就参加欧盟委员会的商议过程，是提案制订的重要的利益攸关方和游说者。它也可以非立法决议的形式要求委员会回应自己的问题。欧盟委员会的年度政策战略报告和立法工作计划都要向欧洲议会报告，欧洲议会也会利用这些机会向委员会表示自己的关切，从而间接实施自己的立法动议权。

　　为了简化欧盟的立法过程，提高立法效率，《里斯本条约》设置了"授权立法程序"（Delegation Procedure），允许欧洲议会和欧盟理事会将一些立法权授予欧盟委员会，使得委员会自己就可对法案中一些在立法机构看来不太重要的内容进行修订或补充。这同民族国家的政治体制设计非常相似，即各国的议会通过法律，而行政部门有权通过一些行政法规来细化操作层面的具体实施方案，目的都是让立法机构将更多精力集中在重大问题上，同时也给行政机构一定的操作空间。在授权立法条款中，《里斯本条约》也规定了欧洲议会或理事会可以撤销立法授权，从而保证了欧洲议会和理事会"立法双巨头"的权威。

　　2. 预算权。20世纪70年代之前，欧洲议会对欧共体的预算事务，仅是一个被咨询者，没有实际权力。1970年欧共体创设了"自

---

① European Union, "Consolidated Versions of the Treaty on European Union and of the Treaty Establishing the European Community", OJC 2006/C 321 E/01, TEEC, Article 192.

② "The Framework Agreement on Relations between the European Parliament and the Commission", June 29, 2000, OJ C121/2001, p. 122.

有财源"，包括关税、农业税和一部分成员国的增值税。这些收入并非各国的会费摊款，而是以共同体的名义征收的，所以对它们的控制和分配就成为争论话题。讨论的结果是：收益的上限（ceiling）由成员国决定，如欲修改通过程序应由成员国议会决定，而具体的上限范围内收益的分配由欧洲议会和理事会共同决定。整体来看，代表成员国的理事会和代表共同体大众的欧洲议会成为欧盟预算的权威"双臂"（two arms）。1975 年的《布鲁塞尔条约》对欧洲议会和理事会的预算控制权给出了明确的划分。欧洲议会拥有以下四种主要的预算权：首先，它有权不经理事会同意，在一定限度内增加或减少欧盟的财政开支数额；其次，它有权对预算的开支分配进行一定调整，增加某一部门预算，减少另一部门的预算；再次，它有权拒绝整个年度的预算草案；最后，它有权对欧盟委员会的预算实施做出放行的决定①。

　　从 1988 年起，欧共体开始制定多年财政框架，欧洲议会一直参与其中。它在与欧盟理事会的长期斗争和磨合之后，目前已形成比较稳定的预算合作决策结构：欧盟预算开支分为"强制性开支"和"非强制性开支"两部分。"强制性开支"是欧盟的必要性支出，包括农业支出和与欧盟签署和承诺的国际协定相关的开支，这些开支的决定权归属理事会。欧洲议会经参与投票议员的多数赞同，可以提出修改意见，但理事会能够否决欧洲议会的修改意见，所以部长理事会是最终决定者。"非强制性开支"是指欧盟可以避免的支出，这部分预算，经欧洲议会议员的绝对多数赞成，可要求欧盟委员会进行修改。即使遭理事会否决，欧洲议会也可通过双重多数表决再进行修改，或以组成成员的多数和投票议员的 2/3 多数否决整个预算案②。"强制性支出"和"非强制性支出"划分的标准其实并不清晰，欧洲议会长期以来一直在努力增加"非强制性支出"的类别，最初"强制性支出"的比例接近97%，但到 2007 年，"非强制性支出"占总

---

　　①　Richard Corbett, Francis Jacobs and Michael Shackleton, eds., *The European Parliament* (6th edition), London: John Harper Publishing, 2007, p. 248.

　　②　张磊：《欧洲议会中的党团政治》，北京大学出版社 2013 年版，第 35 页。

预算的比例已经超过了50%①。2009年的《里斯本条约》则一次性取消了"强制性开支"和"非强制性开支"的区分，在所有预算门类中，欧洲议会和理事会均拥有相同的权力。如果两个机构无法达成一致意见，就召开调解委员会会议，双方均派员参加。对调解委员会达成的共同文本，如果理事会通过但欧洲议会以组成成员的多数拒绝，则共同文本无法通过；如果理事会拒绝了共同文本，而欧洲议会通过了，就要么通过共同文本，要么欧洲议会以双重多数（组成成员的超半数再加上参加投票议员的3/5多数）制定欧洲议会的修正案，然后修正案作为最终结果生效。可见，在与理事会和欧盟委员会的"三方会谈"（Trialogues）机制里，欧洲议会最终在决定权方面还稍占上风。

3. 监督和人事任免权。监督行政部门是欧洲议会最早被赋予的职能，早在20世纪50年代欧洲煤钢联营时期，欧洲议会的前身——煤钢共同体的"共同大会"（Common Assembly）就可以质询负责共同体行政事务的"高级机构"，并可以2/3的多数票弹劾它，如果通过，"高级机构"应集体辞职②。这种原初制度设计延续到后来的欧洲议会，成为它监督履行行政职能的欧盟委员会最具实质性的权力，是它"惩罚"欧委会的"大规模杀伤性武器"。虽然在欧盟发展历程中，欧洲议会从未真正通过2/3的多数票③弹劾过任何一届欧委会（尽管每过一段时间，欧洲议会内就会提起一次弹劾动议④），但却是这柄悬在欧盟委员会头上的"达摩克利斯之剑"。最著名的案例就是1999年3月16日，卢森堡前首相雅克·桑特（Jacque Santer）任主席的欧盟委员会在欧洲议会的压力下不得不集体辞职。当时舆论揭露

---

① Richard Corbett, Francis Jacobs and Michael Shackleton, eds., *The European Parliament* (6th edition), London: John Harper Publishing, 2007, p. 259.

② 1951年的《欧洲煤钢共同体条约》第24条规定。见《欧洲共同体条约集》，戴炳然译，复旦大学出版社1993年版，第11页。

③ 按照《欧洲议会程序条例》，通过弹劾动议需双重多数，即投票议员的2/3多数和议会组成成员的多数。

④ 1979年欧洲议会直选前，曾提起过4次弹劾动议；1979—2005年就提出过7次弹劾动议。参见张磊《欧洲议会中的党团政治》，北京大学出版社2013年版，第39—42页。

桑特委员会中部分委员存在腐败现象，如负责科技事务的委员、前法国总理克勒松夫人在欧洲专业培训计划中徇私枉法，西班牙人马林在实施欧盟对地中海国家援助计划中舞弊，还有负责东欧事务的荷兰人范登布鲁克、负责人道主义援助的意大利人波妮诺，甚至桑特本人都有问题。欧洲议会认为桑特委员会管理混乱，在1月对其提起"不信任案"。尽管表决结果是桑特委员会获得超半数票过关，但赞成弹劾的欧洲议会议员比例达到了42％。随后欧洲议会又成立了5人"独立专家委员会"，欧洲议会责成它3月15日前提交报告，23日审议。由于报告对欧盟委员会的态度严厉，欧洲议会主要党团15日晚已明确表示弹劾欧盟委员会之意，所以桑特委员会只好主动全体请辞。所以，虽然2/3的多数票并不容易拿到，欧洲议会想要弹劾委员会面临一定的技术障碍，制度设计上有保护委员会的作用，但在欧盟比较和平的合作性政治环境下，欧洲议会还是有办法制约欧盟委员会。

除了弹劾权这一制度上的"威慑性武器"，欧洲议会在欧盟委员会的任免权方面也取得了突破。原本从煤钢联营到1991年的《马斯特里赫特条约》，欧盟委员会的人事任命一直是政府间协商的结果，是欧盟各成员国首脑在理事会会议上会商决定的，秉承的是政府间逻辑。但到了《马约》，共同体的逻辑开始侵蚀成员国政府在这一领域的"专权"，《马约》规定"成员国政府应在征询欧洲议会的意见后，以共同协议提名它们打算任命为委员会主席的人选。成员国政府应与主席候选人磋商，提名它们打算任命为委员会成员的其他人选。按此方式提名的委员会主席与其他成员，应作为一集体经欧洲议会表决同意"[1]。这样，欧洲议会对作为一个整体的欧盟委员会就拥有了最终的批准权。《马约》里的这一规定是欧洲议会的弹劾权在任免权上的延伸：如果欧洲议会不满意某一任欧盟委员会，它在任命之初就进行弹劾实际上就等于不批准成立该欧盟委员会。2004年欧洲议会选举结束后，欧洲理事会任命葡萄牙人巴罗佐为欧盟委员会主席，他随后

---

[1] 《马斯特里赫特条约》第三编修改《建立欧洲煤钢共同体条约》的条款H款，第10条。参见《欧洲共同体条约集》，戴炳然译，复旦大学出版社1993年版，第462页。

组织起一个均衡考虑国别和能力、资历因素的委员班子，然后提交欧洲议会审批。在欧洲议会举行的听证会上，拟任司法和内政事务的欧盟委员会委员候选人罗科·布蒂廖内（Rocco Buttiglione）发表了一些反同性恋的言论，欧洲议会内有偏左意识形态倾向的议员对其很不满意，认为他的理念不适合担任司法和内政事务行政管理者，要求巴罗佐撤换掉布蒂廖内，不然就否决巴罗佐的整个团队。巴罗佐是各成员国政府已经认可的人选，所以他动员各国政府向本国的欧洲议员施压，但欧洲议会议员不为所动，最后在欧洲议会投票前夜，巴罗佐在没有胜算的情况下，宣布放弃他的这次组阁安排。

　　欧盟委员会主席一职，无论对委员会而言，还是对整个欧盟体系来说均至为重要。《马约》之后的《阿姆斯特丹条约》赋予欧洲议会批准（approve）欧盟理事会所提名的委员会主席的权力，但到了2009年，《里斯本条约》将批准权改为选举（elect）权。"欧盟委员会主席候选人由欧洲议会组成成员的多数选举产生"，但条约又说，欧盟理事会的提名"应考虑到欧洲议会的选举，并事先进行适当磋商"①。这一模糊的条文到底意味着什么？究竟欧委会主席是欧洲议会选举产生，还是依然由欧盟理事会提名，再经欧洲议会批准呢？谜团在《里斯本条约》生效后的第一次欧洲议会大选后解开了，实践给出了准确的答案。本书第一章曾简要描述了2014年欧洲议会选举后的情况，选后欧洲议会很主动地落实了《里斯本条约》里的"选举权"，由排名前两位的中右人民党和中左社会党两大党团分别推出各自的欧盟委员会主席候选人——让-克洛德·容克和马丁·舒尔茨，并且模仿美国大选，举行了比较流行的电视辩论，以吸引选民关注。这样，未经欧洲理事会，即成员国首脑们同意，这两位代表欧洲议会中获胜政党党团指派的政治人物就"俨然"已成为不可替代的主席候选人。客观上，欧洲议会造成了让成员国无法再寻他人的"既成事实"。只不过在称呼上，因为不能不考虑理事会还没有正式提名，

① European Union, "Consolidated Versions of the Treaty on European Union and of the Treaty Establishing the European Community", OJC. 2008/C 115/01, TEU, Article 17 (7), p. 26.

所以使用了一个不会引起争议的词语——德语的"热门人选"（Spitzenkandidaten）来概括这个具有历史创新意义的新职。此次欧洲议会大选以人民党党团成为第一大党团告终，所以，逻辑上容克就是"第一热门人选"。在一定程度上，容克就代表了欧洲的民意，欧盟理事会在进行欧盟委员会主席提名时，就"不得不"参考欧洲议会的选举结果。而且，欧洲议会为了维护自己的权威，还表态说欧盟各国首脑必须尊重这一事实，并威胁说欧洲议会议员们将否决除容克之外的理事会提名的其他委员会主席人选。① 最终结果是，虽然有的成员国政府（比如时任英国首相卡梅伦）对容克并不感冒，但也不得不接受了理事会提名容克任欧盟委员会主席的现实。

　　欧洲议会还渗入了欧盟理事会监管欧盟委员会的机制。2006 年针对欧盟理事会控制欧委会的"授权立法委员会"（comitology），欧洲议会与理事会达成协议，在授权立法委员会中增加了规制和监督委员会类别，议会派员参与委员会审议共同决策文件的全过程，保证决策草案不会违背议会的意愿。此外，欧洲议会还会以直接或间接方式参与其他重要职位的任命，如欧洲中央银行行长、欧盟监察专员、欧盟审计院成员等。在共同外交与安全政策这一"纯"政府间政策领域，欧洲议会也有知情权和咨询建议权。欧盟共同外交与安全政策高级代表因为兼任欧盟委员会副主席，所以也要向欧洲议会汇报工作，参加欧洲议会的听证会。

　　综上所述，欧洲议会已经出现在欧盟决策的各个角落，在核心的立法、预算、监督、人事任免事项均为重要参与方，在某些方面甚至是最重要的决定者。比较政治学者罗格·斯库里（Roger Scully）比较了欧洲议会同欧盟成员国议会的权能大小，发现其立法影响比许多成员国的议会更大②。欧洲议会在欧盟机构间的内部博弈中可谓相当成功，"虽然不能保证它所有的愿望都能实现，但它已可以对欧盟的变

---

　　① 赵晨：《欧洲议会选举之后的欧洲政治走向》，《当代世界》2014 年第 8 期。

　　② Roger Scully, "The European Parliament", Michelle Cini, ed., *European Union Politics*, 2nd edition, Oxford：Oxford University Press, 2007, p. 179.

化产生重大的催化影响作用"①。作为一个政府间和共同体性质混合的治理体系，欧洲议会的权力和地位已经在很大程度上体现了欧盟作为代议制民主政体的很多特征。但同时我们也应看到，这也是一场复杂的和平竞赛，欧洲议会所取得的成绩除了仰赖它是"民意代表"这一头衔之外，也同它这些年来内部一直保持凝聚力密不可分。

欧洲议员和政党党团

代议制的一个核心问题是议员的代表性问题，就是看"代议士"在多大程度上能代表民意，将民意反映到决策体系之中。1979 年之前的欧洲议会议员很难说具有足够的代表性，当时的欧洲议会议员是各成员国议会挑选派送的，他们均为本国议会的议员，拥有双重头衔，而且许多成员国政府往往只会把本国支持欧洲一体化建设的议员派到斯特拉斯堡（欧洲议会所在地）来，同时他们参加欧洲议会大会活动的次数也不多。② 在 1979 年直选之后，欧洲议会议员的代表性则有了较大的提升。一方面是直接选举的制度设计帮助公众与跨国家的欧盟架设起直接的委托代议之"桥"，至少在形式上欧洲议会的议员能够称呼自己为欧盟公共权力和选民之间的"直通传送带"，从 2004 年的欧洲议会选举开始，欧洲议会议员不能兼任本国议会议员职务，必须专任欧盟的"民众信使"；另一方面，欧洲议会权力的不断提升，涉及领域和事务的逐渐增多，也使得欧洲议会议员的专注度和积极性大幅提高，一个例证就是欧洲议会议员的出席率明显增高③。

截至本书完稿，欧洲议会共举行了 8 次选举，1979 年第一次直选之后，欧洲议会产生了 410 名议员，随后议员总数逐次增多。2007 年《里斯本条约》签署之前，欧洲议会召开全会，通过了关于欧洲

---

① Richard Corbett, Francis Jacobs and Michael Shackleton, eds. , *The European Parliament* (6th edition), London: John Harper Publishing, 2005, p. 346.

② ［法］奥利维耶·科斯塔、［法］娜塔莉·布拉克：《欧盟是怎么运作的》（第二版），潘革平译，社会科学文献出版社 2016 年版，第 134 页。

③ 张磊：《欧洲议会中的党团政治》，北京大学出版社 2013 年版，第 93 页。

议会未来组成的决议，会议决定今后的议员总数不超过750名，再加上一位议长①，一共是751人。每个成员国最多96名议员，最少6名议员，议席按照"递减比例原则"（degressive proportionality）分配给各国。《里斯本条约》基本接受了欧洲议会的决议，将这些数字和分配方法写入了正式文本②。"递减比例原则"意为每个成员国的议席多少，总的方向上是按人口数量进行分配，即人口多的国家可以选出更多的欧洲议员，但这并不意味着人口多的国家和人口少的国家产生的议员数是同比例的，此原则还要确保"人口最少的国家也能拥有最低限度席位"，因此人口少的国家所占有的欧洲议会议席比重，要超过它实际人口占欧盟总人口比例。比如一位来自卢森堡的欧洲议员，只能代表7.2万人；每位来自马耳他的欧洲议员，代表着7.4万公民；一位保加利亚的欧洲议员代表48.4万人；而一位德国的欧洲议员则代表了82.1万民众（2009年数据）。2014年欧洲议会选举后，欧洲人口最多的国家——德国的欧洲议员最多，达到96位，法国74位，英国73位，意大利73位，西班牙54位，塞浦路斯、爱沙尼亚、卢森堡、马耳他最少，都是6位（详见表3-1）。所以，欧洲议会议员的代表性是综合考虑"一人一票"的民主原则和照顾国家利益两种因素的妥协产物。从积极一面看，它是欧盟独特的混合治理性质的自然体现，也展现出欧盟的价值观，即力求多元和团结相统一；但如果在激进民主主义者看来，这种制度安排说明欧盟的民主代议是不彻底的和扭曲的③，掺杂了成员国的政治干预，各国议席分配实际上是各国相互较劲和争斗的目标，或者沦为利益互换的筹码。不过当今世界，很难找出完全按照人口比例划分的选区进行选举的代议制民主政体，所以激进民主派对欧洲议员分配的批评只能说是过于理想主义的

---

① 欧洲议会议长每两年半改选一次，可连选连任。

② European Union, "Consolidated Versions of the Treaty on European Union and of the Treaty Establishing the European Community", OJC. 2008/C 115/01, TEU, Article 14 (2), p. 22.

③ 托马斯·弗兰克等全球民主主义者批评在国际组织决策中，小国公民比起大国公民，很不公平地被给予了更多的发言权。但没有国家保护的很多土著居民就没有享受到相应权利。参见 Thomas Franck, *Fairness in International Law and Institutions*, Oxford: Clarendon Press, 1995, chapter 4。

表现。这种制度设置实际表现出大国对小国的宽容和退让，总体上展现了大国的"绅士气度"和团结精神。从精神的角度讲，符合民主的气质。

表 3 - 1　　　　　　　各国欧洲议员数及相对人口比例

国家	人口（百万）	议员人数（位）（2004—2009 年）	议员人数（位）（2009—2014 年）	议员人数（位）（2014—2019 年）	议员/人口比例（按 2009 年议员数计算）
德国	82.07	99	99	96	1/829000
英国	59.26	78	72	73	1/823000
法国	58.97	78	72	74	1/819000
意大利	57.60	78	72	73	1/800000
西班牙	39.40	54	50	54	1/788000
波兰	38.66	54	50	51	1/773000
罗马尼亚	22.47	35 *	33	32	1/681000
荷兰	15.76	27	25	26	1/630000
希腊	10.55	24	22	21	1/479000
捷克	10.29	24	22	21	1/468000
比利时	10.21	24	22	21	1/464000
匈牙利	10.09	24	22	21	1/459000
葡萄牙	9.98	24	22	21	1/454000
瑞典	8.85	19	18	20	1/492000
保加利亚	8.23	18 *	17	17	1/484000
奥地利	8.08	18	17	18	1/475000
斯洛伐克	5.39	14	13	13	1/415000
丹麦	5.31	14	13	13	1/409000
芬兰	5.16	14	13	13	1/397000
爱尔兰	3.74	13	12	11	1/312000
立陶宛	3.70	13	12	11	1/308000
拉脱维亚	2.44	9	8	8	1/305000
斯洛文尼亚	1.98	7	7	8	1/283000

国家	人口（百万）	议员人数（位）（2004—2009年）	议员人数（位）（2009—2014年）	议员人数（位）（2014—2019年）	议员/人口比例（按2009年议员数计算）
爱沙尼亚	1.45	6	6	6	1/241000
塞浦路斯	0.75	6	6	6	1/125000
卢森堡	0.43	6	6	6	1/72000
马耳他	0.38	5	6	6	1/76000

注：＊保加利亚、罗马尼亚议员人数自2007年1月起统计。

资料来源：笔者根据欧洲议会网站整理。

欧洲议会中的议员是以政党党团的形式组织起来的。在欧洲议会这个超国家体系里，政党主要按照理念，而不是国家或国家集团划分，政治倾向相近的政党自发地结成党团，作为一个集体发挥作用。欧洲议会根据意识观念偏好来分配议会中的座席。同时，欧洲议会的内部章程也禁止由一个单独的成员国组建党团，规定每个党团必须至少包括25名议员，而且他们必须来自至少1/4的成员国，也就是说至少来自欧盟28个成员国中的7个国家。

1952年欧洲议会的前身——共同大会，第一次召开时，议员们并未分党分团，排座位的方法是依政府间国际会议的惯例，按姓名的音序字母顺序。当时的基本单位是各成员国派出的代表团，每个代表团由各国国内的不同政党组成。但共同大会成立不到6个月，各国代表团中理念相同或相近的政党就开始走近聚拢到一起，并要求大会考虑政治传统，建构新类型的平衡关系。最初成型的党团有3个：基督教民主党党团（the Christian Democratic Group）、社会党党团（Group of the Socialists）和自由党及联盟党党团（Liberal and Allied Group）。3个党团均在1953年6月成立，在意识观念光谱上分别代表中右、中左和主张自由放任经济政策的偏右力量。这3个创始党团一直出现在欧洲议会之中，没有被历史淘汰，特别是基督教民主党和社会党这两大欧洲议会最主要的两大党团，是支持欧洲一体化，"护卫"着欧盟和欧洲议会一路前行的力量。

随着英国、丹麦和爱尔兰加入欧共体，1973 年欧洲议会又增加了保守党党团"欧洲民主党党团"（European Democratic Group，EDG）和共产党及联盟党团（Communist and Allied Group，COM）。这两个党团都对欧洲联合持比较消极的态度。"欧洲民主党党团"后改名为"欧洲进步民主者党团"（European Progress Democrats，EPD），它原以法国戴高乐派为核心，在英国保守党加入后，变得更加强调捍卫成员国的国家主权和国家利益（英国没有基督教民主党，所以没有议员参加中右的基督教民主党党团）。共产党党团以意大利共产党为主，要求欧盟限制跨国公司的垄断行为，强调社会政策的重要性，它在加入欧洲议会后，政策立场从消极的外部批评转变为愿从内部进行建设性的反对。共产党党团在欧洲议会内扮演了"忠诚的反对派"的角色①。

1979 年欧洲议会直选之后，处于意识形态中间地带的欧洲人民党党团（European People's Party，原基督教民主党党团，1978 年更名）和社会党党团依然保持住领先优势，二者交替占据排名第一的党团地位。它们的议席相加，在每届议会都能超过半数，1994 年到 2014 年的三届议会中，均能超过 60%。尽管中左翼政党更倾向支持经济干预、主张欧盟社会法规和税收趋同、保护环境、保护少数权利，中右翼政党更愿意欧盟对单一市场放松管制，实行相对保守的社会经济政策，比如限制移民，合作处理毒品和犯罪问题等措施②，但两大主流政党党团总体上在欧洲议题上意见比较接近③，均为欧洲一体化和全球化的拥护者④，它们也都愿意联合起来增强欧洲议会在欧

---

①　John Fitzmaurice, *The Party Groups in the European Parliament*, Mass: Lexington Books, 1975, pp. 117 –123.

②　Simon Hix, Abudul Noury and Gerard Roland, *Democratic Politics in the European Parliament*, Cambridge: Cambridge University Press, 2002, pp. 162 –163.

③　Ibid..

④　全欧范围内社会党 20 世纪 70 年代之后的政治转向是达成两大党团合作的核心要素。法国社会党、英国工党、德国社会民主党等中左政党认识到欧洲原有的福利制度需要进行大的改革和创新，转为拥抱欧洲一体化和全球化，其政治立场实质上与中右政党秉持的"新自由主义"相近。英国前首相托尼·布莱尔的"第三条道路"即为最有代表性的观点。详见本书第五章。2007—2008 年欧债危机前夕，为挽回因贫富差距过大而失去的民意，欧洲主要国家的中右政党也开始采取左派的政策措施。中左政党的"右转"和中右政党不时地"左转"构成双方团结合作的基础。

盟整个体系内的话语权和决策权，所以能够超越左右派别的分歧，达成一致意见。据统计，人民党党团和社会党党团在欧洲议会表决时相互配合投票的情况大约占到总投票次数的 2/3①。由于欧盟条约里规定，不少重要情况下的立法需要半数以上欧洲议会议员的同意，所以，两个主流政党党团握有超过半数议席，就意味着它们两党合作就可以不顾其他党团的反对，强行代表欧洲议会的意见。某种程度上可以说，两大主流党团"构成了真正意义上的议会"②。

　　人民党和社会党这两个支持一体化的党团"垄断"欧洲议会事务，固然有利于欧洲议会和欧盟更容易达成共识，但时势和民意都在不断变化，欧洲议会政党政治也不可能永远维持既有格局。直接选举提高了欧洲议会的多元化程度，一系列新政党进入议会，也增加了党团分化组合的概率和速度，同时也给欧洲议会添加了更多的不确定性。1989 年以"环保"和"捍卫人权"为核心主张的绿党在欧洲议会组建绿党党团；同年，因为苏联东欧剧变，欧洲共产党党团分裂，并重组为"欧洲联合左翼党团"（European United Left, GUE），2004年还成立了"欧洲左翼党"（European Left, EL）；2009 年欧洲议会选举后，议会里正式出现了极右的疑欧派政党党团——"自由和民主欧洲党团"（Europe of Freedom and Democracy, EFD），该党团成员主要由来自英国独立党和意大利北方联盟这两个民粹主义极右政党。第八届欧洲直选议会（2014—2019 年）基本维持了第七届议会（2009—2014 年）的政党派别：即基督教民主党、社会民主党、自由党、环保主义者、左翼激进派和疑欧派/主权主义者。

　　绿党党团是欧洲一体化的坚定支持者，它有关反对污染环境、倡导动物福利和加强应对气候变化的主张已经渗入欧盟的主流价值观，通过欧洲议会的决议影响欧盟的政策制定；左翼党党团批评欧盟的新

---

　　① Pierpaolo Settembri, Christine Neuhold, "Achieving Consensus through Committees: Does the European Parliament Manage", *Journal of Common Market Studies*, Vol. 47, No. 1, 2009, pp. 127–151.

　　② ［法］奥利维耶·科斯塔、［美］娜塔莉·布拉克：《欧盟是怎么运作的》（第二版），潘革平译，社会科学文献出版社 2016 年版，第 147 页。

自由主义倾向，要求打破资本主义剥削的框架，限制受利益集团影响过大的部长理事会和欧盟委员会的权力，它党团内的政党不属于"亲欧派"，但也不能归入"刚性疑欧派"，它们没有号召自己的选民退出欧盟，还是愿意在欧盟体制内实现自己的目标，至多可称为"柔性疑欧主义"①；但"自由和民主欧洲党团"（后更名为"自由和直接民主欧洲党团"，Europe of Freedom and Direct Democracy，EFDD）则反对欧盟任何推进欧洲一体化的条约和政策，斗争目标是让欧盟将权力交还主权国家②。此党团是成员国极右政党和一部分持极右立场的独立欧洲议员的集合体。所谓"极右"，是指思想意识上偏离自由主义，摒弃宽容的价值，转向自我封闭，排斥其他族群，极端的话会变为种族主义。2011 年 7 月挪威的于特岛惨案，77 人被极右翼分子安德斯·贝林·布雷维克射杀，是为"二战"以来挪威最血腥的凶案，这在个案层面揭示出极右思潮的危害。组织化的欧洲极右政党当然更加理性，但它们的政策主张仍具有动摇社会主流价值观的效应。

欧洲极右政党的政策主张主要有两点：第一是反移民和反对多元文化。有些极右政党仇视穆斯林，诋毁伊斯兰教。比如荷兰新自由党的创始人维尔德斯就将《古兰经》与希特勒的《我的奋斗》相提并论，试图使该书在荷兰成为禁书。这些政党宣扬由于北非和阿拉伯移民涌入欧洲，欧洲正在变得伊斯兰化，因此欧洲不能继续宽容地敞开边界，必须关上大门。丹麦右翼民粹主义者皮娅·凯斯高（Pia Kjærsgaard）说，"我愿意与我的邻居友好相处，但在我们之间应该有一道篱笆"。另外一些极右政党和人士在移民问题上用比较实用主义的说法来吸引选民，比如玛丽娜·勒庞就采取了不同于其父亲让－玛丽·勒庞（Jean-Marie Le Pen）新纳粹式的口号宣传，而改用比较温和的语调，她说移民问题是因为"让任何人都进来，我们承受不起"；她并非"反对伊斯兰"，而是反对违背法国世俗主义原则的社

---

① 李明明、陈志忠：《欧盟激进左翼政党的兴起与欧洲一体化》，《当代世界社会主义问题》2015 年第 3 期。

② http：//www. efddgroup. eu/about-us/our-charter.

会"伊斯兰化"（她曾将穆斯林当街朝拜与纳粹占领做比较，引起过风波）。极右政党的第二点核心主张是反对全球化和欧洲一体化。极右政党的经济政策极为保守，主张闭关锁国。比如玛丽娜·勒庞就认为法国无法同中国竞争成本，最好是重树边界，收回货币发行权，实行竞争性货币贬值，重新振兴法国工业。极右政党的民粹主义立场决定了它们对欧洲一体化是极为抵触的，它们反对欧元，反对向欧盟的负债国进行任何形式的救援。

近年来欧洲的经济和社会形势变化恰好为极右政党和极右势力提供了攻击的合适靶子，帮助极右政党争取选票。首先，全球化的负面效应对欧洲福利国家体制造成冲击，欧洲"从摇篮到坟墓"的教育医疗福利受到影响，原有的福利模式难以为继，民众对政府不满情绪增强，这为极右思潮兴起提供了土壤。部分人认为与其开放，不如回到传统的自我振兴的道路上去。欧洲深陷债务危机后，各国政府紧缩开支，减少公用事业单位岗位，削减福利，提高退休年龄，但同时多数欧洲国家又经济增长乏力，没有创造出足够的工作岗位，这样造成的社会后果就是失业率高企，众多陷于贫困或是失业境地的青年人和白人工人很容易被极右政党的极端说法吸引。

其次，欧洲的外来移民，特别是穆斯林移民不断增多（北欧地区增长速度尤其快）。欧洲已经进入晚期工业化阶段，服务业比重很高，而服务业的大发展需要低端劳动力填补。经济情况好的时候，本国人和移民之间的矛盾不突出，经济危机状态下，来自阿拉伯世界的穆斯林劳动力占据了一些底层白人的工作职位，就引发了欧洲旧有的排外传统回潮，使得种族主义呈抬头之势。

最后，欧洲主流社会自由宽容的价值理念有所动摇，欧洲引以为傲的多元一体文化模式受到冲击，欧洲各国的政治宽容度都在下降。德国总理默克尔在 2010 年说多元文化主义已经"完全失败"，2011年英国首相卡梅伦也承认"国家文化多元主义已经失灵"。法国在萨科齐执政时期状况更加糟糕，萨科齐自己就曾多次发表对移民不宽容言论，不断收紧移民措施，甚至扬言退出《申根协定》。2007 年法国移民史中心成立，目的是向民众介绍多元文化，防止排外主义。但萨科齐却表示，他对这些多元文化传递出来的晦涩信息毫不感冒，也拒绝就冒犯移民言论道歉，还公开宣称对法国殖民史绝不遗憾。

从政治角度看，极右政党崛起也有两个原因：第一是面对欧债危机，民众对各国执政政府和政治人物普遍不满，认为他们应对危机的措施不得力，在选举中希望看到新鲜面孔。据 2011 年英国《卫报》、德国《明镜》周刊、波兰《选举日报》和西班牙《国家报》在英国、法国、德国、波兰和西班牙等国进行的问卷调查，只有 14% 的欧洲人对执政者掌控局面抱有期待，78% 的欧洲人不抱很大期待，或没有任何期待，90% 的欧洲受访者"不是非常信任"或"完全不信任"各自国家政治人物的诚实和正直。第二，进入 21 世纪以来，在欧洲一体化的影响之下，欧洲主流政党，无论中左还是中右，都出现政策趋同的趋势，政策相似度增加，常常相互借用对方的政策主张，这也让一部分选民失去兴趣，情愿将手中的选票投给虽然激进但不一样的政党，如极右政党①。

欧洲极右政党是欧洲政坛的"异类"，其政治立场与主流价值观相异，但近十几年来却赢取了大批民众的选票，2014 年的欧洲议会大选，英国、法国、丹麦的获胜头名均为极右政党。法国 43% 的产业工人和 30% 的青年把选票投给了"反欧盟"和"反移民"的法国极右政党——国民阵线。在欧洲议会，2009 年"自由和民主欧洲党团"是唯一的极右党团，只有 30 名议员，仅超过组成党团必需的 25 名议员 5 位，但到 2014—2019 年的欧洲议会，"自由和直接民主欧洲党团"人数已经达到 45 人，同时又出现了另一个带有极右色彩的议会党团——"国家的欧洲与自由党团"（Europe of Nations and Freedom Group），也有 37 位欧洲议员，二者相加达到 82 人，超过欧洲议会议员总数的 11%。如果说人民党、社会党党团等主流政党是支持欧洲议会体制的"建制派"，那么，两个极右党团就属于"反建制派"，它们认为自己代表了被主流政党忽视的民众，鼓励成员国公民在欧洲公决投票中投出反欧盟的一票，客观上起到了阻碍欧洲一体化，甚至

---

① 赵晨：《欧洲极右政党的发展》，《当代世界》2013 年第 2 期。

是拆解欧盟的作用。比如，自由和民主欧洲党团积极支持爱尔兰公民在第二次对《里斯本条约》全民公决中的"不"运动（"No"campaign），该党团重要成员，英国独立党（UKIP）创始人法拉奇一直在欧洲议会内外鼓动举行英国脱离欧盟的公投。法拉奇在2016年英国公投决定脱欧后，还在欧洲议会得意地宣示自己的"战果"，引起欧盟委员会主席容克的反感和驳斥，诸多在场的议会议员以离席退场表示抗议。

建制派政党党团和欧盟为维护自己地位，对反建制力量有制度上的预设布置：欧盟成员国多半在欧洲议会选举中设置了5%的选举门槛，反欧盟的小党只要没有获得总议席的5%，就无法进入欧洲议会，这是一条有利于大党的规定，过去常常保护和增加主流政党的席位优势，将极端政党排挤出议会，但是近年来随着极端政党渐成气候，纷纷突破比例门槛，该措施已经"失灵"。当然，极右政党的突出表现进一步加速了两大政党相互靠拢的步伐，使得它们"团结"起来，"孤立"极右政党，保证欧盟决策不会在议会受阻。比如，2014年中右和中左两大主流政党进一步靠拢，合作"阻击"民粹主义政党获得议会内的职位，在14名欧洲议会副议长中，没有吸纳一位极右政党成员；两大党团还达成协议，在本届欧洲议会轮流担任议长。

《马约》里乐观地称："欧洲一级政党是联盟一体化的一个重要因素。它们有益于欧洲共识的达成，并且是联盟公民政治意愿的表达。"[①]《尼斯条约》在2003年通过了《欧洲政党条例》，赋予政党法人资格，也规定了资助政党资金，允许政党设立自己的基金。过去欧洲议会的政党政治历史上，主流是团结合作，欧洲议会内中左和中右两大政党党团之间的关系比美国国会中共和党和民主党的关系更加紧

---

① 《马斯特里赫特条约》（《建立欧洲共同体条约》）第191条，戴炳然译，复旦大学出版社1993年版。

密（more cohesive）①，更像德国议会中基督教民主联盟和社会民主党"大联合"的格局。主流政党之间相互协作提高了欧洲议会在欧盟内的地位。但是这种组合目前已经受到极右政党党团的挑战，而且社会党在欧盟各国的普遍性溃败也必然会影响到下一届欧洲议会（2019—2024）的结构和模式。

辅助性原则和成员国议会

20 年来，欧盟民主朝着议会制方向的演变是比较明显的，如贝特霍尔德·里腾博格（Berthold Rittberger）所言，欧盟各国的政治精英们慢慢地都把各国议会和欧洲议会作为减轻欧盟合法性赤字的可行路径②。总起来看，欧盟试图建立一种由欧洲议会和成员国议会构成的双重民主合法制度，即按《欧洲联盟条约》（《里斯本条约》版）第二编第 10 条第 2 款所称："在联盟层面，由欧洲议会直接代表公民。在欧洲理事会内，成员国由各国元首或政府首脑代表；在理事会内，成员国由各国政府代表；在民主责任方面，这些代表本人或对其本国议会负责，或者对国家公民负责。"③ 但是相对于欧洲议会在直选后权力和声势的"狂飙突进"，成员国议会却颇为失落，被称为欧洲一体化的"失败者"或者至少是一个"迟到者"④。面对这种局面，自 21 世纪起，成员国议会不满足于仅在国内对本国政府的欧洲政策及其在理事会中表态和立场进行监督，而是开始利用欧盟的"辅助性原则"（principle of subsidiarity）直接参与欧洲层面上的决策。

---

① Andreas Follestal and Simon Hix, "Why There is a Democratic Deficit in the EU: A Response to Majone and Moravcsik", *European Governance Papers* (*EUROGOV*), No. C - 05 - 02, 2005, p. 19, http: //www. connex-network. org/eugov/pdf/egp-connex-C - 05 - 02. pdf.

② Berthold Rittberger, *Building Europe's Parliament: Democratic Representation beyond the Nation-State*, Oxford: Oxford University Press, 2005, p. 177.

③ 《欧洲联盟基础条约——经〈里斯本条约〉修订》，程卫东、李靖堃译，社会科学文献出版社 2010 年版，第 35—36 页。

④ Andreas Maurer and Wolfgang Wessels eds. , *National Parliament on Their Ways to Europe: Losers or Latercomers?*, Baden-Baden: Nomos Verlagsgesellschaft, 2001.

"辅助性"，英文为"Subsidiary"。关于这个词的译法，故去的中央编译局的殷叙彝先生专门写了一篇小文，做了有见地的精辟分析。这里引用一下殷先生的考证成果："辅助性原则"是欧盟在处理与其成员国之间关系时遵循的政策原则。1995 年出版的《朗文现代英语辞典》解释称，"这个词表示一种政策，它规定应当把更多的权力，例如作出决定，给予较小的人民群体，特别用于欧盟对其成员国授权的情况。"1981 年出版的德国《杜登德语大辞典》对相应的词"Subsidiaritaet"的释文虽然未提起欧盟，但整个说来更加精确："社会政策原则，据此原则，上层社会单位（特别是国家）只应当在下层单位（特别是家庭）没有能力履行某项任务时才自己承揽该项任务。"殷先生特别提到此原则同民主的关系，指出其实此原则已有很长的历史。美国总统林肯就说过："一个政府的合法根据在于，它能为人的共同体做那些他们需要做但凭自身力量根本做不到或者做不好的事。凡是人民能自己为自己做好的事，政府不应干预。"这一精神实际表现在民主制度普遍尊重人民的自治能力的原则中。德国社会民主党 1989 年通过的《柏林纲领》，在论述国家干预经济和社会生活的职能时说："辅助性原则即较小单位优先于较大单位的原则，只要运用适当，就能限制（国家的）权力和激励人们行使参与权。"[1]

最早"辅助性原则"实际上是天主教会关于社会问题教义的两项基本原则之一（另一项是"互助原则"）。罗马教皇列奥十三世（Pope Leon XIII）在 1891 年的一篇名为《新事物——关于工人问题》的通谕中首次使用了这一词语[2]。它原初的意思是要发挥个人和社会基层的主观能动性，让福利工作不要变成帮扶的慈善事业，着眼基层，形成"自助—邻里互助—他人帮助"的递进次序，民众可以自己解决的生计问题就鼓励和放手让他们自己去做。但后来这一原则逐渐

---

① 殷叙彝：《关于"subsidiarity"一词的译法》，《马克思主义与现实》1999 年第 3 期，第 78—79 页。通过这些介绍，我们可以看清欧盟实行辅助性原则的思想来源。

② Pope Leon XIII，"Rerum Novarum, Once Grandes Mensajes"，BAC，1991，p. 13。转引自 Antonio Estella，The *EU Principles of Subsidiarity and Its Critique*，Oxford：Oxford University Press，2002，p. 78。

转变为一种"分权"的原则，罗马教皇庇护十一世（Pope Pius XI）1931 年为纪念《新事物》发表 40 周年所发布的《关于社会秩序重建的通谕》里，把辅助性原则解释为一种限制性原则，要以此来规范社会与公民之间的关系，国家是市民社会的代理，社会组织与国家机构应以此原则来划分权限。《通谕》中是这样说的：

> 一个国家中的最高权威不应该被琐碎的事务分散精力，这些事务应当留给那些层级更低的组织体系。它将更自由、更果断、更有效率地履行其职责，将其自身限制在通过它自己的力量就可以实现的范围内——按照情势的要求为其提供一种方向感，保持谨慎，给予鼓励，并施加一定约束。那些高高在上的人应该牢记，这个国家的幸福与繁荣根植于不同社会层级、社会机构之间的关系，而这本身取决于对辅助性原则的遵守。①

欧盟多层治理比国家更高了一层，所以"辅助性原则"在它这里，是为了限定欧盟与国家、欧盟与地区，以及欧盟与民众如何处理"非排他性"事务中的关系，当中最重要的是要保证成员国决策和采取行动的能力，只有当行动的目标在欧盟行使才能更好实现时，成员国才授权给欧盟②。20 世纪 50 年代的《罗马条约》里就含有这一原则的影子（第三条 B 款）③；1987 年的《单一欧洲法令》在环境政策里列出了"辅助性"标准，但也没有明确界定它的定义；直到 1991 年，"辅助性原则"才正式写入《马斯特里赫特条约》，《马约》第一条 B 款指出："根据辅助性原则，在不属于其绝对管辖范围内，欧共

---

① Pope Pius XI, "Quadragesimo Anno, Encyclical of Pope Pius XI on Reconstruction of the Social Order", Acta Apostolicae Sedis 23, 1931, p. 177. 转引自 Theodore Konstadinides, *Division of Powers in European Union Law: The Delimitation of Internal Competence between the EU and the Member States*, Kluwer Law International BV, 2009, p. 122。

② European Parliament, "The Principle of Subsidiarity", http：//www. europarl. europa. eu/ftu/pdf/en/FTU_ 1. 2. 2. pdf.

③ ［法］皮埃尔·卡蓝默：《破碎的民主：试论治理的革命》，高凌翰译，生活·读书·新知三联书店 2005 年版，第 108 页。

体只有在成员国不足以实现所需采取的行动目标时方可进行干预；因而在规模和影响力方面，这些目标将能够在共同体范围内得到更好的实施。"《马约》之后，欧盟的权力和重要性提升，欧盟的决策也进一步政治化，成员国政府和议会对欧盟层面机构的警惕性不断升高，"辅助性原则"成为它们可以运用的民主反制"武器"。2009 年生效的《里斯本条约》里，就对这一原则做出更偏向民主制衡的解读。《里斯本条约》中的《欧洲联盟条约》第 5 条第 3 款规定："根据辅助性原则，在非联盟专属权能的领域，只有在拟行动的目标不能在成员国的中央或地区和地方层面完全实现，但由于拟行动的规模或行动效果之原因，在联盟层面能更好实现的情况下，联盟才可采取行动。"①

成员国议会是"辅助性原则"最大的"拥趸"，按照这一原则，成员国议会应当对与自己国家有关的欧洲事务上首先履行监督职责。但是由于一体化的发展，相当部分主权从成员国被转移到欧盟层次，成员国议会的立法和预算权面临着被边缘化的危险。比如奥地利议会曾通过决议，赋予自己对欧洲事务的最强参与权，但结果却很不理想。囿于自己议会内的党派争斗，奥地利议会很难影响到欧盟的决策，决议的主要功效仅为方便反对党获取信息而已，并未有效地控制住本国政府在欧盟的立场②。这一趋势在有的成员国引起很大反应，比如，1993 年 10 月 12 日对《马斯特里赫特条约》的裁定中，德国联邦宪法法院就裁定《马约》（即《欧洲联盟条约》）只能确立一个"国家联盟"，而非一个欧洲的超级国家，目前，欧洲只存在各个成员国的"国家人民"。基于这一认识，德国宪法法院判定，民主合法化的主体仍旧是民族国家政府和议会，"欧盟决策的民主性首先必须由各成员国的国家人民通过各国的议会加以证明"③。

---

① 《欧洲联盟基础条约——经〈里斯本条约〉修订》，程卫东、李靖堃译，社会科学文献出版社 2010 年版，第 34 页。

② Johannes Pollack and Peter Slominski, "Influencing EU Politics? The Case of the Austrian Parliament", *Journal of Common Market Studies*, Vol. 41, No. 4, 2003, p. 707.

③ 转引自伍慧萍《政治公共领域与欧盟民主治理》，《德国研究》2007 年第 2 期。

　　自 1987 年《单一欧洲法令》颁布以来，在各国国内压力下，成员国议会的作用问题开始受到重视。经过随后的几次政府间会议谈判，成员国议会的监督权有一定程度的改善。《马约》规定各国议会议员可在"适当时间"（good time）收到欧盟委员会的提案，鼓励各国议会和欧洲议会的代表讨论欧盟的"主要特点"（main features）。2002—2003 年的"欧盟制宪大会"，成员国议会议员跻身其中，同欧洲议会议员一道参与《欧盟宪法条约》的草拟工作，成为欧盟条约改革的直接决策者。在他们的努力下，成员国议会借辅助性原则获得了实际监督权，避免了过去只拥有知情权的尴尬局面，其中包括成员国议会有权根据辅助性原则，通过"预警系统"（early warning system）监督欧盟委员会的提案，成员国议会还有权对欧洲法院违反辅助性原则的判罚提出异议，这样无论是事前（ex ante），还是事后（ex post）监督，成员国议会都成为捍卫辅助性原则的一个核心角色①。《欧盟宪法条约》中关于辅助性原则的这些条款在 2009 年的《里斯本条约》中也都保存下来，这意味着成员国议会的权利得到了实质性扩展。

　　"预警系统"是欧洲制宪大会下设的两个工作小组设计出来的。其工作原理是各成员国议会可对欧盟委员会递送的立法议案进行审议，在 8 周时间内确定它是否符合辅助性原则。28 个成员国议会，每个议会都有两票（上下两院各有一票，如果是一院制，就由该院持有两票）。如果反对意见超过总票数的 1/3，就会触发"黄牌程序"（yellow card procedure），成员国议会就会在给出自己的合理化意见后，将此议案发回欧盟委员会，委员会应撤销、修订该议案或在必须重新证明该议案合理的情况下维持该议案。欧盟委员会可以维持原议案，但必须说明理由。在自由、安全和公正等领域，拒绝票的门槛降低至 1/4。如果超过一半的票为反对票（即简单多数的反对），就必须启动"橙牌程序"（orange card procedure）。这种情况下，欧盟委员

---

　　① Peter Norman, *The Accidental Constitution*: *the Story of the European Convention*, Brussels: Euro Comment, 2003, p. 98.

会如欲维持原案不变，不仅需要进行解释，而且需要理事会和欧洲议会在一读完成后就该议案是否与辅助性原则相互兼容做出表决；如果理事会（55%成员的有效多数）和欧洲议会（参加投票者的简单多数）都给出否定意见，该议案就会被废止。欧盟委员会原本比较轻视"预警机制"，认为它不过是一个只具象征意义，给予成员国议会面子的装饰性"民主"权力，而且各成员国议会立场分散，很难形成合力，但《里斯本条约》生效后 4 年时间，成员国议会就向欧盟委员会出示了两张"黄牌"①，这令委员会颇为惊讶。

除了这一实质性干预欧盟决策机制之外，成员国议会还广泛搭建各国之间，以及同欧洲议会的数个平台，建立起一个议会网络。上述平台包括 1975 年就开始定期举行"欧盟议会议长大会"，每年举行一次，欧洲议会议长、欧洲委员会议②会议长、西欧联盟议会议长和欧盟各成员国议长参加，讨论与欧洲相关的宏观问题。1989 年设立了"成员国议会欧洲事务委员会"（COSAC）会议框架，由各成员国议会下设的欧洲事务专门委员会与欧洲议会每半年合作召开一次会议，各方在会议上互通情况，商议欧盟机制和日常运行，以及成员国议会同欧洲议会的关系等问题，讨论合作事宜。在欧盟制宪会议召开时，曾经辩论过是否要将此机构制度化，变成一个由成员国议会代表组成的欧洲"参议院"，当时的制宪大会主席德斯坦对此建议表示支持，但最终主要因欧洲议会议员的反对作罢。1990 年欧盟还首次召开了"议会大会"（Assises），众多欧洲议会议员和成员国议会议员参加，不过此次全会暴露出欧洲议会和成员国议会的分

---

① 这两张"黄牌"分别针对的是 2009 年欧盟委员会提交的"蒙蒂Ⅱ"立法议案（全名为"关于在自由开业与自由服务框架下采取集体行动权利的条例草案"）和 2013 年的设立欧盟检察官办公室（EPPO）建议案，前者是丹麦、芬兰、瑞典等 12 个成员国议会认为它违反辅助性原则，后者是英国、荷兰、爱尔兰等 11 个成员国认为有违辅助性原则。参见 [法] 奥利维耶·科斯塔、[法] 娜塔莉·布拉克《欧盟是怎么运作的》（第二版），潘革平译，社会科学文献出版社 2016 年版，第 200—202 页；张磊《欧盟政治体系中的议会间合作机制：发展与影响》，《国际问题研究》2015 年第 3 期。

② 欧洲委员会（Council of Europe），1949 年成立的以保护人权、促进议会民主、增进人民权利为宗旨的松散的政府间组织。现包括 47 个成员国。

歧，欧洲议会并不愿意向成员国议会转让太多权力，最后的会议文件强调各国议会在欧盟层面的行动应集中在对本国政府，而不是对超国家机构的监督上。此后，"议会大会"再未召开①。这些合作框架不是决策机构，会议结果也没有法律约束力，它们主要是起到了信息交流和资源共享作用，成员国议会可以通过其了解和学习其他国家的经验，全面掌握与己相关的信息，并且提升了协作监督欧盟的能力。

总的来说，各成员国议会已经改变了一体化早期阶段忽视和漠视欧洲事务的态度。成员国议会认为不能因为其政府将主权委托转让给欧盟机构执行，或是将涉及欧洲一体化的决策归因于外交，就损失了监督自己国家政府的权力。所有的成员国议会，都以这种或那种方式参与欧盟决策或对本国在部长理事会的代表进行监督审议②。各国议会均在布鲁塞尔总部设立了联络办公室③，以便同欧洲议会和其他成员国议会接触和联系。各国议会相互之间，以及同欧洲议会也经常通过制度化或非正式的渠道沟通合作。预警机制尽管与欧洲议会的权力相比极为有限，也还无法构成对欧盟委员会真正的制约④，但无疑它提高了成员国议会在欧盟层面的地位。当然，成员国议会的介入加重了本已纷繁琐碎的欧盟政治体系的复杂程度，并增加了欧盟运作的成本和潜在的不确定因素。

---

①　［法］奥利维耶·科斯塔、娜塔莉·布拉克：《欧盟是怎么运作的》（第二版），潘革平译，社会科学文献出版社 2016 年版，第 197 页。

②　张磊：《欧盟政治体系中的成员国议会：发展及挑战》，《欧洲研究》2016 年第 3 期。

③　Maria Teresa Paulo, "National Parliaments in the EU: after Lisbon and beyond subsidiarity: the (positive) side-effects and (unintended) achievements of the Treaty provisions", OPAL Online Paper, 5, 2012, p. 15.

④　对 2009 年的"黄牌"，欧盟委员会的委员直接撤销了议案（根据《欧洲联盟运行条约》第 293 条，委员会有撤销议案的权力），没有选择预警机制所提供的三个选项。对 2012 年的欧盟检察官办公室议案，欧盟委员会不顾"黄牌"警告，不做议案修改继续"闯关"，最后欧洲议会也通过了此项议案。

小 结

代议制是欧盟官方明确的解决"民主赤字"的制度形式,《里斯本条约》第二编"民主原则条款"第 10 条标明:"联盟的运行以代议制民主为基础。"① 在欧盟这样一个多层次的网状治理体系之中,它的代议制度和权力分配与民族国家有较大差异,其制度特征可用"混合性"来概括。在欧盟层面,由直选议员组成,代表民意的欧洲议会与政府间性质的欧盟理事会共同行使立法和预算职能,二者共同监督作为主要行政机构的欧盟委员会,并共同拥有提名和任命欧盟委员会主席、批准其内阁委员的权力;在成员国层面,成员国政府均经历了国内选举程序,具有所谓的代议合法性,同时成员国议会也就欧洲事务结成了网络(包括各成员国议会和欧洲议会),拥有欧盟法案的知情权和一定的干预权(凭借辅助性原则);在地方层面,前文虽然没有描述,但《马约》也设立了地区委员会,由它代表地方和区域性政府参与欧盟委员会和部长理事会的决策,在一些特定领域(文化、经济和社会团结、就业、公共卫生、社会问题、泛欧网络、交通运输和区域整治等),欧盟机构也必须征询它的意见。它拥有 353 名成员,成员来自地方或区域性议会,其参与欧盟的依据也是辅助性原则。

此外,欧盟以欧洲议会为主要平台,还构建起全欧的混合型多层政党政治。随着欧盟决策越来越从"外交"变为"内政",成员国政党主动以意识观念划线,参与欧洲议会选举,并在欧洲议会中结合组成党团,从欧盟层面落实自己向部分国内选民所做出的承诺。这其中也包括以反对欧洲一体化,解散欧盟为己任的极右民粹党团。这样,在欧洲议会之中,主流亲欧政党党团也有了对手,即欧洲议会里也出现了反对党(称为"反对党团"更准确)。

---

① 《欧洲联盟基础条约——经〈里斯本条约〉修订》,程卫东、李靖堃译,社会科学文献出版社 2010 年版,第 35 页。

当然，这种混合性也意味着欧盟的代议制民主并非完全定型，成员国同欧盟机构，特别是与欧洲议会的博弈远未结束。现有的条约并不意味着它不会被修改，在条约没有明确的模糊空间，各方也在向于己有利之处努力实践，最明显的例子就是欧洲议会在欧盟委员会主席提名问题上创制了"热门候选人"称谓，在与成员国政府的较量中抢得先机。当然，欧盟的混合性代议制在冷战之后得到较为成熟建构的原因同成员国政府的"放权"和"让权"是分不开的。整体来看，《阿姆斯特丹条约》之后，欧洲议会权力得以不断扩大的重要因素是德国政府对其非常支持[1]。德国民众、学界和政界均有较为强烈的增加欧盟民主的倾向，由于它自己是一个联邦制国家，所以它也希望建立一个议会制的联邦欧洲，这是其自身联邦制在欧盟层面上的投射式反应。在欧洲一体化不同的历史阶段，欧盟的制度设计总是仿效强者或者说竞争优势明显的国家，比如20世纪50年代的欧共体委员会是仿照法国的行政官僚体制建设，而20世纪90年代的欧洲中央银行（ECB）的设计则是跟着德国模式走，是在德意志联邦银行（Bundesbank）30年经验模式的基础上建构起来的，其运行规则同美联储或英格兰银行相当不同[2]。随着德国在欧盟中经济和政治地位的不断上升，欧盟的混合型代议制民主在一定程度上也已经开始向德国联邦模式倾斜了。

21世纪初，欧洲不少学者认为，同欧盟成员国的代议制体制比起来，欧洲议会的权力非常有限：它既没有立法提案权，也没有完全意义上的立法权，欧盟机构的领导人也不是欧洲议会推选的，对财政预算，它也只能最后确认财政支出，没有审查和更改的权力。欧洲议会的政策制定权是在许多内容都已经确定的情况下才发挥作用，所以它所拥有的主要是否决权。而成员国议会对涉及欧盟问题的监督也还面临很多组织上、精力投入上的实际困难，成员国议会与其政府比起

①　Michael Shackleton："European Parliament", John Peterson and Michael Shackleton ed. , *The Institutions of the European Union*, 2nd edition, Oxford：Oxford University Press 2006, p. 109.

②　Giandomenico Majone, *Rethinking the Union of Europe Post-Crisis：Has Integration Gone Too Far ?*, Cambridge：Cambridge University Press, 2013, p. 53.

来，存在很大的信息不对称，在欧洲层面事务上也有很大的权力失衡①。还有学者认为，在欧盟内，没有类似英美国家反对政府的传统和辩证逻辑。结果就是，选民在欧盟机构内没有一个合适的场合来督促欧盟负责，民众没有发泄不满的合法出口，这就造成欧洲民众不得不去支持任何有组织的反对欧盟的活动，所以对修改条约的全民公决就变成一场场支持还是反对欧盟的"战争"。欧洲议会的这种独特性质也反映在议员们的态度上：许多欧洲议会议员把自己当作政策专家，而不是持党派立场的政治人物，所以他们视欧委会为一个中立机构，这种态度至少在部分上造成欧洲议会从未认真质疑欧委会对立动议权的垄断②。从本章的论述，我们可以看出，欧盟在《里斯本条约》之后的民主化和政治化对这些批评做出了不同程度的回应：欧洲议会在立法权、预算权、行政监督权和包括欧盟委员会主席在内的人事任免权都得到大幅提升，成员国议会在欧盟中的地位和自身能力建设也有明显的改善，欧洲议会内也出现了反对政党党团（更让欧盟"欣喜"的是，疑欧党团在2014—2019届议会还没有在斯特拉斯堡和布鲁塞尔制造太多"麻烦"）。用发展的眼光看欧盟的代议制民主建设，客观地说它已经取得相当显著的成就，已为一个多层的治理系统如何实施民主代议和分权进行了较为成功的实验。

在笔者看来，欧盟的代议制在民主输入方面真正存在的是以下三点问题。

第一，委托代议和投票选举本身的扭曲性和精英色彩。欧盟确立以代议制为其民主建设的"主攻方向"，但在西方，民族国家层面上以选举和代议为核心的这种间接民主体制却已经遭到广泛的批评。人民虽然在普选中信任某位候选人，以"委托"（delegation）的形式授权他或她在选后代表自己监督和组成政府，但是"委托"的进程却

①　Andreas Follestal and Simon Hix, "Why There is a Democratic Deficit in the EU: A Response to Majone and Moravcsik", *Journal of Common Market Studies*, Vol. 44, No. 3, 2006, pp. 534 – 535.

②　Giandomenico Majone, *Rethinking the Union of Europe Post-Crisis: Has Integration Gone Too Far?*, Cambridge: Cambridge University Press, 2013, p. 55.

并非民众意愿的平行向上传导，当中出现了大量的偏差和名不副实的
"越权性失误"：形式上的控制机构和实际的控制机构不符，声称人
民拥有的权力和人民有限的实际权利不符，议员们的允诺和他们的实
际表现不符①，结果是"民主"沦为一种产生领袖并使之合法化的制
度安排。如此一来，"人民的统治"变成了"人民选择统治者"，"人
民"变成了"选民"，"民主"变成了"选主"②——即选择领导人
的程序。在选举时，"政治家总是试图塑造讨人喜欢的形象"，但是
一旦当选之后，那些有关广大民众切身利益的决策都"是在那些组成
获胜同盟的封闭小圈子里做出的"③。整体上，"代议士"在代议制民
主机制中就像中世纪的天主教教士，凭借"民意代表"的光环，成
为政治精英，合法地获得了"统治权"，而将大众的政治参与降到了
很低的水准。

　　欧盟的代议制也没有摆脱上述缺陷，欧洲议会的直选时刻，欧盟
民众对自己选择的欧洲议会议员无法做到充分的了解和认知；在欧洲
议会和本国议会的选举之后，欧盟的选民也无法控制自己选出的议员
和自己选择的政党，让它们在欧洲事务上能够遵从自己的意愿；欧盟
的大众对欧盟内各政党、各成员国的政治妥协和政治交易也很难通过
欧洲议会或自己的国家议会进行阻止和干预。尽管同民族国家这个容
器里获得普选权的困难历程相比，欧盟容器的普选权之争并不算激
烈，但大众在欧盟层面获得选举和被选举权的保障，并不能使他们免
除经济被剥夺和在社会中被边缘化的命运。悲观地说，在欧盟的代议
民主竞争中，政治权力也不过是经多场选举（至少包括欧洲大选和成
员国大选），从一群政客手中转入另一群政客手里而已。欧洲议会的
议员由于距离成员国选民更远，所以更容易变成不负责任的既得利益
者。所以，仅有代议制民主远不足以证明欧盟的合法性。

---

　　① ［英］戴维·赫尔德：《民主的模式》，燕继荣等译，中央编译出版社 1998 年版，
第 415 页。
　　② 王绍光：《民主四讲》，生活·读书·新知三联书店 2008 年版，第 45 页。
　　③ ［美］文森特·奥斯特罗姆：《民主的意义及民主制度的脆弱性：回应托克维尔的
挑战》，李梅译，陕西人民出版社 2011 年版，第 6 页。

第二，代议制促进欧盟的多元分化，不利于形成共识政治。"人民"是一个集体概念，他们之间必然有着不同的偏好，对人对事都有不一致的看法，当然他们的观点也会因时因事而发生变化，但是代议制的选举制度和政党政治却会固化民众之间的分歧：选票就是候选人和政党的"货币"，所以通常候选议员和党派会宣传和强化某种理念，排斥和贬低对手，以吸引选民投自己一票。同时绝对化地理解代议制民主，它就意味着"多数人的意志应当占上风"，在决策中奉行少数服从多数的"多数主义"（majority）原则。这种方法利于迅速决策，提高决策效率，但政策的结果却会导致社会资源进行再分配，使选举或投票中获胜的多数派获得更多的利益，因而也就容易产生社会争议、非议，甚至是冲突。"多数主义"在西方成熟民主国家政治制度中相当常见，但美国学者阿伦·利普哈特（Arend Lijphart）用大量比较政治实证研究证明，只有在相对同质的社会里才能发展出严重依赖多数表决机制（多数规则或其他相似概念）的政府体系。相反，严重分化的社会（像瑞士、比利时）创造出的是"共识民主"（consensus democracy），强调共识而非对抗、主张包容而非排斥、力求使处于统治地位的多数的规模最大化而不满足于微弱多数①，尊重少数群体，处于优势的多数进行自我约束，在权利分配上照顾少数，同时少数的权益得到制度性保障。

从前面的论述我们可以看出，凝结共识对欧盟治理体系的政治运作至关重要，欧盟的治理结构比瑞士和比利时更加分散、层次更多、中心点也更加不稳定（可将欧盟视作一个极度分化的"欧洲社会"，即分化成许多国家范围和区域范围的社会的制度体现②），其成分的异质性大大超过同质性，因此更加适合协商一致的治理方式，即尽可能使所有社会群体都参与到意愿形成当中，并且尽量保证意愿形成的过程经常反馈到被治理的民众那里；决策应由谈判磋商形成，而不是

---

① ［美］阿伦·利普哈特：《民主的模式：36 个国家的政府形式和政府绩效》，陈琦译，北京大学出版社 2006 年版，第 23 页。

② ［德］贝娅特·科勒－科赫等：《欧洲一体化与欧盟治理》，顾俊礼等译，中国社会科学出版社 2004 年版，第 233 页。

由表决产生；治理的目的不是尽可能无阻碍地实现多数人的利益，而是要顾及少数人的利益；重要的不是迅速高效地做出决策，而是要保证决策的有效性①。欧盟非常脆弱，即使是极少数成员国或占总人口比例一小部分的民众对其反感，也会导致它的分裂，所以在其决策中，达成和维护共识的重要性要超过效率。所以，参与式直接民主的很多旨在形成共识的措施要比代议制中导致多数决定的制度安排更加适合欧盟这一"后现代政体"。

第三，截至目前的经验数据表明，欧盟代议制民主的改进还没有为它赢得民心。任何民主制度或措施是否有效，归根结底要看民众是否肯定和认可，如英国宪法大家艾伯特·戴雪（Albert V. Dicey）所言，"被统治者的舆论是一切统治的真正基础"②。在代议制民主模式中，议会选举的投票率高低是衡量民众是否重视（也可引申为信任）该代议机构的重要指标。投票率高，表明群众积极对待此次选举，看重候选人的代表性，相对相信他们可为自己代言和争取利益；投票率低，则表明很多民众漠视此次选举，对候选人、代议机构不感兴趣，这样选举和代议的意义就大大降低了③。

欧洲议会作为欧盟层面的代议机构，近年来其议员选举的投票率在43%左右徘徊。这个比例同美国的国会选举相比不算低（美国国会选举如果伴随总统大选，可以达到50%左右，但在"中期选举年"举行的单独选举，就只有35%左右），但是纵向比较欧洲议会直选后的历次选举投票率（见表3-2），我们却失望地发现：尽管欧洲议会的权力不断增长，但它的"魅力"却并未因此而有所加大，参加欧洲议会选举的选民比率反而一路下降，呈现出一种逆相关趋势。1979

---

① ［德］贝娅特·科勒-科赫等：《欧洲一体化与欧盟治理》，顾俊礼等译，中国社会科学出版社2004年版，第180页。

② Albert V. Dicey, *Lectures on the Relation between Law and Public Opinion in England during the Nineteenth Century*, London：1905, p. 3. 转引自［美］乔·萨托利《民主新论》，冯克利、阎克文译，东方出版社1998年版，第98页。

③ 严厉一些的说法是："在一个将投票选举作为公民权的主要表达方式的国家里，拒绝投票是民主破产的征兆"，参见［美］本杰明·巴伯《强势民主》，彭斌、吴润洲译，吉林人民出版社2011年版，第3页。

年初次直选，欧盟 9 个成员国的投票率很高，达到 62%，1994 年 12
个成员国时降到 56.7%，1999 年 15 个成员国时为 49.5%，到 2004
年 25 个成员国时降至 45.5%，2009 年 27 个成员国的平均投票率仅
为 43%，2014 年的欧洲大选举办了各种竞选活动，包括进行电视辩
论，推出"热门候选人"机制等，结果总算是稳住了投票率，但也
没有反转这种趋势，大幅提升欧洲议会的吸引力。所以，截至 2014
年欧洲议会大选，欧盟决策权即便不断倾向欧洲议会等民主代议机构
的状况，依旧没有克服民众对欧盟较为冷漠的态度，也没能改变欧洲
议会选举仍然是"次等选举"（Second order elections）的基本属性。

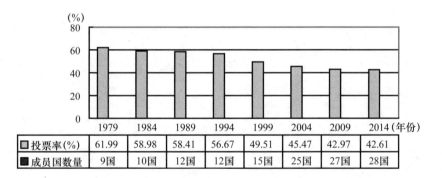

图 3 - 1　欧洲议会参选率（1979—2014）

资料来源：欧洲议会"2014 年欧洲选举结果"（European Parliament：Results of the 2014
European Elections），http：//www. europarl. europa. eu/elections2014 - results/en/turnout. html。

第四章 参与式民主

民主就是全体居民群众真正平等地、真正普遍地参与一切国家事务。

——列宁

即使被否决，为了"更欧洲"，也应该举行公投。

——亨尼施·魏芬

民主是不同利益的许多团体之间无休止的讨价还价过程。

——罗伯特·达尔

代议制民主原本是为了解决政体规模过大，人民无法自己有效统治而不得不采取的妥协性、权宜性的间接治理方式。但在西方的实际历史演进过程中，代议制却"异变"为掩饰精英统治，实属自由主义的"修辞"，民主的核心理念之一——"自治"，为议会统治所取代，为了保证有效决策，多数民众被排斥在议会活动之外，公民在很大程度上沦为政治决策的旁观者①。20世纪80年代，西方政治思潮中社群主义（communism）兴起②，与代议制民主相左的参与式民主

---

① 张飞岸：《被自由消解的民主》，中国社会科学出版社2015年版；［美］本杰明·巴伯：《强势民主》，彭斌、吴润洲译，吉林人民出版社2011年版。

② 俞可平：《社群主义》（第三版），东方出版社2015年版，第3页；于海青：《当代西方参与民主研究》，中国社会科学出版社2009年版，第114—178页。

重新回到民主政治的视野之中，成为包括欧盟在内的西方政体改进自身合法性的新途径。

参与式民主比代议制民主更加偏向公民一侧，即公民不仅拥有选举权，而且是实际上共同体的"所有人""共享者"，或者也可称为"股东"（share-holders），可以参与涉及自己利益和兴趣的决策①。参与式民主属于积极的直接民主，从规范角度来看，公民的直接参与能够使一个政体的决策更具合法性，也可产生更好的民主结果②。这有两点依据：第一，民主的一个根本规范假设就是，每个人拥有自然权利，当他或她被某项决策所影响的时候，应当有权参与产出该项决定的决策过程。这样，即使最后的决定同其预期有差距，但至少有机会让别人听到他的意见和声音；第二，每个人都带着自己的利益参与决策，如果整个过程是公开和自由的，所有参与者都有机会阐述自己立场，将会有助于消除不理性和自私自利的决策结果③。公民参与还可从三个方面提高决策质量：1. 通过公民参与、理性讨论、互换意见，促进相互了解和认知；2. 增加了参与者的信任度；3. 使得参与者将更长远的考虑纳入他们的计算之中，因为他们现在的损失和牺牲都更有可能在未来得到补偿④。

20 世纪 90 年代之后，随着民间要求欧盟解决"民主赤字"的呼声越来越高，欧盟委员会等欧洲机构，以及欧盟成员国首脑在同意完

① Philippe C. Schimitter, "Participation in governance Arrangments: Is there any Reason to Expect it will Achieve 'Sustainable and Innovative Policies in a Multilevel Context'?", in Juergen Grote and Bernard Gbikpi, ed. , *Participatory Governance: Political and Societal Implications*, Opladen: Leske & Budrich, 2002, p. 62.

② Rainer Schmalz-Bruns, "The Normative Desirability of Participatory Democracy", in Hubert Heinelt, Panagiotis Getimis, Kafkalas Grigoris, Randall Smith and Erik Swyngedouw, ed. , *Participatory Governance in Mulit-Level Context: Concepts and Experience*, Opladen: Leske & Budrich, 2002, pp. 59 – 74.

③ Hubert Heinelt, "Participatory Governance and European Democracy", in Beate Kohler-Koch and Berthold Rittberger, "Introduction", in Beate Kohler-Koch and Berthold Rittberger, ed. , *Debating the Democratic Legitimcacy of the European Union*, 2007, pp. 346 – 347.

④ Bernard Gbikpi and Juergen R. Grote, "From Democratic Government to Participatory Governance", in Juergen Grote and Bernard Gbikpi, ed. , *Participatory Governance: Political and Societal Implications*, Opladen: Leske & Budrich, 2002, p. 21.

善欧洲议会和成员国议会权能的同时，也开始重视各种参与性的民主措施。2001 年 7 月，欧盟委员会专门发布了《欧洲治理白皮书》①，在此文件中，欧盟委员会极为强调非选举性公民参与渠道②，欧盟委员会提出"将欧洲同其公民联系起来"③，要"更新共同体方式（community method），少采取由上至下的方式，用非法律方法作为其政策工具的补充，使决策更有效"④。在《白皮书》中，欧盟委员会指出欧盟决策需要更透明、披露更多信息，此外，在出台政策提案之前，它还要增加磋商和对话，对象是公民社会团体和公民个人，并特别指出这并不是出于为某一方或功能上的利益考虑。欧盟委员会是在欧洲议会"崛起"过程中权力受损最多的欧盟机构，所以它对参与式民主要比代议制民主热心得多，它更愿意把参与性民主、增强自己同公民社会的沟通视为自己的合法化方式。在《白皮书》里，它列举了过去几年它已开始实践的一系列政策工具，如委员会向公民社会开放、进行在线咨询、举行特别会议或论坛等⑤。

在欧盟委员会等行为体的努力下，欧盟各国首脑也认识到代议制不足以缓解民众对欧盟民主的担忧，参与式民主可以发挥重要的补充作用，所以一些参与式民主措施也写入了欧盟正式条约：2003 年欧盟理事会通过的《欧盟宪法条约草案》中，在第六编"联盟的民主生活"，参与式民主同民主平等和代议制民主一起，列为欧盟民主的三条原则之一；第 47 条"参与式民主原则"，《条约草案》写道："1. 联盟的各机构应为公民和各界代表协会提供对联盟在各个领域所采取的行动发表看法和公开交流意见的机会。2. 联盟各机构应保持与各界代表协会和公民社会的公开、透明和经常性的对话。3. 委员会应广泛地征求有关方面的意见以保证联盟行动的一致性和透明度。4. 来自较多数量的成员国的不少于 100 万的公民，可请求欧盟委员

---

① 欧盟委员会文件 COM（2001）428final, Brussels, 25. 7. 2001。
② Ibid. , pp. 11 - 19.
③ Ibid. , p. 3.
④ Ibid. , p. 4.
⑤ Ibid. , p. 15.

会就公民们认为为实施本宪法而需要之联盟法案提出适当的提案。为此目的，应制订一项欧洲法律，以便为此项公民倡议行动设立必要的程序和条件。"① 《欧盟宪法条约草案》中的这部分内容，被搬入了2007 年新的《里斯本条约》，没有发生实质性变化，《里斯本条约》只是指令欧洲议会和欧盟理事会正式出台关于"欧洲公民动议"（European Citizens' Initiative，ECI）的实施细则②。

　　但是，公民直接参与决策面临着"谁参与"的问题：是部分与决策有关的利益团体，对政治感兴趣的人，还是全体公民？是有参政能力的人，专家，抑或所有公民？直接民主还存在"参与质量"的问题：参与公民能否清楚表达自己的观点，是否需要组成集团来增加合力，以便影响最后的决定，可否和平地理性协商，并达成一致意见，公民参与是否拥有公开透明的制度平台？让我们先从参与的范围入手，观察欧盟的参与式民主。

公民直接参与：请愿、动议和全民公决

　　就参与范围来说，当然是全体公民均能参与，并且积极投入是最民主的体现，当下公民在欧盟层面拥有请愿（petition）和直接提起动议两种直接民主渠道。欧洲公民以个人或集体名义向欧洲议会提交请愿书的做法很早就有，《马约》第 8 条 D 款和第 138 条 D 款正式在条约层面上确认了欧盟公民的请愿权：享有此权利的主体包括在各成员国居住的自然人和法人，请愿形式可采取个人名义，或者是与其他公民合作请愿的方式，请愿内容可涉及欧盟活动的各个方面，但请愿者提出的问题应与本人直接相关，请愿被欧洲议会认可后提交欧盟委员

---

　　① 《欧盟宪法条约草案》第六编第四十六条。参见欧共体官方出版局编《欧洲联盟法典》第三卷，苏明忠译，国际文化出版公司 2005 年版，第 32 页。笔者对照《欧盟宪法条约草案》英文版，做了更符合原意的修改。

　　② 《里斯本条约》中《欧洲联盟条约》第 8b 款和《欧洲联盟运行条约》第 21 条（Articles 8b TEU & 21 TFEU），参见《欧洲联盟基础条约——经〈里斯本条约〉修订》，程卫东、李靖堃译，社会科学文献出版社 2010 年版，第 36、64 页。

会研究①。比请愿更直接影响决策的是动议权（动议意味着省去欧洲议会认可这一道程序），如前所述，《欧盟宪法条约草案》和《里斯本条约》规定来自一定数量成员国的超过 100 万公民签名，即可要求欧盟委员会制定提案。之后，欧洲议会和欧盟理事会落实《里斯本条约》的要求，在 2011 年制定了实施细则，要求公民动议必须有来自欧盟至少 7 个成员国的超过 100 万公民签名支持，欧盟委员会才会受理②。欧盟官方网站上开辟了"公民动议"版块③，为欧盟公民提起动议和联署签名提供了网络端口。

一项公民动议提交欧盟委员会的具体程序分为六个步骤：首先，根据动议的内容成立一个公民委员会，委员会成员至少包括分别生活在 7 个欧盟成员国的 7 位公民，年龄符合欧洲议会选举投票人的资格要求，他们之中需要有一名代表委员会的发言人，并有一位替补发言人；其次，在欧盟网站的"公民动议"入口注册此动议（使用 23 种欧盟官方语言中的一种），欧盟委员会需在 2 个月内给予回应；再次，启动在线公民联署签名的批准程序，由各成员国当局分别负责，限期 1 个月；在 1 年内完成支持声明的搜集工作，需要满足分别来自至少 7 个成员国，100 万公民的门槛条件；签名需要得到每个成员国当局的认证（期限为 3 个月）；最后将公民动议提交给欧盟委员会。

欧盟在超国家层面上的公民动议直接民主机制设计，是 2003 年欧盟制宪会议借鉴和汲取瑞士、意大利等国家经验的结果。瑞士（非欧盟成员国）自 1848 年就制定了可用来修改瑞士联邦宪法的"联邦大众动议"（Federal Popular Initiative）规定；欧盟成员国之一的意大利在 1948 年宪法里也规定了公民动议权，只不过它几十年来的公民

---

① 马胜利：《欧盟公民权与欧洲认同》，《欧洲研究》2008 年第 1 期。

② EU Regulation No. 211/2011 of the European Parliament and of the Council of 16 February 2011 on the Citizens' Initiative, *Official Journal of the European Union*, 11. 3. 2011, Preamble, Section 9. http：//eur-lex. europa. eu/legal-content/EN/TXT/PDF/? uri = CELEX：02011R0211 - 20150728&from = EN.

③ 网页地址为 http：//ec. europa. eu/citizens-initiative。

动议几乎均以失败告终①。欧盟自 2012 年 5 月 9 日开始受理公民动议，截至 2017 年年底，已有 4 个成功的案例，分别是：2012 年 5 月 10 日启动的"水与卫生是一项人权！水是公共产品而非商品"动议（又称"关于水的两项权利"动议）、2012 年 5 月 11 日提起的旨在尊重胚胎尊严和完整性的"我们的一部分"（One of Us）、2012 年 6 月 22 日发起的"停止活体解剖"的动议，以及 2017 年 1 月 25 日开启的"禁用草甘膦除草剂及保护人与环境免遭有毒杀虫剂危害"的提议②。同时，2018 年年初正处在动议进程之中的有"阻止欧美跨大西洋贸易与投资协定（TTIP）""不要极端主义""让我们降低那些撕裂欧盟的工资和经济差异""保住欧洲公民权""少数人的安全包：百万签名支持欧洲的多元性""为了欧洲人的欧盟公民权"等 6 项。这些动议主要围绕环保、卫生、社会平等、人权等公民最为关心的议题展开，成功的动议都已转化为欧盟委员会颁布的指令、条例或指导方针，比如 2015 年 7 月 1 日，欧盟委员会就颁布了"关于评估饮用水的路线图指令"。

公民动议通过网络平台征集签名，是一种跨国公民精神的体现，有助于建构"欧盟公民"的概念。当然，欧盟的公民动议依然存在不少问题：第一，欧盟的公民动议权不会直接变成欧盟的立法，在欧盟决策体制中，至少形式上是欧盟委员会垄断欧盟的立法动议权，所以公民动议权仅为"动议的动议权"，公民动议也需由欧盟委员会提交进入欧盟立法程序；第二，动议签名联署还面临一些技术障碍和官僚系统的阻力，技术障碍包括欧盟委员会的官网界面不友好、动议的发起者和组织者无法获取签名人的电子邮件信箱（这样签名人就无法得知动议的进展情况）等，官僚阻力主要指每个成员国对签名都有不同要求，应用不同的签名表格，这种不统一增加了收集签名的难度；第三，从结果来看，公民动议对欧盟立法的实际影响不大。一方面是

①　Eleonora Bardazzi and Omar Caramaschi, "Italian and European Citizens' Initiatives: Challenges and Opportunities", LUISS Working Paper SOG-WP39/2017, April 2017.

②　欧盟公民动议网站，http://ec. europa. eu/citizens-initiative/public/initiatives/successful。

生效的动议太少，平均每年只有一项动议提交欧盟委员会，另一方面，即使成功地收集到足够的签名，也促使欧盟委员会通过相关决议，但过去的 4 项动议也未使相关领域的欧盟规制发生根本性转变。欧盟委员会每 3 年需要向欧洲议会和理事会报告一次欧盟公民动议实施情况，2015 年 3 月它提交过一份报告①，提出了一些改进措施，并且得到落实，比如 2016 年开始，公民动议组织者拿到了对用户更友好的新版签名收集软件。

但是，真正对欧洲一体化走势产生重大影响的参与民主方式并非欧盟层面的请愿和公民动议，而是成员国层面的全民公决（plebiscite or referendum②）。全民公决起源于古希腊城邦时期的直接民主实践，雅典的公民大会即为当代全民公决的前身，全体雅典公民参加大会，在会上就城邦的重大问题，比如维护公共秩序所需的法律、财政、税收和外交等事项展开讨论，然后按照"少数服从多数"的原则投票表决。近代在民族国家崛起后，代议制逐渐成为主导的民主形式，但全民公决经过现代改造，也在西方政治中扮演了重要角色。全民公决的现代形式，以 16 世纪瑞士的公民投票为开端。当时的瑞士议会，经常要求议员就一些重大问题同他们的选民进行协商，并在协商基础上投票表决。1778 年美国的马萨诸塞州举行了州宪法的全民公决，这是世界上首次以公民投票方式决定法律问题③。不过美国的公投之后一直停留在州的层次上，但在欧洲，全民公决在国家层面实施是一种普遍现象。

全民公决可分为"公民投票"和"公民复决"两种。"公民投票"也称"公民表决"，是指通过全国公民直接投票的办法来批准法

---

① European Commission, "Report from the Commission to the European Parliament and the Council on the Application of Regulation（EU）No 211/2011 on the Citizens' Initiative", COM（2015）145 final, Brussels, 31. 3. 2015. http：//ec. europa. eu/transparency/regdoc/rep/1/2015/EN/1-2015 – 145 – EN-F1 – 1. PDF.

② Referendum 通常被视作宪法所承认的常态制度，属于建制内的投票；Plebiscite 则是对独立或领土归属等特殊政治问题进行临时性投票，具有非建制性投票的性质。参见于海青《当代西方参与民主研究》，中国社会科学出版社 2009 年版，第 180 页。

③ Joseph F. Zimmerman, *Participatory Democracy*：*Populism Revived*, New York：Prageger Publisher, 1986, p. 35.

律，决定对内对外政策、政治制度、国家领土的变更、国家独立以及决定名称等国家大事。"公民复决"也称"公民倡议"，是指立法机关已经通过法律或决议，由于公众提出异议而提交公民表决。它对立法机关所通过的法案和决议是否最终生效是有决定意义的①。在涉及欧盟的事务上，欧洲国家主要应用第一种公决方式，即"公民投票"，它在欧洲一体化半个多世纪的历史上频频发生。对决定欧盟制度架构的条约修订之批准，有些成员国采取本国议会多数或特定多数批准的方法，有的国家则实行全民公决。是否实行全民公决取决于该国的传统，比如爱尔兰宪法要求，只要修改欧盟条约，均需要全民公投来确认。除修改欧盟条约外，是否加入欧盟、要不要留在欧盟、是否同意欧盟的扩大，甚至是否遵守欧盟的某一项规定，成员国政府均可按照自己的国内法律，决定是否要举行全民公投。

由于符合投票资格的全体公民皆可参与某一特定事项的决策，而且这一决策的决策链极短，可以直接将公民的意志转化成最终决定，所以说全民公决最直接地体现了"民主"的本义，具有极高的合法性。但另一方面，它也是民主制度中的"核武器"，一旦启动，其结果是政治精英很难控制的，所以很多成员国政府对是否使用它比较慎重。比如英国，就对全民公决相当小心。英国是议会制的创始国，议会主权是它的传统政治理念，因此长久以来其精英一直认为全民公决这种直接征求公民意见的方式违背了议会主权原则，认为这样可能会干扰民主制度的正常运行。但是欧洲一体化改变了英国的这一古老的"习惯法"，1975 年英国哈罗德·威尔逊（Harold Wilson）政府举行了英国立宪史上首次全民公决，目的就是结束执政党——工党内部因加入欧共体而产生的分裂：当时英国工党内左派坚决主张离开欧共体，威尔逊决定采取党纪之外的超常规手段，用直接征求公民意见的方法来解决党内纠纷。结果是 67.2% 的民众决定留下，投票率达到了 64%。有意思的是，41 年后，历史重演，2016 年英国举行了第二

①　此定义以及西欧和北美国家实行公决的具体规则和实践，参见应克复等《西方民主史》（修订本），中国社会科学出版社 1997 年版，第 509—512 页。

次全民公投，主题还是英国和欧盟的关系，发起者依然是执政党，只不过由工党变成保守党，动因也依然是执政党内的意见分歧，只是这次希望脱离欧盟的换成了保守党的右翼，但是首相戴维·卡梅伦允许公投却变成一场失败的冒险，6月23日脱欧派以不足2%的微弱优势获胜。这次公投的投票率达到72.2%，卡梅伦为自己的决定付出了政治生命，随即辞去首相职位。在这次英国的"脱欧"事件中，公投的"威力"尽得彰显，尽管首相和内阁在英国政治中居于"至高无上"的地位，首相即议会多数党党首（或多数党联盟总代表），有权不执行公投决定，或者举行"二次公投"，但特蕾莎·梅（Theresa May）在接任首相后，仍然遵照公投指向，启动了英国脱欧程序，2017年3月底正式向欧盟递交了脱欧申请书。

　　德国的宪法中虽然规定了由人民通过选举和公民投票的方式来行使主权，实际上却很少举行全民公决。《联邦德国宪法》第29条规定在调整州界时必须举行全国性的公民投票，但由于程序太复杂，德国只是在1970年围绕是否维持巴登—符腾堡州问题上举行过一次全国公民投票，其他公民投票都是在州一级上举行的。对于欧盟修订条约，德国每次都是通过联邦上下两院投票的程序予以批准。"二战"后，法国实行全民公投的次数较多，《法兰西第五共和国宪法》第11条规定，法国总统"可将一切有关公共权力机构的组织、批准共同体协定或存在授权批准虽然不违反宪法，但影响现行体制运行的条约的任何法律草案，提交公民投票"；第89条又规定：修改宪法的草案或提案应由两院以相同的文本表决通过。经公民投票通过后，宪法修改才最后确定。在实际政治生活中，法国的确多次诉诸公民投票来决定修改宪法和重大立法问题。1962年在阿尔及利亚问题上，根据《埃维昂协议》的条款规定，戴高乐总统于7月1日星期日举行了一次公民复决投票，法国人以压倒性多数投票通过了这项议案，从此摆脱了自己脖子上的阿尔及利亚这道枷锁。① 对批准

---

　　① ［美］托尼·朱特：《战后欧洲史（卷二）：繁荣与革命（1953—1971）》，林骧华等译，中信出版社2014年版，第66页。

《马约》和《欧盟宪法条约》等带有宪政意味的欧盟条约，法国均采用了全民公决的形式。《马约》涉险过关（51%对49%），2005年的《欧盟宪法条约》公投中55%的法国民众投了反对票，法国公投和其后同样失败的荷兰公投迫使欧盟陷入了长达两年多的"反思期"。

经常使用全民公投的是有直接民主和自治传统的瑞典、丹麦、挪威等北欧国家。在瑞典，核能、禁酒、国家养老金计划，甚至交通工具在左行道还是右行道行驶等问题，都会交给全民公投来决定。丹麦更是经常举行公民投票，1953年的丹麦宪法规定，改变选举年龄和加入超国家组织都需要全民公投决定；1/3以上议员同意，即可对除财政和税收法案以外的所有法案进行公民表决。丹麦对参加欧盟、降低选举年龄、限制财产权等法案，都诉诸公民投票。1982年丹麦所属的格陵兰岛在疑欧政党的领导下举行了地方公投，53%民众选择离开欧共体，1985年根据欧共体与格陵兰谈判达成的《格陵兰条约》，作为丹麦一部分的格陵兰离开欧共体。丹麦虽然整体仍为欧盟成员国，但它和瑞典都因全民公投中的反对结果而未加入欧元区。丹麦1992年的公投否决了《马约》，欧盟与其进行了一年的谈判，在允诺丹麦在经济货币联盟、联盟公民权、司法与内政事务和共同防务四个领域拥有"选择例外"（opt-outs）特权后，1993年的丹麦公投才批准了《马约》。挪威1972年和1994年的两次公投都否决了该国加入欧盟问题，所以迄今为止，它依然是非欧盟国家。

爱尔兰对全民公投更加激进，每次欧盟条约修订均需公投。2001年的《尼斯条约》和2001年的《里斯本条约》首轮公投，在爱尔兰均以失败告终。为了"说服"爱尔兰民众在第二次公投时投赞成票，《尼斯条约》批准时，欧盟专为爱尔兰"开后门"，特地允许爱尔兰不加入共同防务政策，并承诺加强同成员国议会的合作；《里斯本条约》批准时，欧盟特地制定了所谓的"爱尔兰保证"文件，许诺不会影响或损害爱尔兰传统的军事中立政策，其他成员国保证未来不会干涉爱尔兰宪法中关于生命权、家庭权和教育权的规定，不改变欧盟有关税收的权能①。中东欧国家除了在加入欧盟时举行公投外，很少就欧盟事务进行全民公决，但匈牙利2016年10月就是否应当在没有本国国民议会批准的情况下接受欧盟制定的移民配额，举行公投。98.4%的参与者投了反对票，不过由于公决投票率只有44%，所以公投没有法律效力。这一公投实际上是匈牙利执政党青民盟的策略性行动，是为了增加民众对执政党的好感。南欧国家中，希腊在2015年债务危机最严重的时候举行了一次关于欧盟救助的公投，超过61%的民众拒绝接受国际债权人所提供的救助条款，所谓的国际债权人指由欧盟委员会、欧洲中央银行和国际货币基金组织组成的"三驾马车"。不过随后在严酷的现实面前，执政的极左政党不得不背离公投所传达的民众意志，接受了更为严苛的财政紧缩等欧盟条件。这是公投没有发挥作用的典型案例。

不少研究欧盟的欧美学者都认为全民公决是比各国议会选举或者欧洲议会选举更好的民主方式，因为公决能让欧洲公民更真切、更直接地表达出他们对欧盟的偏好程度②。一些学者希望欧盟像瑞士一样，在更多事项上通过全民公决决定，认为这有助于直接提高欧盟的民主合法性③。瑞士由于其特殊的委员会制政治体制，"公民投票"和"公民复决"这两种直接民主形式均得到较为频繁的使用（自1848年瑞士建国以来，共进行过531次全民投票）。无论是重大的内政外

---

① "《里斯本条约》附录：欧洲理事会会议关于爱尔兰问题的说明与保证"，见《欧洲联盟基础条约——经〈里斯本条约〉修订》，程卫东、李靖堃译，社会科学文献出版社2010年版，第307—312页。

② Andreas Follestal and Simon Hix, "Why There is a Democratic Deficit in the EU: A Response to Majone and Moravcsik", European Governance Papers (EUROGOV) No. C - 05 - 02, 2005, p. 19, http://www.connex-network.org/eugov/pdf/egp-connex-C - 05 - 02.pdf; Bruno Kaufmann and M. Dane Waters ed., *Direct democracy in Europe: a comprehensive reference guide to the initiative and referendum process in Europe*, Durham: Carolina Academic Press, 2004; Micheal Zürn, "Democratic Governance beyond the Nation-State", in Micheal Th. Greven and Louis W. Pauly, eds., *Democracy beyond the State? The European Dilemma and the Emerging Global Order*, Lanham: Rowman & Littlefield Publisher, 2000.

③ Bruno Kaufmann and M. Dane Waters ed., *Direct Democracy in Europe: A Comprehensive Reference Guide to the Initiative and Referendum Process in Europe*, Durham: Carolina Academic Press, 2004.

交问题，还是是否实行夏令时、行车时是否必须系安全带、要不要改进人行道等同人民生活相关的具体规制，都通过公民投票表决决定。同时瑞士联邦宪法还规定，一旦征集到 5 万公民的签名，或者有 8 个州（瑞士共 23 个州）的提议，即可对公民认为重大的问题，付诸"公民表决"，即由公民进行复决。瑞士从 1891 年 7 月 5 日开始实行这种"公民倡议提案"以来，迄今一百余年，联邦政府收到的倡议数以百计，但只有 59 起交付"公民表决"，获得通过的更少。这主要是因为公民表决实行双重多数制，即通过议案不但要赢得选民的多数，还必须有多数州的赞同。① 瑞士因山地阻隔，民族复杂（包括日耳曼人、法兰西人、意大利人和雷托罗曼人），国民之间使用不同的语言（德语、法语、意大利语和罗曼什语均为官方语言），是多元统一政治体的典型，无论是政体的社会构成，还是发展的规范理念，都同欧盟这个高一层的政治体制颇为相近，且均属于共识民主模式②。既然瑞士可以历几个世纪的全民公投而未解体，同时满足民众平等参与的民主要求，为什么欧盟不效仿呢？

不过放眼全球，瑞士实在是一个极特别的个案，而且现实地说，欧盟目前并不具备举行全欧范围全民公决的条件。"全民公决"的"全民"范畴必须是得到清晰界定并以坚实的认同感固定的一群人，他们与其他人之间要有一堵"厚墙"。民族国家历经数个世纪，已然树立起这堵可以轻易隔离内外的"墙"，但数十年的欧洲一体化还没能在全民心中，成功融解民族国家的器壁。它所建立的欧盟的容器恐怕只能称之为"栅栏"，而非严丝合缝的"铜墙"。此种情况下，贸然在欧盟范围内推广公投，一方面其合法性会受质疑，另一方面鉴于公投的"简单粗暴"性，它很有可能会对一体化造成毁灭性破坏。在民主理论界，保守派学者早就批判公决式（公民表决式）民主是

① 资料来自应克复等《西方民主史》（修订本），中国社会科学出版社 1997 年版，第 512 页及瑞士中文网，www. swissinfo. ch/chi/travel/detail. html？siteSect = 411&sid = 5412726&cKey = 1105957688000&ty = st。

② ［美］阿伦·利普哈特：《民主的模式：36 个国家的政府形式和政府绩效》，陈崎译，北京大学出版社 2006 年版，第 22—32 页。

一个纯粹零和的决策机制，即一个排除了少数权利的地地道道的多数统治的制度。如果在每个问题上都是多数赢得一切而少数一无所获，不但多数统治会成为绝对的无限制的统治，而且在各种问题之间也不会出现交易和补偿。公民表决式的决定是孤立的自成一体的决定，因此它无法利用"交换"，利用不同问题之间的调整和矫正来加以缓和，即使以一贯性为基础去要求它，它也无法做到这一点。从此角度看，公决式民主是一种加剧冲突的结构，它不但是"多数的专制"制度上的完美体现，而且它是最不明智的体现（因为它纯粹是机械的）。①

的确，且不论未来是否应在欧盟层面实施全民公决，即使是当下各个成员国涉及欧盟的公决已经给精英竭力推动的欧洲一体化事业带来巨大的"烦扰"。进入21世纪后，由于大众投票频频否决欧盟修改后的条约，一体化领导人开始将公众舆论越来越多视为联邦化进程的主要障碍，开始质疑咨询公众意见是否明智。2005年法国和荷兰公决否定《欧盟宪法条约》之后，当时的欧盟委员会主席罗马诺·普罗迪在接受一位美国记者阿兰·弗里德曼采访时，就对在欧洲事务上采用大众公决手段表示了深深的疑虑；他特别指出，当所有的民意调查都显示民众对欧盟的反感在增强的时候，这样做尤其不合适。在欧盟扩大委员古森·范胡恩（Guenther Verheugen）② 提出以后欧盟再扩大，应当举行公投的时候，普罗迪驳回了他的建议③。法、荷两次公决之后，2005年6月，英国前首相托尼·布莱尔也在欧洲议会的发言中说，公投"仅是人民表达对欧洲现状广泛而深刻不满的传输工具"④。在民意反对的情况下，还要推行公投，无异于政治自杀，凡是理性的政治决策者必将采用手段避免此种情况的发生，于是我们看

---

① ［美］乔·萨托利：《民主新论》，冯克利、阎克文译，东方出版社1998年版，第130页。

② 范胡恩曾表示欧元是"背着人民大众"引入的。

③ Alan Friedman，"The New President of the European Commission"，*Wall Street Journal*，April 30，2000.

④ "Tony Blair's Speech to the European parliament"，*The Guardian*，June 23，2005.

到欧盟领导人和欧盟机构"涂抹"掉带有宪政意味的条约，将《欧盟宪法条约》改换成《里斯本条约》，以此方法避免"被公投"（爱尔兰因其本国宪法要求除外，但仅此一个国家的公投，在首轮就遭否决，这让欧盟十分尴尬），或者用讽刺的说法，"被否决"的命运。

在欧债危机后，公投迅速变为在野党，特别是各种极端政党和民粹政党的竞选口号和党纲组成部分。1993 年成立的英国的独立党，其政治主张的核心就是在英国举行脱欧公投；2008 年奥地利社民党候选人维尔纳·费曼（Werner Faymann）要求欧盟今后任何一次修订条约，或者通过重大问题议案，都要用公投认定；2009 年，德国巴伐利亚州长霍斯特·泽霍费尔（Horst Seehofer）不同意德国执政的基民盟和社民党联合政府的欧洲政策，坚持德国任何向欧盟转让权力的事务均需公投；债务危机中崛起的，反建制的意大利五星运动党认为应当在合适时机举行关于意大利是否留在欧元区的公投；法国国民阵线领导人玛丽娜·勒庞在 2017 年的法国大选竞选活动中，反复表示如果自己当选总统，将在半年时间内组织法国退出欧盟问题的公投。一些比较激进的精英直接斥责公投就是煽动民粹的武器和工具，《金融时报》专栏作家嘉南·加内什在一篇题为"直接民主威胁我们的治理方式"的文章中，用生动的文笔写道："卡尔·马克思说资本主义有内在的不稳定性，这句话更适用于民主。穷人的数量永远超过富人。专家统治能够保护富人的利益不被穷人抢走。直接民主给予穷人超越富人的最大权力。代议制民主对穷人和富人而言都不是最优选择。如果代议制民主再一次倒下，罪魁祸首不一定是以某个独裁者的面孔出现，而有可能会以我们所有人愤怒的面孔出现。"[①]

组织化参与：欧盟层面的利益集团

公民直接参与决策当然是最理想的参与民主方式，但在现实中，

[①]　Janan Ganesh, "Direct Democracy Threatens Way We are Governed", *Financial Times*, October 31, 2017.

公民个人的力量毕竟十分有限。要想有效地影响决策的结果，公民组织起来是十分必要的。在欧美，社区联合会、宗教团体、工会和商业组织等"中介"团体广泛存在于人民生活之中，并且以复杂的方式把人民的生活与形形色色的制度联系起来。罗伯特·达尔对西方民主理论最大的贡献就是将民主概括为"多元政体"（polyarchy），即民主是不同利益的许多团体之间"无休止的讨价还价过程"，这些团体包括商业组织、工会、政党、种族集团、学生、狱吏、妇女集团和宗教集团等，涉及各行各业，五花八门。政治的结果虽然是政府的结果，但最终是政府在团体的竞争性要求之间进行调停和裁定后所执行的结果①。如本书前面章节所述，欧盟的政治运作高度依赖各方共识，属于利普哈特所定义的"共识民主模式"。同遵循排他性原则，政府对峙反对派的"多数民主模式"相比，"共识民主模式"除了在代议制民主领域，各主要政党都有向政治中间地带靠拢的倾向之外，各类社会组织也都比较和谐地相互协调，以妥协为导向，富有合作主义（corporatism）色彩。欧洲大陆素有合作主义（也译为社团主义）政治传统，有异于达尔所描述的英美盎格鲁·撒克逊传统下的"多元主义"（pluralism），也就是各个集团彼此竞争，互不协调②，物竞天择的演进路径。但在 20 世纪 80 年代新自由主义思潮从英美扩散到欧洲大陆之后，欧共体/欧盟政治同样遵循自由主义参与民主的指导，其合作主义的底色日渐隐入多元主义的阴影。

公民出于政治动机结社参政，实际上是围绕着某种利益（或公共利益，或私人利益）形成"利益集团"。"利益集团"按照《布莱克维尔政治学百科全书》的定义，意为"致力于影响国家政策方向的组织，它们自身并不图谋推翻政府"③。根据追寻的是否是公共利益，

---

① 〔美〕罗伯特·达尔：《民主理论的前言》，顾昕、朱丹译，生活·读书·新知三联书店、牛津大学出版社 1999 年版，第 216 页。

② 〔美〕阿伦·利普哈特：《民主的模式：36 个国家的政府形式和政府绩效》，陈崎译，北京大学出版社 2006 年版，第 125 页。

③ 〔英〕戴维·米勒等：《布莱克维尔政治学百科全书》，邓正来编译，中国政法大学出版社 1992 年版，第 385 页。

利益集团可分为"特殊利益集团"和"公共利益集团"，前者指为了某群体的特别的好处（主要是经济方面的利益）而建构的组织，如各个行会、工商界联合会、工会等劳工组织；后者的诉求则是公共目标，团体成员本身不会比其他人获得更多的收益，比如环保组织、消费者利益协会、和平组织等。利益集团在民主理论中原本并非褒义词，它曾长期被批评是民主程序的破坏者，这主要指特殊利益集团常常通过游说对政府施加压力，甚至以贿赂政府官员等手段干涉政治决策，使得公共政策背离为所有公众服务的原则和初衷。一些代表大公司的商业利益集团（又称压力集团）甚至可以绑架一些国家的政治，曾有一句谚语这样形容这种现象："凡对国家有利的就对通用汽车公司有利，反之亦然。"① 但当多元主义民主理论在美国，甚至欧洲的理论界逐渐占据主导地位后，利益集团的形象大为改善，按照达尔的定义，它们实际上是民主多元主义制度的本质内容。从此角度理解，利益集团是公民个人和国家之间的缓冲器，是政治过程的基石。而且，利益集团也不会威胁到民主程序的公平性，多元主义民主理论乐观地认为：因为所有的个人都可以自由地组织利益集团，所以当对某政治问题持特定见解的集团产生时，持相反见解的集团也可以产生出来，如此则达到平衡②。

随着大部分市场法规的制定权、国际贸易的谈判权，以及环境、移民、产业等各种政策的协调集中到欧盟层面，欧盟的决策系统比任何成员国都更受利益集团的"青睐"③，布鲁塞尔已经变成与美国华盛顿齐名的利益集团聚集地。究竟在布鲁塞尔，有多少利益集团，或者是游说团体在活动，仍是一个谜。欧盟委员会估计，1996 年布鲁

---

① 美国通用汽车公司（GM）曾在 20 世纪 90 年代长期居于世界 500 强企业首位。[英]摩西·芬利：《古代民主与现代民主》，郭小凌、郭子林译，商务印书馆 2016 年版，第 51 页。

② [英]戴维·米勒等：《布莱克维尔政治学百科全书》，邓正来编译，中国政法大学出版社 1992 年版，第 385 页。

③ Anderson, S. S. and Eliassen, K. A., eds., *The European Union: How Democratic is it?*, London: SAGE, 1996, p. 232.

塞尔有 700 个特殊利益集团①；到了 2005 年，据公民组织"欧洲企业观察"的估算，已有几千个利益集团在布鲁塞尔公开进行游说，布鲁塞尔活跃着数以百计的提供游说服务的公关公司和律师事务所，几十个受各种利益集团资助的智库，此外，以各种"欧盟事务办公室"为名义运作的小型机构更是不计其数，总的来说，以游说为正式工作的利益集团从业者超过 15000 人②。还有一些权威人士估计，布鲁塞尔游说人员的数目（包括职业顾问和"公共事务"办公室）接近欧盟委员会工作人员的数目③。据两位法国学者——鲍铭言和钱伯内特的统计，57.9% 的欧洲利益集团都设在布鲁塞尔，所以布鲁塞尔已经成了"欧洲利益集团的博览会"场地④。

在欧盟多层制度架构中，欧盟理事会里各成员国主要是在国内倾听利益集团的意见，欧盟层面接受利益集团游说的是欧盟委员会和欧洲议会。这两个机构中，欧盟委员会由于在功能上需要撰写提案，并实际落实欧盟的立法和决议，这些操作层面上的工作纷繁复杂，极其需要来自利益集团的智力支持，所以它同利益集团的沟通更加频繁。现代社会分工精细，每行每业均有其特殊之处，出台一项立法会对各个行业产生怎样的影响，只有身处其中的行内人才有切身感受，所以具体行业的企业、工会所组成的利益集团就成了欧盟委员会寻求答案的最佳对象。一项立法提案在初拟阶段，欧盟委员会通常会内设一个起草小组（Chef de Dossier），由它在几个专家小组的帮助下完成提案起草工作。起草小组本身的人力和专业知识都很有限，他们非常欢迎外界向他们提供有利于政策制定的实用信息，另一方面，为了防止政策出台后遭各界反对或是遇到无法执行的尴尬局面，他们也很关注可

---

① Commission of the European Communities, *Directory of Interest Group*, Luxemburg: Office for Official Publications of the European Communities, 1996.

② Corporate Europe Observatory, "Brussels the EU Quarter, Explore the Corporate Lobbying Paradise", p. 9, http://archive. corporateeurope. org/docs/lobbycracy/lobbyplanet. pdf.

③ ［德］贝娅特·科勒－科赫等：《欧洲一体化与欧盟治理》，顾俊礼等译，中国社会科学出版社 2004 年版，第 263 页。

④ ［法］鲍铭言、［法］迪迪尔·钱伯内特：《欧洲的治理与民主：欧盟中的权力与抗议》，李晓江译，社会科学文献出版社 2011 年版，第 67—82 页。

能受到政策影响的各种利益相关方的意见①。起草小组的意见征集工作相当开放，一位欧洲化工集团的利益集团代表就曾表示："就开放性而言，欧盟委员会易于接近的程度令人吃惊，只要打个电话就可以联系到相关的责任人，如果他们不能帮到你，他们也会帮你找到更合适的责任人，那些在白宫、巴黎或者波恩需要秘密进行的工作，在这里都是公开透明的。"② 任何利益集团都可以公开地直接游说起草小组，当然这就形成了一个市场，说服力强、照顾面广的观点和立场容易胜出。协助起草小组工作的专家委员会里，也活跃着利益集团代表的身影。欧盟委员会遴选专家时，有时会在欧盟委员会的网站上发布公开征集专家的信息，但实际上，专家主要是在欧盟各成员国以及欧盟层面具有较广泛代表性的利益集团联盟中招募③。

欧盟委员会除了向利益集团寻求专业咨询外，还寻求它们政治上的支持，在必要时，欧盟委员会与来自经济界的重要人物或有声望的科技专家结成同盟，以专家的声望和具有说服力的逻辑，来影响部长理事会的意见，或是争取欧洲议会的同意。随着欧盟的民主赤字问题逐渐变成欧洲的关注焦点，欧盟委员会也注意强化它同公共利益代表集团的合作，包括定期吸纳公益性利益组织参加政治提案的准备工作，对欧盟层面的协会性组织给予财政支持和机构支持，如资助它们开展一些项目活动，或是直接补贴它们的管理运行费用等。欧盟委员会以这些方式证明自己具有民主合法性，总体上它对利益集团持积极态度，认为利益组织（欧盟委员会更愿意称之为"公民社会"）能够保证欧盟的政策贴近公民。当然，欧盟委员会也有意识地保持利益集团之间的力量相对平衡，所以它会对弱势利益群体机构（如为寻找工作而迁徙的移民、受社会排斥的群体、妇女等）的结构性亏损给予补

---

① 张海洋：《欧盟利益集团与欧盟决策：历史沿革、机制运作与案例比较》，社会科学文献出版社 2014 年版，第 75 页。

② Joos Klemens, *Lobbying in the New Europe*, *Successful Representation of Interests after the Treaty of Lisbon*, Weinheim：Wiley, 2011, p. 104.

③ Rinus van Schendelen, *More Machiavelli in Brussels*: *the Art of Lobbying the EU*, Amsterdam：Amsterdam University Press, 2010, p. 81.

贴，或者对相互竞争的群体给予资助（如资助欧洲工会的工作)①。

　　欧洲议会也是利益集团的重点游说对象，几乎所有的欧洲议会议员都是各类游说团体的关注目标。一位欧洲议员曾表示，大约一半的议员每周都会同利益集团进行各种形式的接触，三分之一的议员甚至每周都会亲自面见利益集团的代表②。议员们虽然是各自选区的利益代表，但他们与欧盟委员会工作人员一样，也需要外部高质量的信息支持，这样他们才能在各种议会辩论中提出更专业和更具针对性的观点，并在相关政策议题领域获得较大的发言权。而利益集团正是特定领域信息的集中"供给方"，擅长提供问题的解决方案（当然，是站在特定立场上的偏倚性方案），因而是欧洲议会议员的理想合作伙伴。反过来，因为欧洲议会在欧盟决策的"三方会谈机制"（Trialogues）里是重要的否决者，所以各利益集团也高度重视议员、议会内委员会以及议会党团们的意见和态度。

　　欧盟理事会（包括欧盟首脑峰会和部长理事会）是欧盟层面的利益集团较难"攻克"的机构。一方面，理事会是政府间性质的机构，也就是说，各成员国的政策立场主要是在国内确定，游说的"战场"是在各国首都，参与者主要是国内利益集团。国内的利益集团相互博弈的结果，决定着政府在理事会投赞成票还是否决票。另一方面，欧盟首脑会议和部长级会议均为闭门会议，此种形式阻断了游说者"侵入"决策进程的可能。但这并不意味着理事会工作不受利益集团的干预，决策事项的复杂性同样要求成员国政府具有专业知识和技能。通常首脑和部长们都会将很大一部分工作交给该国驻在布鲁塞尔的"常驻代表委员会"（COREPER），再由"常驻代表委员会"设立工作组来具体完成议案的沟通、协调、拟定和初审工作。有学者曾指出，"部长理事会70%—90%的决定在工作组层面就已明确化，并在其后

---

① ［德］贝娅特·科勒-科赫等：《欧洲一体化与欧盟治理》，顾俊礼等译，中国社会科学出版社2004年版，第262—263页。

② Joos Klemens, *Lobbying in the New Europe*, *Successful Representation of Interests after the Treaty of Lisbon*, Weinheim：Wiley，2011，p. 110.

的部长级会议中未经讨论就通过"①。鉴于工作组发挥着关键作用，再加上其成员级别不高，容易接触，工作组里的成员国政府工作人员就成了院外集团的重点交往对象。除了低层级的工作组外，尽管很多理事会会议是闭门会议，压力集团也会利用私人关系，在会议间隙，利用茶歇时间，在会场外找到参会者了解情况，提供最新建议，竭力使最终结果倒向自己一方。不少重大的决定实质上是在会场外的走廊上做出的。

利益团体或者说利益集团，既有组织动员相关公民参与影响决策之利，但同时也有为实现其局部利益而使整个公共利益受损之弊。当然，部分利益集团是公益性质的社团，但根据欧盟委员会的调查，在布鲁塞尔登记注册的社团中，只有20%代表普遍利益，80%都代表经济利益。② 特殊利益集团代表自身行业、企业或社团的利益，通过与议员、政府或行政部门的代表进行个人接触，让后者知道它们的利益所在，但没有组成利益集团的民众，则没有同等的机会反映他们的意见，这样其实危害到了民主公平的原则。

但是欧盟的机构和制度运作如此复杂，实际上只有从中获益的利益集团才有足够的动机来承担欧盟复杂政治的高昂的信息成本③。欧盟作为一个带有官僚性质的治理系统，从专业治理的角度，它的各个机构又都极度依赖游说团体的专业意见和广泛的反馈，因此它除了在机制和管理上留意保持利益集团之间的平衡（包括普遍利益集团和特殊利益集团之间的平衡，以及特殊利益集团内部的竞争性平衡）之外，主要采用提高决策透明度的方法来为自己的行为辩护。《马约》生效之后，理事会内的立法辩论开始尽量公开，理事会内有关新立法

① Ingvild Olsen, "The Council Working Groups: Advisors or de facto Decision Makers?", Paper presented at the Fifth Pan-European Conference on EU Politics, Porto, Portugal, June 23 – 26, 2010. 转引自张海洋《欧盟利益集团与欧盟决策：历史沿革、机制运作与案例比较》，社会科学文献出版社2014年版，第98页。

② ［德］贝娅特·科勒－科赫等：《欧洲一体化与欧盟治理》，顾俊礼等译，中国社会科学出版社2004年版，第257页。

③ Giandomenico Majone, *Rethinking the Union of Europe Post-Crisis: Has Integration Gone Too Far?*, Cambridge: Cambridge University Press, 2013, p. 135.

议案的辩论以及围绕轮值主席国半年工作计划而展开的讨论都实现了电视转播；《里斯本条约》生效后，每次欧盟理事会的全会，即最高首脑会议，都由两个不同的部分组成：对欧盟立法议案展开审议的过程以及与立法无关的活动，《里斯本条约》规定，立法议案的审议和投票过程必须是公开的，而其他活动则对外保密①。尽管如前所述，工作组实质上已经完成了绝大部分工作，领导人峰会和部长会议很多情况下只是履行程序予以确认，一定程度上变成了"橡皮图章"，但欧盟整体决策过程中公开透明的程度却是很多所谓的西方成熟民主国家所没有达到的。下面我们以 2013—2016 年欧盟与美国谈判的新一代贸易协定——"跨大西洋贸易与投资伙伴关系协定"（TTIP）为例，将美国和欧盟决策的组织化民主参与情况做一比较②。

2013 年 2 月 13 日，时任美国总统奥巴马与欧盟理事会主席范龙佩和欧盟委员会主席巴罗佐共同宣布美欧启动"跨大西洋贸易与投资伙伴关系协定"（TTIP）谈判③，该谈判旨在构建世界上最大的自由贸易区，提升美欧经济合作的制度化水平。谈判双方的负责机构分别为美国的商务部和欧盟委员会贸易总司。同第三方进行贸易谈判是欧盟委员会的专属权力，但与它的美国对手相比，欧盟委员会的自主性要小得多。欧盟委员会在谈判之中，不仅需要听取和协调各个成员国政府的意见，而且身负来自布鲁塞尔和欧洲各地的社会组织和企业联合会的压力，使其谈判空间大为缩小。

按照前世界贸易组织总干事帕斯卡尔·拉米（Pascal Lamy）的说

---

① ［法］奥利维耶·科斯塔、［法］娜塔莉·布拉克：《欧盟是怎么运作的》（第二版），潘革平译，社会科学文献出版社 2016 年版，第 128 页。

② 这一案例分析详见赵晨《走向"贸易新世界"的美欧关系："跨大西洋贸易与投资伙伴关系协定"的政治经济学分析》，《美国研究》2016 年第 5 期。本书这一部分使用了该论文的部分内容。

③ "Statement from United States President Barack Obama, European Council President Herman Van Rompuy and European Commission President Jose Manuel Barroso," Brussels/Washington, February 13, 2013, https：//www. whitehouse. gov/the-press-office/2013/02/13/statement-united-states-president-barack-obama-european-council-presiden; http：//europa. eu/rapid/press-release_MEMO-13－94_ en. htm.

法，TTIP 是"贸易新世界"的贸易协定，即不以削减关税，而是降低非关税壁垒、协调双边监管机制、统一管理规则为主要目标的协定①。在欧美两地，不同领域的监管规制中，有的欧洲严格，有的美国更紧，一旦谈判达成，会让哪一方降低监管标准呢？欧美双方各自的劳工权益、环境保护、消费者权利以及食品安全标准是会降低，还是提高？在谈判处于保密状态、外界没有知情权的状态下，社会权利和生态标准较高的欧洲人对此更为担心。比如德国、法国等欧洲国家一直担心美国开采页岩气所使用的"水力压裂法"（fracking）技术进入欧洲市场，污染水源，破坏地貌。美国农产品标准较低，禁止加入的化学成分远少于欧洲，欧洲各国环保组织与绿党通过社交网站多次发起抗议 TTIP 的示威游行，反对美国"氯水鸡肉""转基因玉米"以及"荷尔蒙牛肉"进入欧盟市场，警告 TTIP 协议生效将导致欧洲农产品的有机转型导向出现反转。注重绿色生态理念的欧洲消费者将转基因食品称为"恶魔"，认为取消转基因食品进口禁令将为欧洲食品安全带来重大问题。此外，美国一直向欧盟施压，要求欧洲放宽数据保护规定，但欧洲民众对此非常抵触，他们担心一旦 TTIP 达成协议，美国互联网公司就可以利用 ISDS 机制对欧盟数据保护法规提起诉讼，让谷歌等互联网巨头随意获取民众个人信息，侵犯自己的隐私权。斯诺登事件曝光美国国家安全局窃听德法等欧洲国家领导人电话，使得欧洲人，特别是德国人对信息安全问题更为敏感。2016 年 5 月奥巴马访问德国前夕，德国多个组织和社会团体在其访问地——汉诺威举行反对 TTIP 的大规模游行示威，示威人数达到 9 万人。5 月 2 日，国际环保组织——"绿色和平"，向荷兰和德国的多家媒体提供了多达 248 页的文件，披露了美欧关于《跨大西洋贸易与投资伙伴关系协定》（TTIP）的秘密谈判内容。文件显示美国谈判者在市场准入、公共采购、转基因食品、地理标识、文化产品、监管政策等诸多

---

① Pascal Lamy, "*The New World of Trade*", The Third Jan Tumlir Lecture by Pascal Lamy, European Centre for International Political Economy, http：//www. ecipe. org/app/uploads/2015/05/JAN-Tumlir-POLICE-Essays-% E2％80％94 - 20151. pdf.

谈判领域的强硬立场。绿色和平组织号召所有关心环境、动物福利、劳工权利和互联网隐私问题的民众关注 TTIP 谈判①。

TTIP 谈判发生的最大争议是有了贸易争端后应采用何种解决机制：美国主张采用投资者—东道国争端（ISDS）机制，即如果投资对象国的政策损害外国投资者的正当权益与利益，投资者（多为跨国公司）可向独立的国际仲裁机构提起申诉，要求投资对象国赔偿损失，而且国际仲裁法庭由行业人士组成②；法国等欧洲国家和诸多欧洲民众反对 ISDS，认为这种仲裁机制过于偏向跨国公司，如此，东道国人民就失去了本国政府和司法系统的保护，本国的劳工权利在外来资本面前将处于更加弱势的地位。在德国的协调下，2015 年年底，欧盟委员会提出 ISDS 改革方案，以国际投资法庭（ICS）取代国际仲裁法庭。国际投资法庭包括初审与上诉程序，法庭人员构成除了美国 ISDS 倡议里的企业律师以及行业专家外，还包括专职法官③，同时引入了公共监督程序。这是一个在吸引投资和维护司法主权之间取得一定平衡的妥协方案，欧盟希望以此减轻民众的担心。2016 年 3 月，欧盟将 ICS 塞入了它同加拿大的自贸区协议（CETA）中。

TTIP 谈判刺激了欧盟内左右翼利益集团之间的对立情绪：右翼集团包括工商界人士、公司与金融行业代表，他们支持贸易自由化，愿意谈成一个高标准的 TTIP，他们同欧盟各机构的关系更密切，也对欧盟决策有更为直接的影响；构成左翼的主要有工会、社会公益组织、左翼公民社会组织以及自然与环保组织，他们强烈反对投资者—东道国争端解决机制（ISDS）④，反对欧美资本家阶层联合起来降低社会和环保标准。左翼非政府组织采取了多种措施向欧盟委员会施压，他

① https：//ttip-leaks. org.
② 美国国会一些民主党议员也反对 ISDS，担心该法院修改美国国内法律。参见仇朝兵《"贸易促进权"之争及其对美国贸易政策的影响》，《美国研究》2016 年第 2 期。
③ European Commission，"Trade for All-Towards a more responsible trade and investment policy"，Brussels，2015，p. 15.
④ Claude Serfati，"The Transatlantic Bloc of States and the Political Economy of the Transatlantic Trade and Investment"，*Work Organisation*，*Labour and Globalisation*，Vol. 9，No. 1，Spring 2015，p. 24.

们一方面直接在布鲁塞尔游说，另一方面走群众路线，在线上与线下动员大量社会民众，收集签名请愿，甚至鼓动群众抗议，举行声势浩大的游行，以掀起舆论风潮。仅 2015 年年底，左翼社会组织就先后在布鲁塞尔、柏林和伦敦等地举行过三次规模超过万人的示威游行。在左翼团体的影响下，TTIP 一度成为全欧舆论关注的焦点。欧盟委员会对欧盟重要问题开设有在线公众咨询网页，关于欧盟—日本自由贸易协定的公开咨询只收到 89 条意见，但关于 TTIP 的公开咨询，很快收到超过 150000 条回应①。

国际贸易谈判是政府对政府的行为，在国际关系史上素来"黑箱操作"，以利于利益互换，达成妥协。但在压力团体，主要是左翼团体，以及媒体的催促下，欧盟委员会不得不一再增加 TTIP 谈判的透明度，它将每一轮的谈判要点都公开发布②，并且将一些谈判的内情交给欧洲议会和成员国议会传阅，这些措施是其谈判对手——美国商务部没有实施的③。左翼群体在布鲁塞尔以及德、法等欧盟国家的动员，导致欧盟决策层对 TTIP 谈判相当谨慎，欧洲议会内部也数次进行激烈辩论，欧盟委员会不得不在 TTIP 的焦点议题上照顾左派的意见，承诺维持欧洲在劳工权力和环保方面的高标准，对美采取比较强硬的立场。这是 TTIP 谈判在奥巴马任美国总统期间一直无法达成协议的重要原因。结果此项谈判拖到了特朗普当选美国总统，也就彻底陷入停滞状态。

总体来说，与美国相比，欧盟贸易治理体系更加民主，谈判具有更高的透明度，民众和欧洲议会要求代表欧盟谈判的欧盟委员会及时公开和通报谈判情况，而美国政府在谈判中则相对封闭，与商界利益

---

① Mario Telò, "Interactions between TTIP, TPP and the Japan-EU Free Trade Agreement", in Jean-Frédéric Morin, Tereza Novotná, Frederik Ponjaert and Mario Telò et., *The Politics of Transatlantic Trade Negotiations*: *TTIP in a Globalized World*, Surrey: Ashgate, 2015, p. 138.

② 如第 11 轮谈判要点，参见 European Commission, "*Report of the Eleventh Round of Negotiations for the Transatlantic Trade and Investment Partnership*," October 19 – 23, 2015, http: // trade. ec. europa. eu/doclib/docs/2015/november/tradoc_ 153935. pdf.

③ Daniel S. Hamilton and Jacques Pelkmans, ed., "*Rule-Makers or Rule-Takers*? *Exploring the Transatlantic Trade and Investment Partnership*", London: Rowman and Littlefield, 2015.

集团有较好沟通，大众获取信息的途径有限。谈判信息一旦泄露，谈判双方均受影响，所以欧洲的非政府组织实际上也推进了美国决策的公开化。比如在 TTIP 谈判前，2011 年 11 月的美欧峰会中，奥巴马与欧盟理事会主席范龙佩在"跨大西洋经济理事会"的框架下建立"美欧关于就业和增长的高级别工作组"（EU-US High Level Working Group on Jobs and Growth），期望美欧利用现有对话机制，通过与公共和私营部门的密切合作给双边带来重大经济利益，工作组成员起初一直保密，但在非政府组织"欧洲企业观察"（Corporate Europe Observatory）的催促下，成员名单全部向公众公布①。

协商和协商民主②

较于公民直接参与所隐含的无序，甚至是混乱，小集团参与所内含的偏倚性和引发矛盾的倾向，协商是参与性民主更高层次的民主形态。协商民主是 30 年来西方民主理论新兴起的民主规范和理念③。其英文原文为 deliberative democracy，目前国内学术界对这个概念的翻译存在争论，"协商民主"是 2001 年中央编译局陈家刚博士最早的翻译④，人民大学的谈火生博士和北京大学的金安平教授皆认为它没有反映出 deliberation 所包含的"慎思"（consideration）和"讨论"（discussion）两个方面的含义，认为"协商民主"不如译为"审议民主"或"慎议民主"⑤。的确，deliberation 指的是在适当讨论之后，个人依据其学识和良知在对相关证据和辩论进行充分思考的情况下决

---

① 张丽娟：《美欧跨大西洋经济关系新进展》，《欧洲研究》2013 年第 3 期，第 6 页。

② 本节的部分内容曾发表于《欧洲研究》2007 年第 5 期《协商还是博弈？对"欧洲制宪会议"的考察》一文。

③ 美国著名的民主理论家乔·埃尔斯特（Jon Elster）指出，协商民主不是创新，而是一种复兴，古希腊时期的雅典已有协商民主。Jon Elster, eds. , Deliberative Democracy, Cambridge: Cambridge University Press, 1998, pp. 1 – 2.

④ 陈家刚：《协商民主》，上海三联书店 2001 年版。

⑤ 谈火生：《审议民主》，江苏人民出版社 2007 年版；金安平、姚传明：《"协商民主"：在中国的误读、偶合以及创造性转换的可能》，《新视野》2007 年第 5 期。

定支持某一集体行动的过程①。它反对不假思索的决策，更反对为了个人或团体利益而进行讨价还价。从这两个角度看，deliberation 是同盲目决策和博弈相对的概念，所以译为"审议"或"慎议"比较合适。但 deliberation 又不是这么简单，它已被民主理论家赋予了多重含义，具有多种定义。于尔根·奈耶（Jürgen Neyer）就归纳了规范、理性和功能三个视角的意义，分别是：在一个理想对话情景下寻求真相的过程；一种汇集偏好、达成共识的工具；以及产生有效和合法治理的方式方法。② 于尔根·哈贝马斯从其交往行为理论出发，给出的规范意义上的 deliberation 的定义是指"一种对待社会合作的态度，即公开地以理性说服别人，对待对方的态度和要求同对待自己是一样的"。③ 埃里克·埃里克森（Erik O. Eriksen）和于尔根·奈耶从理性角度给出的定义是，"行为体为了协调他们各自的方案，并使他们的立场和观点显得合理，而在达成协议的过程中向对方学习，有时候甚至为了形成共同决策不惜改变自己的偏好"。④ 从这两种定义来看，deliberation 译为"审议"和"慎议"也不是太合适，它们也没有完全反映出"无私"的规范品质和"只要合理，就接受对方观点，改变自己意见"的理性。另外，在功能视角下，deliberation 很大程度上是相对多数表决制提出的，强调决策应由谈判磋商达成，尽可能多地考虑所有人的利益，而不是优先实现多数人的利益，这里协商的含义

---

① Robert E. Goodin, "When Does Deliberation Begin? Internal Reflection versus Public Discussion in Deliberative Democracy", *Political Studies*, Vol. 51, 2003, p. 269. 转引自金安平、姚传明《"协商民主"：在中国的误读、偶合以及创造性转换的可能》，《新视野》2007 年第 5 期。

② Jürgen Neyer, "The Deliberative Turn in Integration Theory", in Christian Joerges and Jürgen Neyer, "'Deliberative Supranationalism' Revisited", EUI Working Paper Law, No. 20, 2006, p. 11.

③ Jürgen Habermas, "Drei normative modelle der Demokratie", in Die Einbeziehung des Andere, *Studien zur politischen Theorie* (edited by Jürgen Habermas), Frankfurt: Suhrkamp, 1997, pp. 277 – 292.

④ Erik O. Eriksen and Jürgen Neyer, "Introduction: Deliberative Supranationalism in the EU", in Erik O. Eriksen, Christian Joerges, and Jürgen Neyer, *European Governance*, *Deliberation and the Quest for Democritisation*, ARENA Reports No. 2, 2003, Oslo, p. 2.

就体现得比较明显，因此，笔者仍依照目前中文学术界已形成的译法，将 deliberative democracy 译为协商民主。

针对不同学者对协商民主有不同定义，乔·埃尔斯特（Jon Elster）总结了他们之间的共性，"所有学者都同意，所有受决策影响的公民或他们的代表要参与集体决策，这是民主方面。同时，所有人都同意决策要通过秉持理性和无私品质的参与者的理性讨论做出，这是协商方面"①。当代西方民主理论出现了"协商的转向"②，主张协商民主的学者主要是出于对现有西方民主国家的间接民主实行状况不满，首先是对公民没有直接参加集体决策不满，在现代复杂社会，人民根本不能真正选择什么；其次是选举很难体现出民主合法性，选举程序是一种偏好的加总，但是偏好的汇集加总有很多问题，多数制原则不能保证真正的完全政治平等。而协商民主理论则展现出一个有吸引力的、不同于代议制的、以经济计算或者偏好加总为特征的民主模型，告诉大家民主的决策应该是公平和理性的③。民主的进程应当包括偏好加总和协商两个方面④。如果说代议制民主中的多数原则注重效率的话，协商原则则强调尽可能使所有社会群体都参与到意愿形成当中，并且尽量保证意愿形成的过程反馈到被治理的民众那里，所以协商更注重保证决策的有效性⑤。如果协商成功的话，就会以共识的形式体现出来。

---

① Jon Elster, eds., *Deliberative Democracy*, Cambridge: Cambridge University Press, 1998, p. 8.

② 有欧洲学者认为一体化理论也出现了"协商的转向"，见 Jürgen Neyer, "The Deliberative Turn in Integration Theory", *Journal of European Public Policy*, Vol. 13, No. 5, 2006, pp. 779 – 791。

③ Erik O. Eriksen, "A Comment on Schmalz-Bruns: On the Epistemic Conception of Deliberative Democracy", in Beate Kohler-Koch and Berthold Rittberger ed., *Debating the Democratic Legitimcacy of the European Union*, p. 479, to be published.

④ Micheal Zürn, "Democratic Governance beyond the Nation-State", in Micheal Th. Greven and Louis W. Pauly, eds., *Democracy beyond the State? The European Dilemma and the Emerging Global Order*, Lanham: Rowman & Littlefield Publisher, 2000, p. 102.

⑤ ［德］贝娅特·科勒－科赫等：《欧洲一体化与欧盟治理》，顾俊礼等译，中国社会科学出版社 2004 年版，第 180 页。

　　协商民主没有任何特别的组织原则，所以也不像代议制，能提供现成的民主制度设计方案，它只是认为各种民主机制如果要满足协商民主的标准，必须使每个人都能行使自己的判断权，同时还要提高政治决策的知识含量和水准。目前，不少学者都认为协商民主是欧盟这个处在"后现代"时期的全新政体应采用的民主模式，比如施马兹·布恩斯（Schmalz Bruns）就指出，协商民主为欧盟克服民主困境提供了一条有吸引力的途径，欧盟如要变成一种"标准民主"，它就得变成现代国家或联邦，但这样它会面临双重危险，一方面是欧洲公民会增加对它的反感；另一方面，它又得放弃自己的多中心和后主权的特征，如果它要变成一种抛弃主权和等级制的全新的民主形式，那它就不得不放弃它的政体可以塑造一种主权公民的民主的标准要求。不过协商民主就不需要以植根于一个文化共同体上的公民为前提条件，所以它特别适合像欧盟这样承受力比较弱的共同体。它不只不再要求必须以存在"前政治"的共同归属感为前提，同时它还能通过不断反射式地融合道德（以及）法律共同体来塑造这种共同体感[1]。

　　协商民主理论提出后，很快在西方国家政治实践中得到应用，从为某地区修一条水渠而协商，到某个国家举行的协商型国家论坛，都有协商民主的影子[2]。欧盟也已有一些机构和事例体现了协商民主，目前被提到最多的是反映欧盟委员会、欧盟理事会和欧洲议会三方协调立法意见的授权立法委员会（comitology）[3] 和欧洲制宪进程中的协商。授权立法委员会是一个分工明确的委员会体系，在这个体系中，

---

　　[1]　Rainer Schmalz Bruns, "The Euro-Polity in Perspective: Some Normative Lessons from Deliberative Democracy", in Beate Kohler-Koch and Berthold Rittberger ed. , *Debating the Democratic Legitimcacy of the European Union*, Lanham: Rowman and Littlefield Publisher, 2007, pp. 439 – 476.

　　[2]　Diana C. Mutz, *Hearing the Other Side*: *Deliberative Versus Participatory Democracy*, Cambridge: Cambridge University Press, 2006. John O. Bremnan, "Ireland's National Forum on Europe: Elite Deliberation Meets Popular Participation", *Journal of European Integration*, Vol. 26, No. 2, 2004, pp. 171 – 189.

　　[3]　Mark A. Pollack, "Control mechanism or deliberative democracy? Two images of comitology", *Comparative Political Studies*, Vol. 36, No. 1 – 2, 2003, pp. 125 – 155.

各专业的官僚和这方面的专家在一起工作，有时还邀请议会代表参加，专家具有专业知识，议员能代表合法性，官僚具有执行能力，他们之间协商合作，相互咨询，考虑各方面的意见，做出的决策较为民主①。不过，更具代表性的是 2002—2003 年召开的欧洲制宪会议中体现出的协商。

欧洲"制宪会议"于 2002 年 2 月召开，到 2003 年 7 月结束，最终向欧盟理事会提交《宪法条约草案》。召开制宪会议是欧洲各国政府和欧盟委员会等欧洲机构一步步应对外界反应的结果。随着欧洲一体化不断深入，社会各界对"民主赤字"问题越来越敏感，欧盟决策合法性遭到越来越多的质疑。以政府间会议缔结国际条约的"政府间模式"已经遇到了危机，学界、政界和媒体都有呼声：像欧盟这样一个能约束各国国家主权，其决策又可以直接影响生活在其领域内公民的政治体系，不能仅凭达成条约、修改条约就自然而然拥有合法性。② 政府间会议程序使得它的参与者和它影响的广大民众间产生了很大的鸿沟，这一鸿沟几次在条约的批准进程中爆发。《马斯特里赫特条约》的批准是第一次，法国公决差一点没通过，丹麦的初次公决则否决了《马约》。《阿姆斯特丹条约》也出现了类似的现象，成员国政府主张批准，而大众舆论反对。面对民主压力，最终在谈判《尼斯条约》的政府间会议上，各国政府领导人开始认真考虑公众的政治反应，决定在下一次政府间会议召开之前，先召开"欧洲制宪会议"，参与者不限于政府代表，而且无人拥有否决权。各成员国政府希望这种新形式能在一定程度上消解对欧盟"民主赤字"的批评。

除了合法性，在功能方面，政府间会议模式也遇到瓶颈，阿姆斯特丹会议和尼斯会议暴露出政府间会议解决问题的能力缺陷。成员国

---

① ［德］贝娅特·科勒－科赫等：《欧洲一体化与欧盟治理》，顾俊礼等译，中国社会科学出版社 2004 年版，第 244 页。

② Joseph Weiler, "After Maastricht: Community Legitimacy in Post-1992 Europe?", in Williams James Adams ed. , *Singular Europe: Economy and Polity of the European Community after 1992*, Ann Arbor: University of Michigan Press, 1993, pp. 11 – 41.

之间分歧深化，欧洲机构的影响力弱化，特别是欧盟委员会的居中调解作用越来越小。更严重的是，各国政府在一些问题上各执己见，立场僵化（比如尼斯会议上各国对理事会投票权分配问题争议很大），很难产生各方都满意的局面。在谈判效率降低的情况下，能否依靠某种宪政原则（比如比例代表制）的自动实施来解决问题，成为一个热门辩论话题。① 再加上欧盟东扩在即，欧盟成员国数量即将从15个剧增到25个，这意味着欧盟必须进行大的调整，它需要一个新的根本性框架设计，才能适应新的形势。所以说不仅是原则上，从实际需要角度出发，欧盟也需要变化，这种变化首先体现在程序上。

此时恰有一个现成的、通过公开协商解决根本性宪政问题的实例：1999年6月科隆（Cologne）欧盟首脑峰会上宣布"有必要在联盟发展的当前阶段，撰写一部《基本权利宪章》"②，10月欧盟理事会就成立了"宪章制定大会"（Charter Convention），成员不限于政府代表，还包括不少专家学者。"大会"最后制定出的《欧盟基本权利宪章草案》（*EU Charter of Fundamental Rights*），在2000年12月的尼斯会议上得到欧洲各国首脑的认可。这次大会"是第一次如此公开进行讨论的协商大会，一体化所涉及的价值和观念等问题都得到了讨论，特别是关于宪章前言的辩论，虽然各方有不同观点，但最终达成了一个妥协文本"。③ 这个"小宪章"的成功也产生了一定的示范作用，坚定了欧洲各国首脑召开"制宪会议"的信心。

当然，我们要清醒地认识到，在漂亮的宪政言辞后面，也隐藏着各类国家和欧洲机构的利益诉求。欧洲议会和欧盟委员会认为召开"制宪会议"，欧洲一体化朝宪政方向发展，能增加自己的权力；

---

① Carlos Closa, "The Convention Method and the Transformation of EU Constitutional Politics", in Erik O. Eriksen, John E. Fossum and Augustin J. Menendez, eds. , *Developing a Constitution for Europe*, p. 184.

② Cologne Mandate, *supra*, fn. 6.

③ Justus Schönlau, "New Values for Europe? Deliberation, Compromise, and Coercion in Drafting the Preamble to the EU Charter of Fundamental Rights", in Eric O. Eriksen, J. E. Fossum and A. J. Menendez, eds. , *The Chartering of Europe: The Europe Charter of Fundamental Rights and its Constitutional Implications*, Baden-Baden: Nomos, Verlagsgesellschaft, 2003, p. 112.

对比利时、荷兰、卢森堡等小国来说，"制宪会议"中各国代表人数平等，采取协商方式，论坛规模变大，这些都可以冲淡大国意志、提高自己的地位；德国国内要求欧洲宪政化的声音一向很高，召开"制宪会议"与德国民意相符；而其他大国，特别是英国、法国和西班牙，其实并不愿意接受这项新进程，但在宪政化背景之下，公然反对这种社会规范需要承受很大的压力，而且"制宪会议"之后，还要召开政府间会议，加上这重保险之后，这几个大国也同意尝试一下新的一体化形式，而且它们也自认为可以控制整个局势。[①]

协商的民主优越性，主要是针对博弈这一带有零和性质的交往形式而展现出来的。在功能方面，协商比博弈对最后达成协议更为有效，原因是在协商过程中，参与者之间能产生一种"回响削减"（dissonance reduction），即通过友好讨论、良好沟通，可以促进相互理解；另一方面，它还能为那些改变自己原初偏好和想法的成员赋予合法性，所以它的结果应当好过博弈所能达成的"最小公分母"（the smallest common denominator）[②]，即各方固定偏好的合集。规范方面，通过平等协商，在无利益和强力介入背景下达成的共识，要比博弈的结果更具有民主合法性，能显示出谈判者的团结和友好，相比博弈而言，也更容易为外界人士所接受。乔·埃尔斯特在比较历史上几次制宪会议后指出，"（制宪会议的）民主程度体现在两个方面：选举代表的方法和代表间内部决策的程序"。[③]

欧盟"制宪会议"设有主席团，根据主席团设定的议程，整个大会分成"倾听""工作组讨论"和"起草"三个阶段。目前欧洲学术

---

①　Paul Magnette and Kalypso Nicolaïdis，"The European Convention：Bargaining in the Shadow of Rhetoric"，*West European Politics*，Vol. 27，No. 3，2004，pp. 381 – 404.

②　Paul Magnette，"Will the EU be more Legitimate after the Convention?"，in Jo Shaw，Paul Magnette，Lars Hoffmann and Anna Verges Bausili，*The Convention on the Future of Europe：Working Towards an EU Constitution*，London：The Federal Trust，2003，p. 32.

③　Joe Elster，ed.，*Deliberative Democracy*，Cambridge：Cambridge University Press，1998，p. 99.

界普遍认可，在前两个阶段，协商压倒博弈，是主要特征。[1] 在前两个阶段，整个制宪会议洋溢着"协商精神"，同欧盟通常的政府间会议讨价还价交易博弈的情况不同，"制宪会议"委员们遵守了协商原则。[2] 以下我们拟分组织构成、气氛和制度设置三个方面加以介绍。

（1）组织构成：人员组成和主席的作用

政府间会议中常见的国与国之间在特定问题上结成联盟，与利益对立立场的国家联盟对抗博弈的场景，在制宪会议头两个阶段均没有出现。这与参加大会委员的人员组成有很大关系：一是委员人数众多，计有 15 名成员国的政府代表（每个国家 1 人），13 名候选国政府代表（2004 年加入欧盟的 10 个国家加上罗马尼亚、保加利亚和土耳其，每个国家 1 人），30 名成员国议会代表（每个成员国 2 人），26 名候选国议会代表（每个国家 2 人），16 位欧洲议会成员，2 位欧盟委员会成员，再加上德斯坦和两位副主席，共 105 人。整个制宪会议的人员构成极为复杂，来自性质不同的单位，使得结盟博弈很难发生；二是参与的委员具有多重身份，比如某位来自德国议会的委员，他（或她）参加"制宪会议"的身份是成员国议会代表，但同时他（或她）又是德国执政党——社民党的支持者，同时还有可能是欧洲议会社会党党团的成员，这样的多重属性，使得委员的偏好不会过于固定，更容易遵从协商逻辑。

"制宪会议"能成功制定出一部《宪法条约草案》，大会主席团，

① Justus Schönlau , "Convention Wisdom? Comparing the Working Methods of the European Convention's Mark Ⅰ and Ⅱ"; Daniel Göler's Comment "Between Deliberation and Bargaining: The Influence of the Institutional setting of the convention on the mode of interaction", Papers Presented at the CIDEL Conference "Deliberative Constitutional Politics in the EU", Albarracin, Zaragoza, June 19 – 22, 2003; Daniel Göler, *Deliberation-Ein Zukunftsmodell europäischer Entscheidungsfindung? Analyse der Beratungen des Verfassungskonvents 2002 – 2003*, Baden-Baden: Nomos, 2006; Thomas Risse and Mareike Kleine, "Assessing the Legitimacy of the EU's Treaty Revision Methods", *Journal of Common Market Studies*, Vol. 45, No. 1, 2007, p. 76.

② Paul Magnette, "Deliberating or Bargaining? Coping with Constitutional Conflicts in the Convention on the Future of Europe", *West European Politics*, Vol. 27, No. 3, 2004, p. 208.

特别是大会主席德斯坦发挥了很关键的作用。① 大会主席团由德斯坦任主席，包括两名副主席和 12 名成员，他们在设置议程、调节气氛等方面做得很成功。具体体现于以下几个方面：1. 德斯坦很好地控制和把握了秘书处和大会主席团的尺度，经常在发布议题时征求欧盟理事会的意见，主席团的议题设计都得到欧洲理事会的认可，不管是 2002 年 11 月的条约草案"骨架"方案（skeleton），还是 2003 年 2 月的"16 条"，都没有激起成员国太多的争议，包括对欧盟进一步一体化持保守态度的英国。2. 德斯坦尊重各成员国的意见，尤其是大国，希望制宪会议的草案能够顺利得到其后召开的政府间会议（IGC）批准。英国政府已经告诉它的代表彼得·汉（Peter Hain），英国政府准备做什么样的让步，在"制宪会议"中，英国是反对变化的中心国家，德斯坦对彼得·汉的发言非常重视，往往给以特别关照，很多时候他的要求都能得到满足，无形中似乎彼得·汉拥有特权，好像他是"大会的影子主席"似的②。3. 主席团在制定日程表时就指出，制度问题放到最后讨论。制度改革涉及各方利益，德洛尔知道制度问题肯定会在委员中造成分裂，因此尽量对此问题保持沉默。

（2）气氛："大会精神"

制宪会议一成立，就强调它自己的特殊性和独立性。主席德斯坦在开篇演讲中就指出："我们不是一个政府间会议，我们没有被授权以各国政府的名义来谈判；我们也不是一个议会，因为我们不是一个公民为立法事务选出来的机构，我们就是一个'大会'。"③ 他极其强调塑造制宪会议的"大会精神"（Convention Spirit），请求代表们把他们的工作放在"不预先设定观点"的情境中，"在面对我们任务时不带任何既有的观念，持续地、全面地倾听各方面的意见，形成我们新

① George Tsebelis and Sven-Oliver Proksch："The Art of Political Manipulation in the European Convention"，*Journal of Common Market Studies*，Vol. 45，No. 1，2007，pp. 157 – 186.

② Carlos Closa，"The Convention Method and the Transformation of EU Constitutional Politics"，in Erik O. Eriksen，John E. Fossum and Augustin J. Menendez，eds.，*Developing a Constitution for Europe*，p. 200.

③ CONV 4/02.

的欧洲观念"。进一步，他说"所有四类成员都不要仅把自己当作指定机构的发言人"，虽然我们还要"忠实于接到的指令"，但应该"做出自己个人的贡献"。这就是"制宪会议精神"。对照协商的理想定义，他总结道："如果你们真在试图达成共识，认真考虑其他委员的提议，聆听他们的评论，那最终大会能一步一步得到最后的共识。"这就是"制宪会议"同通常的政府间会议的重大区别。政府间会议是"一个成员国间进行外交谈判的场所，那里每一方都竭力想使自己的收益最大化，而不考虑整幅图景如何"。① 委员保持个体独立和相互倾听，是德斯坦强调的两项原则②。

尽管德斯坦所说的"大会精神"或者是"大会风气"（Convention Ethos）有布道词（exhortations）式的说教意味，但它确实发挥了很大的效用。首先，它树立了具有合法性的"社会规范"，使委员们明白了威胁、利益诱惑等手段违反广泛公认的规范原则，这样其行为就受到一定的制约；其次，这些原则也部分内化到了制宪会议的组织构架中。制宪会议专门设立了"倾听阶段"（2002 年夏季），邀请欧盟委员会、欧洲法院等欧洲机构的专家为委员们做专题讲座、解答问题，并给出时间让他们相互交流观点、意见，做到信息畅通，保证委员间能实现良好沟通。

（3）制度设置：不设否决权，不投票表决和适度公开

在制度上，制宪会议与过去的政府间会议很重要的一点区别就是否决权的消失。传统的政府间会议，成员国政府代表有否决权，当自己的利益受威胁，或谈判要求得不到满足时，它有否决整项议题的权力；但在制宪会议中，没有任何参与者被授予程序之外阻碍、拖延或否决最后决定的权力，这种制度设置使委员们明白，要争取取得最大的共识，投身到"共识建设"（consensus-building）里，努力达成一致意见。

---

① CONV 4/02.

② Paul Magnette, "When does Deliberation Matter? Constitutional Rhetoric in the Convention on the Future of Europe", in Carlos Closa and John Erik Fossum, eds., *Deliberative Constitutional Politics in the EU*, Oslo: ARENA, 2004, Chapter 9.

此外，"制宪会议"刚开始，主席团就决定采用共识制决策，废弃投票制。"主席团所有成员同意，考虑到大会组成的不均质（non-homogenous），投票制并不适用。大会应当力图达成共识，至少也要绝大多数同意才能通过。"① 在"制宪会议"第一次全会上，在绝大多数委员的默许下，德斯坦宣布不用投票表决作为决策方式。为什么不投票？德斯坦在其后的新闻发布会上做了解释：一是每个成员国都拥有数量相同的代表人数，这样多数投票制可能代表的是少数人口的意志。另外，如果我们能尽量达成宽泛的共识，将使我们的建议在公众眼中显得更可信、更可靠。到"制宪会议"即将结束的时候，德斯坦还在强调共识制的重要作用。他说："大会不采用投票制的原因很简单，它的构成不允许投票。105 位委员中，欧盟委员会的代表只有 2 位；各国议会代表是欧洲议会的三倍，这种情况下，我们没法支持一方，反对另一方。所以我们不能投票，只能尽力找出我们的共识。"②

另一次新闻发布会上，德斯坦还说过"共识并不代表意见完全一致"。《欧洲基本人权宪章》制定大会已有一小部分委员不同意，但在绝大部分委员支持下，仍采取共同立场的先例，所以协商共识制也使得很多委员明白，如果他们不能建立广泛的联盟，他们的反对方不会太把他们放在心上，这就促使各方努力寻求妥协，达成绝大部分人都同意的方案。③

公开也是制宪会议的一大特色。大会所有的议程安排、主席团和委员们的发言、欧洲法院等机构的专家讲座、工作组的设置、起草的各稿宪法草案都在网站上公开发布。④ 制宪会议还安排了青年论坛、

---

① 2002 年 2 月 22 日主席团会议结果，参见制宪会议官方网站网页 http：//www. europarl. eu. int/Europe2004/index_ en. htm。

② 2003 年 5 月 16 日德斯坦在全体大会上的发言，转引自 George Tsebelis and Sven-Oliver Proksch："The Art of Political Manipulation in the European Convention"，*Journal of Common Market Studies*，Vol. 45，No. 1，2007，p. 178。

③ Paul Magnette，"Deliberating or Bargaining? Coping with Constitutional Conflicts in the Convention on the Future of Europe"，p. 214.

④ 网站地址为 http：//european-convention. eu. int。

在线意见征询等扩大民主参与的举措。因为自己的发言会被公开，委员们就不得不小心按照社会规范的要求发言，这有利于协商的进行。但另一方面，"制宪会议"在一些核心程序上又不那么透明。特别是议题设置权为主席团所垄断，很多重大问题的提出都是先在幕后讨论决定，然后才提交委员们讨论。虽然这使得制宪会议面临一些民主指控，比如绿党这样在主席团中没有代表的政党，就指责上述制宪会议程序不民主，不过从解决问题的实用角度看，主席团关门会商还是提高了协商效率，节约了时间。而且在主席团提出议题后，委员们一样能够各抒己见，大家不同意还是可以推翻初始方案。

　　如此这般，由于"制宪会议"的特殊人员构成和制度安排，很少出现威胁和赤裸裸的交易。在整体友好的气氛中，当某位委员意识到自己的立场无法得到大多数人的支持，同时他又无法放弃其立场，唯一能使其他人向自己立场靠拢的办法就是警告。举 2002 年 7 月 12 日英国参与欧盟外交政策的讨论为例。英国政府代表彼得·汉（Peter Hain）反对共同体的权力向外交政策领域渗透。如果在传统的政府间谈判框架中，他可以直接否决这类提案，但在这里，他则必须充分运用警告和一些经验论述。他一再说："共同体化不会简单地发生"，"如果一项政策想要真正实施，它一定要得到政府的同意"，"如果你对政府首脑没信心，那最后得不出一个统一意见，这是一个残忍的现实"。

　　而且在没有利益交换和威胁的情况下，一些反对国家的代表改变了自己的原有立场。最典型的案例就是英国对《欧洲基本权利宪章》的态度。2000 年，英国对《权利宪章》的态度就很犹豫，此次制宪会议涉及确立《权利宪章》的地位问题，英国代表再次坚持如果在法律上实施，应该包括一些限制宪章范围和效用"水平"的条款，它拒绝无条件把宪章作为法律工具使用。但在第二阶段的工作组讨论中，英国代表就没有继续坚持己见，不再反对宪章法律化，[①] 此事被广泛认为是协商的重要成就。

---

① 参见该工作组的最终报告，CONV 354/02, 2002 年 10 月 22 日。

　　但制宪会议中的协商也存在局限性：虽然协商在前两个阶段是制宪会议的主要特征，但到了第三阶段，起草阶段（drafting），当委员会开始讨论关键的机制改革问题，而不再是闲适的"倾听"和技术性探讨的"工作组分析"之后，他们的态度就起了变化，成员国政府的介入力度也大大增强了，大会的人员组成也发生了很大变化。当面对国家核心利益的时候，对委员们来说，无私的面纱并不是不可以撕下，威胁等含有强制力的手段在必要时候也是可以使用的，这样协商又变成了博弈，制宪会议在某种程度上又回到了政府间会议的轨道。

　　2002 年年底，法国、德国等成员国替换了政府代表，约施卡·菲舍尔（Joschka Fischer）和德维尔潘（Dominique de Villepin）这样的外长级人物代替了原来的代表，他们的到来改变了原来的协商性质。他们并没有参加之前的"倾听"阶段，没有"沾染"上"大会精神"，对共同价值和社会规范的遵守比之前的委员要差很多；他们认为自己是政府的代表，地位更为关键，所以也并不认可委员地位平等原则。正如一位主席团中的委员所说："他们中很多人（比如这些后来加入的外长们）根本不知道大会是怎么工作的。他们没有参加实际的对话，而且自认为用 5 分钟就能完成对大会的陈述。所以他们经常以成员国政府代表的身份向大会要权威，而不是尽力用论述让大会委员们信服。"① 到 2003 年 4 月，总共有五位外交部长和两位副总理成为大会委员，这使得制宪会议在人员构成上已有点像一次政府间会议了。

　　更重要的是，这一时期随着机制问题的决策即将出台，在制宪会议之外，出现了一些典型的传统博弈现象：1. 高级政界人士的双边会晤。如 2003 年 3 月为了打消英国对宪法条约草案的担心，德斯坦和布莱尔举行了特别双边会议。2. 成员国之间在大会之外多边接触，

---

　　① 据 Daniel Göler 对该委员的访谈，Daniel Göler's Comment，"Between Deliberation and Bargaining：The Influence of the Institutional Setting of the Convention on the Mode of Interaction"，p. 7。

并且结盟向大会提交提案，比如"法德动议"（CONV489/93）、"西英动议"（CONV591/03）、"比荷卢备忘录"（CONV457/03）。在雅典峰会上，比利时、荷兰和卢森堡三国政府举行了一次包括成员国和候选国共 18 国在内的早餐会，向"制宪会议"递交了一封信，表明它们对欧盟机制改革的意见①。3. 出现了威胁性的话语。2003 年 5 月15—16 日的大会全体会议上，16 个小国政府代表致信德斯坦，威胁说如果不修改草案中关于欧洲理事会主席的内容，他们就不在最后《宪法条约草案》上签字。这些代表随后又于 28 日在维也纳相聚，再次批评了条约草案。4. 大会最终讨论决定的《宪法条约草案》中的一些条款，是交易的结果。比如在德国要求下，成员国对移民政策的一票否决权得以保留，应法国的要求，也保留了外贸领域中的"文化例外权"。欧盟委员会主席和欧盟理事会主席的选举办法则很像是战略博弈的产物。②

　　在第三阶段，也是决策最关键的时刻，博弈重回主流，这让前两个阶段的协商有沦为"廉价讨论"（cheap talk）的嫌疑。另外，"制宪会议"后面紧跟着还要召开政府间会议，各国政府依然拥有谈判的最后决定权，这进一步凸显了"制宪会议"中协商的局限性。不过，从整体上看，"制宪会议"友好协商的气氛比过去政府间会议要浓厚得多，与传统博弈的剑拔弩张和冷眼相对比起来，参与者的态度有很大不同：一方面，委员们受到规范的影响，听取其他成员的发言，相互交谈，这不同于过去的政府间会议；另一方面，委员们也不得不更多使用规范判断的说法，来为他们的战略目的辩护。就协商的情况而言，尽管它并未贯穿整个制宪会议始终，但规模如此之大，规格如此之高，参与人员如此复杂（"欧洲基本人权宪章大会"的参与者主要是学者专家）、时间如此之长（一年零两个月）的国际大会上，协商特征体现得这么明显，在历史上还未曾出现过。"制宪会议"中的协

---

① Contribution by the Benelux Countries, CONV 732/03.

② Carlos Closa, "The Convention Method and the Transformation of EU Constitutional Politics", in Erik O. Eriksen, John E. Fossum and Augustin J. Menendez, eds. , *Developing a Constitution for Europe*, p. 201.

商与 1787 年美国费城制宪会议中的协商不同，它的范围超过了一国；同时，它与国际组织平台上政府间会议协商也不同，它有很强的宪政意义。虽然全球化时代国际组织也有很多说辞式的规范制约（如人权领域的国际组织①），但是表现如此明显，参与人员如此复杂，且有一定制度设置的协商却为欧盟政治模式所独有。"欧洲制宪会议"的实践也证明，协商这种曾被认为是未来才能实现的商谈方式，在一定条件下，是可以在国际政治环境中出现的。

小　结

本章论述了参与式民主的三种形式，即公民直接参与、结社参与和协商。从中我们可以看出，公民除了投票选举之外，还拥有一些制度渠道参与欧盟的决策，比如收集 100 万签名来提起公民动议、就欧盟事务举行全民公决、组成公益性或特殊利益集团进行游说，等等②。这些参与民主措施使得公民在选举间隔期，也可合法参与欧盟政治和决策进程，有力地补充了欧盟代议制民主的不足，提高了公民政治参与的机会平等水平。同时，欧盟决策中的协商民主程度较高，无论是政府间性质的谈判，还是类似联邦国家内部部门协商的领域，都频频出现包括非政府（欧盟或成员国政府）官员人士参加、气氛融洽、具有共同体共同利益导向的民主协商情形。此外，为保证公民和社团组织的知情权，接受它们监督，方便它们的民主参与，欧盟政治近年来已经相当透明，欧盟机构披露信息的力度相当大，其决策"黑箱操作"的封闭度远低于各个民族国家。

从输入民主的视角来看，欧盟虽然创立的时间不算长，但其代议和参与性民主制度已经初成规模，而且自《马约》以来民主化的步伐不断加快，参与民主措施出台和实施的频率越来越高，公民的欧盟

---

① Thomas Risse, "International Norms and Domestic Change: Arguing and Communicative Behavior in the Human Rights Area", *Politics and Society*, Vol. 27, No. 4, 1999, pp. 529 – 559.

② 欧洲公民对欧盟问题举行游行示威，这种制度外行为也属于广义的参与民主。

共同体意识和主人翁精神有所提升。但是，参与式民主在欧盟的实践也存在不少理论上和操作上的问题，比如全民公决仍然停留在国家层次，目前尚无全欧盟公民统一参加的公投。

此外，除全民公决外的其他参与民主形式都难以避免"积极"公民和"消极"公民分化的难题。理论上，民主参与是决策面向所有公民开放，但是公民中毕竟既有对政治感兴趣，且具有参政议政能力的一部分人，也有政治冷漠者群体，后者对欧盟不了解，也没有意愿投入时间、精力和财力去学习有关欧盟决策的流程。无论是公民动议，还是利益集团，参加的人数都是有限的，占总人口的比例也极低；欧洲制宪会议、授权立法委员会等欧盟组织和谈判中的协商层次很高，但也仅局限于立法代表、政府官员、专家学者等少部分参加者，人数不会超过千人。而普通公民，如美国政治学者卡罗尔·佩特曼（Carole Pateman）所说，对于国家层次的所有决定，是否永远会像人对于自己家附近的有关事宜的决定那样感兴趣，是值得怀疑的①。因为欧盟的层次还要高于国家，所以它同民众的距离在形式上就更远。"二战"结束后的和平时期，欧洲对欧盟持政治冷淡态度的公民不是少数，而是多数，这些"沉默的大多数"，这些无暇发声或者不愿异议的人的利益，由谁来保护就成了问题。特殊利益集团在欧盟决策中的压倒性优势反而增加了欧盟民众的政治冷漠程度，他们以退出和远离政治表示着自己对体制的不满，这也是他们对欧盟"政治的发展"——"把对利益表达的优先职能赋予了合法化的权威"——的一种回应。②

再有，欧洲一体化的历史表明，参与式民主和代议制民主这样的输入型民主都无法扭转欧盟经济不平等的趋势，经济平等问题显然需要社会民主等输出导向的民主政策才能缓解。下一章我们就来考察欧盟的社会民主建设成就。

---

① ［美］卡罗尔·佩特曼：《参与和民主理论》，陈尧译，上海世纪出版集团 2012 年版，第 110 页。

② John Peter Nettl, *Political Mobilization: a Sociological Analysis of Methods and Concepts*, London: Faber, 1967, p. 163.

第五章　社会民主

从公社委员起，自上至下一切公职人员，都只应领取相当于
工人工资的报酬。从前国家的高官显宦所享有的一切特权以及办
公津贴，都随着这些人物本身的消失而消失了。

——卡尔·马克思

除非民主是公平而有效的，否则它就不可能得到遵从。

——亚当·普沃斯基

我们不要忘记，没有比身无分文更强烈地限制公民自由
的了。

——约翰·加尔布雷斯

平等是民主的核心价值，民主不仅意味着政治上的身份平等、参
政机会的平等，抑或拥有公平的机会，也包括结果上的实质性经济平
等的含义。马克思和恩格斯在19世纪即指出，资本主义社会中的财
富必然为少数人掌握，因为"资产阶级生存和统治的根本条件，是财
富在私人手里的积累，是资本的形成和增殖"①。马克思在《资本论》
里写道，"每一个资本，都是生产资料的或大或小的积聚，并且相应
地指挥着一支或大或小的劳动军。每一个积累都成为新的积累的手

---

① ［德］卡尔·马克思、［德］弗里德里希·恩格斯：《共产党宣言》，中央编译局
译，人民出版社1997年版，第39页。

段。这种积累随着执行资本职能的财富数量的增多而扩大这种财富在单个资本家手中的积聚。"① 这是一个不可逆转的积累过程，资本随着资产阶级对工人剩余价值的榨取而不断增加，并最终掌握在一小部分人手里。而广大的无产者则没有财产，也没有什么自己的东西必须加以保护。一个多世纪后，法国经济学家，诺贝尔经济学奖获得者托马斯·皮凯蒂（Thomas Piketty）在另一本《资本论》——《21世纪资本论》里，通过分析财富分配的大量历史数据，证明"私人资本的收益率长期显著高于收入和产出增长率"，这就"意味着过去的财富积累比产出和工资增长得要快"，劳动所得比不上资本收益。也就是说，宏观来看，企业家不可避免地会渐渐变成食利者，而那些除了劳动能力一无所有的人，无法避免被资本所有者支配的命运，自由主义经济学提倡的"完全竞争"不能改变这一事实②。怎么应对这种社会不平等的趋势？三位《资本论》的作者在思考对策时，都提到了"民主"：马克思和恩格斯在《共产党宣言》中宣告无产阶级的解放和统治就是要"争得民主"，以消灭"人对人的剥削"，消灭"民族对民族的剥削"③，而皮凯蒂也指出，"如果我们想要重新控制资本主义，就必须把赌注都押到民主上，在欧洲，是欧洲范围的民主。④"

第二次世界大战之后，西欧资本主义国家主要是通过建设福利国家等社会民主方法来降低社会不平等程度，缓和财富分配不均所引起的社会矛盾。所谓"社会民主"，不是马克思和恩格斯倡导的消灭私有制和资本主义，而是用改良和渐进的手段，通过完善社会保障制

---

① ［德］卡尔·马克思：《资本论》（第一卷），中央编译局译，人民出版社2004年版，第721页。

② ［法］托马斯·皮凯蒂：《21世纪资本论》，巴曙松等译，中信出版社2014年版，第589—590页。

③ ［德］卡尔·马克思、［德］弗里德里希·恩格斯：《共产党宣言》，中央编译局译，人民出版社1997年版，第49页。

④ ［法］托马斯·皮凯蒂：《21世纪资本论》，巴曙松等译，中信出版社2014年版，第591页。

度、公平的教育政策和国有化等经济政策①，让包括工人阶级在内的全民获得普享的社会权利。理想的情况如英国社会学家托马斯·H.马歇尔（T. H. Marshall）所说，当福利、医疗卫生、保险和教育等社会权利得到发展时，阶级差别将被消除②。推动西欧社会民主的主要是欧洲的左翼政党。西欧是马克思主义的发源地，但以德国社会民主党和英国工党为代表的西欧左派背离了马克思和恩格斯的阶级斗争路线，主张在当代西方民族国家民主制度的框架下，用议会民主的方法改革资本主义制度，将左派的目标更改为争取工人阶级在资本主义条件下更幸福和更有尊严地生活，希望人民更自由和更自主地组织起来③。

"二战"后，在左派政治力量的压力下，西欧各国普遍实现了"福利国家化"：各国政府通过税费实行大规模的社会再分配，不同程度地将养老、扶贫、失业、工伤和医疗健康纳入国家的责任保障范围，社会政策成为国家的基本职能，形成了以国家为边界的福利国家体系④。但在这一进程中，以及福利国家在20世纪70年代初步完成福利主义制度建设之后，社会民主党和其他左派遭到欧洲一体化和全球化等自由主义趋势潮流的严峻挑战。资本跨越国界之后，社会力量如何用民主来制约和管束它，欧盟是一个上佳的观测案例。

当左派遇上一体化

英国左翼政治学家佩里·安德森（Perry Anderson）将第二次世界大战称为英国工党"历史性的意外横财"⑤。其实，不仅英国，"二

---

① 国有化经济政策主要出现在20世纪四五十年代西欧社会民主党人的纲领中，但到了20世纪60年代之后就逐渐消失了。

② Thomas H. Marshall, *Citizenship and Social Class and Other Essays*, Cambridge：Cambridge University Press, 1950, p. 8.

③ 第二国际（社会党国际）的主张。参见［英］唐纳德·萨松《欧洲社会主义百年史：二十世纪的西欧左翼》（上），姜辉等译，社会科学文献出版社2004年版，第5页。

④ 周弘：《福利国家向何处去》，社会科学文献出版社2006年版，第187页。

⑤ Perry Anderson, "The Figures of Descent", *New Left Review*, No. 161, 1987, p. 54.

战"后初期，资本主义无论在西欧，还是在东欧各国都极不受欢迎。1945—1950 年，在欧洲任何国家中，没有一个支持资本主义的自由党成功地成为执政党。① 这些年是资本主义意识形态发展的低潮期，每个人都在反思无序自由竞争所带来的恶果，战争极大地提升了民众的平等主义精神，国家战时体制的有效也增加了人民对国家集权和计划经济的好感。所以"二战"后公众普遍支持国家干预和结构改革，没有人希望重新回到糟糕的 30 年代。温斯顿·丘吉尔率领英国赢得了战争，但却在选举中败给了以"贝弗里奇报告"为竞选纲领的工党，这昭示着建设人人"老有所养，病有所医"的福利社会已是欧洲的时代精神（zeitgeist）。每个人都试图冒充左翼，而所有的西欧左翼政党都毫不顾忌地一致主张中央集权，信仰以充分就业为目标的凯恩斯式经济干预政策。中央集权国家和国家统治型经济（dirigist）被认为是有助于引入福利社会主义的工具。

随后的 20 多年，欧洲经济经历了前所未有的繁荣，西欧各国迅速工业化，积累起大量财富。欧洲的左翼政治也伴随资本主义的增长迎来其"最辉煌的时期"②。无论是法国、英国，还是西德、北欧国家，大批政府投资兴建的保障性住房拔地而起，"从摇篮到坟墓"的社会保险制度成熟定型，医疗和教育的主体部分均变为由政府提供的社会服务，免费向大众提供。到 20 世纪 70 年代中期，西欧 90% 的劳动力都获得了因衰老、残疾或疾病所产生的收入损失方面的保护，80% 以上的劳动者拥有了意外伤害保障，60% 的劳动者享受失业保障。西欧国家政府支出的结构也因此发生变化，20 世纪 50 年代，社会开支仅占西欧国家国民总收入的 10%—20%，到 70 年代末福利国家"黄金时期"结束前，这些国家国民总收入的 45% 以上都花在了社会福利领域③。同时，社会民主主义的另一目标——充分就业，也轻易得以实现，西欧国家不仅自己的国民普遍就业，而且由于经济发

---

①　［英］唐纳德·萨松：《欧洲社会主义百年史：二十世纪的西欧左翼》（上），姜辉等译，社会科学文献出版社 2004 年版，第 165 页。

②　同上书，第 5 页。

③　周弘：《福利国家向何处去》，社会科学文献出版社 2006 年版，第 69—70 页。

展需要，除了区域内劳动力流动外（意大利南部地区是主要输出地），还从其前殖民地和世界其他地区大量引入移民，用以填补国内劳动力的缺口。西德主要吸引东德、中东欧国家和土耳其库尔德人，法国的移民来源主要是阿尔及利亚、摩洛哥等中东北非地区。此外，工会在左翼同右翼保守力量的博弈中，话语权不断增大，在西德、斯堪的纳维亚国家、法国、比利时，甚至英国，工会都能进入政治磋商体制，成为维护底层劳动者利益的合法行为体。

福利国家的建成，为西欧确立了社会民主的政治底色，但是如前所述，这并非马克思主义意义上的社会主义，比如1959年德国社会民主党颁布的具有指导意义的《哥德斯堡纲领》中既没有提及马克思主义，也不再包含经济国有化的策略。西欧的社会民主在经济政策上更多地遵循来自英国的自由主义者凯恩斯的国家干预理念，哲学导向上是福利社会主义同美国传来的大众消费主义的一种混合形态。

大众消费主义不仅是富足时代的社会文化风潮，在某些方面，它也是资本主义经济民主的一种体现。熊彼特就此有一个著名的例证："伊丽莎白女王有丝袜。资本主义成就并非典型地在于为女王们提供更多的丝袜，而在于使丝袜的价钱低到工厂女工买得起。"① 通过自由竞争源源不断产生的创新，以及厂商为追求更多利润而进行规模化生产，普通民众也能够享受伊丽莎白女王或者路易十四当时拥有的奢侈消费品。资本主义发展逐步提高群众生活标准并不是巧合，而是由于它的机制，它做到这点是通过盛衰交替的过程，这个过程的严重程度刚好和前进速度成比例。可是它做到这点非常有效。向群众供应商品的一个又一个问题，都用资本主义生产范围内提供产品的方法成功地解决了。② 更通俗一些的辩解是安迪·沃霍尔（Andy Warhol），美国20世纪60年代著名的波普复制艺术家，对美国民主的称赞：这个国家的伟大之处在于——在那里最有钱的人与最穷的人享受着基本相

---

① ［美］约瑟夫·熊彼特：《资本主义、社会主义与民主》，吴良健译，商务印书馆1999年版，第126页。

② 同上书，第127页。

同的东西。你可以看电视、喝可口可乐，你知道总统也喝可口可乐，丽斯·泰勒（Liz Taylor）喝可乐，你想的话你也可以喝可乐。可乐就是可乐，没有更好更贵的可乐，你喝的与街角的叫花子喝的一样，所有的可口可乐都一样好。西欧国家紧随美国进入了大众消费时代，资本主义大生产在经济繁荣期通过技术进步，逐步提高了群众生活标准，与此同时，铺天盖地的广告、艺术的商业化也极大地影响到人们的思维，这就是赫伯特·马尔库塞（Herbert Marcuse）在《单向度的人》一书中所说的"人的全方位的异化"。个人在现代工业资本主义社会里，已经逐渐接受技术的全面统治，形成顺应、被动、默从的行为方式。在发达工业文明里，只不过是普遍存在着舒舒服服、平平稳稳、合理且民主的不自由而已①。

　　总体上说，20世纪50—60年代的黄金年代，在西欧，资本主义不得不接受福利社会主义，而社会主义也不得不采纳大众消费主义，二者在经济繁荣的背景下保持着一种相对和谐的合作关系。社会民主在各国国内迎来了它的"全盛期"：一方面，社会福利体制保证中低收入群体免遭饥馑、病患、伤残等生存风险，养老、育儿等基本需要也得到国家的帮助和照料；另一方面，国家的干预相对适度，企业和市场活力十足，社会再分配并没有阻碍西欧资本主义经济效率和劳动生产率的大幅提升，西欧社会的经济增长速度在整个资本主义世界仅次于日本，远超过美国。尽管没有实现绝对的经济平等，但社会民主主义的价值就像历史学家唐纳德·萨松（Donald Sassoon）的比喻所言：收入差异允许富人购买昂贵的钻石，这可能令那些没有钻石相互赠送的恋人们苦恼，但与有的病人有钱支付手术费挽救自己的生命，而有的人却因没钱而不得不等待死亡相比，前者不能说它是不公平的②。匈牙利的卡尔·波兰尼（Karl Polanyi）等社会民主理论家认

---

① ［美］赫伯特·马尔库塞：《单向度的人》，刘继译，上海译文出版社2008年版。
② ［英］唐纳德·萨松：《欧洲社会主义百年史：二十世纪的西欧左翼》（上），姜辉等译，社会科学文献出版社2004年版，第175页。

为，民主的资本主义的合法性在于保持市场自由同社会保护之间的平衡①。西欧国家到 20 世纪 70 年代，通过福利国家建设，可以说，较好地实现了这一目标。

在对外经济政策方面，西欧国家普遍坚持自由开放的经济理念，但同时在国内层面辅以社会保护。美国国际关系学者约翰·鲁杰（John Ruggie）把战后三四十年间西方国家（特别是西欧）② 建立在凯恩斯主义基础之上的社会—经济政策模式总结为两个基本的方向，即对外贸易的自由化与国内的补偿制度，他将这种形态称为"嵌入型（或改进型）的自由主义"（embedded liberalism）③。这一概念意为开放经济与社会保障体系之间形成了一种平衡，从而使得从工业社会向福利国家的转化并未造成开放经济的终结。相反，这种转化为开放提供了基础和保证，并且使国际劳动分工与整合达到了一种以前难以想象的程度。④ 这种"嵌入型的自由主义"，即更大程度的经济开放与更大范围的社会福利的结合维持了公众对自由主义经济政策的支持。

欧洲一体化是让·莫内、阿登纳、斯皮内里等法国、德国和意大利的右派保守主义精英发起的运动。除了解决法德之间不再战的和平

---

① Karl Polanyi, *The Great Transformation*: *The Political and Economic Origins of our Time*, Boston: Beacon Press, 1944.

② 美国从 20 世纪 30 年代罗斯福新政开始，也实际上应用了凯恩斯主义经济政策，在"二战"期间以及之后一段时期向福利社会靠拢（如约翰逊任总统期间推行"伟大社会"计划），只是其程度同西欧国家有一定距离。

③ 约翰·鲁杰（John Ruggie）借鉴了卡尔·波兰尼（Karl Polany）的思想，提出"嵌入型自由主义"（embedded liberalism）这一概念，描绘了西方自由主义思潮的这一转向。John G. Ruggie, "International Regimes, Transactions and Change: Embedded Liberalism in the Postwar Economic Order", in Stephen D. Krasner, ed. , *International Regimes*, Cornell University Press, 1983。中国学者通常按字面直译为"嵌入式自由主义"，这是遵从波兰尼的原意，指经济政策内含于社会共同体，自由经济必须受到社会制约，但北京大学的唐士其将其译为"改进型自由主义"，是指亚当·斯密以来，以"自由放任"为核心概念的传统自由主义发生了社会意义上的转向，朝向更为公正的方向，这是从自由主义思想史角度进行的翻译。参见唐士其《全球化与地域性：经济全球化进程中国家与社会的关系》，北京大学出版社 2008 年版，第 64 页。

④ 唐士其：《全球化与地域性：经济全球化进程中国家与社会的关系》，北京大学出版社 2008 年版，第 66 页。

问题，一体化的经济意义在于它可以破除西欧国家市场狭小，规模效应不足的壁垒，一个统一的大市场有利于资本的融通，促进增长和繁荣。西欧大部分左翼政党在一体化初期，对这一超越一般性自由贸易水平的"工程"没有好感，在它们心目中，国家依然"神圣"，是推进社会公平正义，实现自己价值的唯一容器。英国工党在"二战"结束之初，其对外政策的两根支柱，一根是亲大西洋主义，另一根就是反欧洲主义。"舒曼计划"甫一提出，就遭到英国工党的批判。英国左翼知识分子的喉舌杂志《新政治家》，谴责欧洲煤钢联营是法国和德国企业主同教皇一起策划的一场阴谋①。联邦德国社会民主党也拒绝了"舒曼计划"，当时社民党对外政策目标是实现东西德统一，它认为西德与法国等五国的煤钢产业绑在一起，实质上加剧了国家的分裂趋势②。法国共产党也加入当时反对《舒曼宣言》的法国右派——戴高乐的行列，在 1944 年 4 月 25 日的中央委员会会议上，法共以一种戴高乐式的夸张，宣称欧洲的统一就意味着放弃国家主权，"法国的独立、国家辉煌的重建以及我们所有英雄的神圣誓言，必定是国家未来外交政策的主导原则"。③ 只有莱昂·布鲁姆（André Léon Blum）领导下的社会党人④在 1943 年后开始信奉一个统一的欧洲的理念，他们并不恐惧或厌恶德国，而是认为应当为德国在国际经济体系中留下一席之地。社会党人虽然不赞成 1952 年的欧洲防务共同体计划，但他们并不排斥欧洲经济共同体建设，正是居伊·摩勒（Guy Mollet）担任总理的社会党执政期间，法国政府谈判并签署了《罗马条约》。法国社会党人最先意识到，社会党人的社会民主目标有必要在欧共体层面上实现。摩勒在谈判时，就提出需要将社会规制和财政

---

① *New Statesman*, June 10, 1950.

② William D. Graf, *The German Left·since 1945*: *Socialism and Social Democracy in the German Federal Republic*, New York: Oleander Press, 1976, p. 69.

③ Wilfried Loth, "Les projets de politique extérieure de la Résistance socialiste en France", *Revue d'histoire modern et contemporaine*, Vol. 99, 1977, pp. 557 – 567.

④ 时称"工人国际法国支部"（SFIO），1971 年更名为法国社会党。

负担一体化作为产业一体化的前提条件①。

随着一体化的扩展，西欧经济部分因之而复苏增长，联邦德国等其他成员国的中左政党开始转变态度，民族主义逐渐让位给现实的自由国际主义。欧洲经济共同体尽管明显存在"社会空间"的缺失，但是凭借着提高工人生活水平，满足他们享受经济发展果实的渴望这一点，就使得西欧左派政党难以坚持原来的反欧立场。德国、法国和意大利的工会一直对欧共体的态度颇为正面。德国社民党虽然拒绝接受《舒曼宣言》，但德国工会联合会却同康拉德·阿登纳领导的保守的基民盟政府达成交易，对此表示赞同。再加上 1955 年萨尔区公投后，法国将萨尔区交还德国，法德之间彻底解决了边界问题，这就使得德国社民党的左翼民族主义不再具有吸引力。所以，20 世纪 50 年代中后期，德国社会民主党就改变了其欧洲一体化立场，开始支持中右立场的基民盟的欧洲政策，并且尝试为欧洲事业注入更多的社会因子，比如威利·勃兰特当选联邦德国总理后，就在参加海牙欧共体首脑峰会时提出，应当加强共同体的社会政策，以配合拟议中的欧洲货币联盟计划。

到了 20 世纪 70 年代，大多数西欧国家中左政党都已转变思维，认为社会民主事业不应局限于本国国内，欧共体提供了一个更广阔的平台。1971 年社会党国际赫尔辛基会议上，丹麦社民党领袖茵斯－奥托·克拉格（Jens-Otto Krag）指出，欧洲共同体不是旨在危害社会民主主义者利益的资本主义的阴谋，相反，它能够成为将社会民主主义扩展至其未攻克的领域的一种机制②。在此次会议上，德国社民党领袖，也是德国总理的勃兰特，热情地欢迎英国加入欧共体，他表示欧洲经济共同体必须"致力于塑造一种政治意志……我们正在尝试不

---

① Fritz W. Scharpf , "The European Social Model: Coping with the Challenges of Diversity", MPIfG（Max-Planck-Institute for the Study of Societies）Working Paper 02/8 , July 2002.

② Jens-Otto Krag, "The Danish View", *Socialist International Information* , Vol. 21 , No. 5 - 6 , 1971 , p. 104.

仅仅缔造一个商业性的欧洲"①。相较之下，英国工党是最为"顽固"的左派政党。1975 年加入欧共体不久，刚刚当选的工党威尔逊政府，就由于党内左翼坚决反对"欧洲共同市场"而不得不将"英国是否应当留在欧共体内"交给全民公投来决定，当时绝大多数工党全国执行委员会成员与少数内阁成员均不赞同英国加入欧共体。1983 年的英国大选，工党在竞选宣言里依然坚持反欧立场。工党左派一直担心英国的主权和政府的干预能力被欧洲一体化削弱，担心欧洲货币联盟的危险性。直到 1994 年托尼·布莱尔当选工党领袖，带领一批青年精英重塑工党纲领和议程，开辟了拥抱自由主义的"第三条道路"，工党才真正改变对一体化的态度。

不过，在英国工党转向欧洲之前，到 20 世纪 70 年代末，西欧国家社会民主的"黄金岁月"就已结束。两次石油危机推高了西欧国家的生产成本，经济增长停滞与通货膨胀并行的"滞胀"让普通民众同时遭受高失业和生活成本抬升两种苦难的折磨。福利社会主义的一些政策举措开始遭到质疑，甚至在北欧等社会民主党长期执政的地区也开始流行"英国病"的说法，"英国病"主要是指英国的工会过于激进，罢工频率过高，同时工会等利益集团太过强势，不愿向雇主或政府妥协，从而阻碍了经济的正常运行。大陆国家的左派尽管要比英国中庸，但面对高昂的社会福利成本和低迷的经济形势，它们也无法阻止欧洲社会思潮整体右转。毕竟，高就业是高社会保障的前提条件，长期高失业的状况下，福利国家财政上必然入不敷出。在促进经济增长和增加就业的压力之下，依照自由主义的思路，欧洲一体化继续深化，进入共同市场谈判阶段，并且开始筹划货币联盟，资本在欧共体范围内即将享有自由流动的权力，劳动力在单一市场中可以更加自由地迁徙，但同时在异国工作的劳动者将面临福利待遇和社会保护的差异，他们的人数越来越多，急需欧洲层面的社会保护。欧洲左翼人士注意到了这种社会需求，同时已经改变了民族主义观念的它们，

---

① Willy Brandt, "The German View", *Socialist International Information*, Vol. 21, No. 5 – 6, 1971, p. 100.

也有了足够的雄心要在欧洲层面，甚至全球层面上为资本重建一个它们曾在民族国家容器里成功建起过的约束它的框架。法国社会党人雅克·德洛尔就是其中的代表人物，他在担任欧共体委员会主席期间竭力推动"社会欧洲"建设，力图使社会一体化与经济一体化同步前进。1989 年，在《单一欧洲法令》已经签署，统一大市场的法律工作完成后，他展望世界，认为当代的关键问题是世界经济缺乏一个领航员，应当建立一个世界范围内劳动力分配的政治体制；在古老的欧洲大陆，"欧洲道路绝不可腾空民族国家的权力，但又必须重建自治区域，以便其履行基本任务。宏观经济政策必须在欧共体层面重新制定"①。只有这样，社会党人才能保住西欧国家已有的福利建设成果，避免被资本反噬的厄运；也只有让欧共体成为社会民主的新容器，让劳动者的收入有机会追赶资本的脚步，欧洲才能拥有不同于美国的独有特质，并且通过进一步将其不断向世界推广，影响整个世界的走向。

共同体层面上的社会民主建设

在 1991 年《马斯特里赫特条约》生效之前，欧共体一直是一个经济意义层面上的共同体。与美国、苏联这样的巨型国家相比，欧洲民族国家相对较小，这就意味着其国内市场不足以支撑大工业生产的产能，资本迫切需要突破地理界限，打破各种人为分隔。荷兰、比利时、卢森堡等规模更小的低地国家早在"二战"结束之前就在伦敦签署了关税联盟协议，去除商品和人员自由流通的各种障碍。战后西欧各国经济在重建和现代化的进程中，相互依存的程度大大增强，主要为了满足资本的要求，法国、德国、意大利、荷兰、比利时和卢森堡才在欧洲煤钢共同体和原子能共同体的基础上，于 1957 年签署

---

① Jacques Delors, "Une nouvelle fornitère pour la social-démocratie: l'Europe", in Piet Dankert and Ad Kooyman, ed., *Europe sans frontiers et l'avenir de la CEE*, EOP, Antwerp, 1989, p. 9.

《罗马条约》，共同成立了欧洲经济共同体，建设关税同盟和共同农业市场，力求实现商品、人员、服务和资本的自由流通。整体来看，经济自由主义是欧洲一体化的主线：放宽各国的市场管制、促进各种生产要素的自由流动、拓展企业竞争的平台和方便它们的资产配置，通过竞争法等手段保证市场竞争的有序性和公平性等各项指导性原则贯穿于一体化渐进式发展的整个历史过程。

不过，欧洲一体化虽然符合"二战"后美国主导的自由资本主义世界的整体开放潮流，但它在初创阶段就含有社会民主的基因，这既得益于欧洲左派的努力斗争，同时也与充分汲取"一战"和"二战"两次世界大战教训，秉承"改进型自由主义"经济理念的保守派和自由派右翼相关，可以说，发展社会市场经济，是两种政治力量的妥协和共识。这种思想共识反映到欧洲一体化进程中，就使得注重社会保护和经济均衡发展成为欧盟/欧共体有别于其他地区一体化的重要特性。

欧盟层面的社会建设大致可以分为价值观与立法、低度一体化的社会政策，以及有限的社会再分配等三个方面。

1. 价值观与立法。如同在人权、环境等领域一样，欧洲精英总是喜欢凡事价值先行。如前所述，"二战"之后，欧洲政治力量，无论左派，还是右派，对市场原教旨主义均不抱好感，当时人们普遍认为，"社会权利"是不应为经济发展而舍弃，必须受到保护的基本权利。欧洲一体化的初始阶段，欧共体的三个基础性条约，《欧洲煤钢联营条约》《欧洲经济共同体条约》和《欧洲原子能联营条约》（后两个条约并称为《罗马条约》）里都明确将"社会发展"树立为同"经济增长"并列的目标[1]。《煤钢联营条约》和《原子能联营条约》是两个行业性条约，条约主要强调成立共同体是为了促进"人民生活水平的提高"（《煤钢联营条约》第一编第2条和《原子能联营条约》第1条），其中列出了保障行业内工人流动时同工同酬和实施工资保护的具体规定。《欧洲经济共同体条约》则是涵盖领域广泛的综合性

---

[1]　田德文：《欧盟社会政策与欧洲一体化》，社会科学文献出版社2005年版，第5页。

条约，它在"前言"部分就列明，"确保经济与社会进步"和"消除分裂欧洲的障碍"是共同体的基本目标，可见社会进步是与经济发展和维护欧洲和平同等重要的一体化意义所在。在"原则"部分第2条，"高水准的就业与社会保护、生活水平与生活质量的不断提高，以及成员国间经济与社会的聚合与团结"被列为欧洲经济共同体的基本任务。此外，该条约还规定为了实现社会目标，共同体要设立专项的"欧洲社会基金"，用来支持社会政策。不过，整体上这三项条约关于社会权利的规定还是极为有限的。

　　除了欧盟的基础条约之外，另一个政府间性质、致力于培育人权价值观的泛欧组织——"欧洲委员会"（Council of Europe），根据它在1950年制定的《欧洲人权公约》的精神，于1961年在意大利都灵颁布了《欧洲社会宪章》（European Social Charter）。该《宪章》共有38项条款，详细列出了签约国公民应享有的社会权利范围。根据此《宪章》，社会权利共包含19项，分别是：工作权、恰当工作条件权、安全健康工作条件权、公平报酬权、结社权、集体谈判权、儿童与青年保护权、就业妇女保护权、职业指导权、职业培训权、健康保护权、社会保障权、社会与医疗援助权、社会福利收益权、残疾人社会权利，以及对家庭的社会、法律和经济保护、对母亲和子女的社会与经济保护、在宪章签字国范围内的跨国就业权、移民工人及其家庭接受保护和援助的权利[1]。《欧洲社会宪章》虽然不是欧盟/欧共体制定的，但大多数欧盟成员国[2]都是这一"欧洲社会宪法"的签字国。《宪章》及其附加版和修订版极大地影响到欧盟社会领域的二级立法，即指令（directive）和规制（regulation）的制定。1989年，欧共体理事会通过了自己的《共同体工人基本社会权利宪章》（Community Charter of the Fundamental Social Rights of Workers），尽管由于英国一个国家的反对，此《宪章》只能以"庄严声明"的形式公

---

[1]　Council of Europe, European Social Charter, https：//www. coe. int/en/web/conventions/full-list/-/conventions/rms/090000168006b642.

[2]　28个欧盟成员国中，19国为签约国。

布，不具备原初设计的可作为欧洲法院判决依据的法律上的作用，但也起到了引领舆论和指导欧盟机构行动的效果。

20 世纪 90 年代，随着共同大市场的建成和货币联盟以超乎寻常的速度向前推进，社会建设的"短板"甚至已经达到无法令具有社会责任感的资本满意的地步。关于欧盟民主赤字的讨论越来越多，为此欧洲左派不断呼吁要加强欧盟的社会性，毕竟欧盟的社会政策还一直缺乏条约上的法律依据。20 世纪 90 年代中后期的欧洲政治被称为"粉红色的欧洲"，当时欧洲中左政党全面执政，它们在 15 个欧盟成员国中的 13 国中，是执政党或参与执政党。这样，理事会中左派政府就成为主导力量。共同决策程序中的另一个关键角色——欧洲议会，一直对强化社会政策，增加欧盟社会民主程度持积极态度。再加上决策体系中最大的"麻烦"——英国——发生了变化：保守党始终反对将社会议题写入条约，但 1997 年 4 月持亲欧立场的工党新星托尼·布莱尔的上台使得英国不再排斥共同体的社会政策，这就使得欧盟构建完整的社会宪法基础成为可能①。

几个月后，欧盟各成员国签署了《阿姆斯特丹条约》。《阿约》对《马斯特里赫特条约》做出的第一条修改就是"确认《欧洲社会宪章》和《共同体工人基本权利宪章》所规定的基本社会权利是欧盟社会政策的基础"，并将《马约》里列为附件的《社会政策议定书》放入了条约正文②。这样，欧盟的社会政策就有了充足的宪政条约意义上法理基础，成为欧共体法的一部分。1999 年欧盟制定了《欧盟基本权利宪章草案》，并在 2002—2003 年召开的欧洲制宪大会上进行充分的讨论（见第四章），公民应享有的社会权利均加入其中，成为其中重要的组成部分。尽管《欧盟宪法条约》被法国和荷兰公投否决，但经修改后，去除了"宪法"字眼的改版条约——《里斯本条约》却在 2009 年终获通过，包含着社会条款的《欧盟基

① 田德文：《欧盟社会政策与欧洲一体化》，社会科学文献出版社 2005 年版，第 23 页。

② European Union, *Treaty of Amsterdam*, https://europa.eu/european-union/sites/europaeu/files/docs/body/treaty_of_amsterdam_en.pdf.

本权利宪章》也随之生效。

2. 社会政策低度一体化。民族国家是社会保障的主要承担者，欧盟既没有足够的财政资源①，也没有充足的权威和合法地位（导致其无法征收直接税），通过实施大规模的社会再分配来保障所有居民的医疗、养老、住房和受教育等社会权利。同时在法理上，根据辅助性原则，欧盟只有在"所拟行动的目标非成员国所能充分实现，且由于所拟行动的规模或影响，因此最好由共同体来实现"的时候才能采取行动②。《里斯本条约》中除辅助性原则外，还规定有"授权"原则，要求欧盟只能在成员国授权的前提下行动。在当下阶段，各成员国依然非常重视自己在社会领域的主权，不愿向欧盟过度转让自己在这方面的权能，授权它执行的范围比较有限。所以，无论是在能力上，还是宪政原则上，欧盟在社会领域都无法替代各成员国，只能发挥补充作用。

相较于经济一体化层面上的单一市场和货币联盟，各成员国已然向欧盟交出规制市场的大部分权力和几乎所有的货币管辖权，欧盟的社会政策一体化明显属于一体化程度较低的一类。它的超国家性质只体现在这样三个方面：第一，为劳工政策以及性别政策等部分社会保护政策制定了最低标准，这些标准是欧盟的"硬法"，即要由欧盟委员会监督执行，欧洲法院可根据"直接效力"原则进行判决的强制性指令。劳工政策与经济一体化关系最为密切，涉及对跨越国界流动的劳动力的保护，职业健康与安全，公司的社会责任等范畴，这些都是资本流动和资本增值后，社会对其提出的直接的人性化要求，所以从1961年开始，这一领域的政策就进入了欧共体/欧盟的共同体政策框架，并发展成为一体化程度最深的社会政策③，其中一些最低标准

---

①　欧盟的总预算仅为各成员国财政收入总和的2%—3%，而各国社会开支普遍均在财政总收入的30%以上。

②　《欧洲共同体条约集》，戴炳然译，复旦大学出版社1993年版，第69页。

③　1961年欧共体即发布了第一个关于劳动力自由流动的规定，要求成员国对在其境内工作的成员国公民给予国民待遇，同时允许本国公民自由地到其他共同体国家工作。参见田德文《欧盟社会政策与欧洲一体化》，社会科学文献出版社2005年版，第36页。

和基本原则，因为成员国的执行情况要被"笼罩在欧盟法的阴影之下"①，所以可以称得上是欧盟的"劳动法"。第二，《阿姆斯特丹条约》即已规定有关工人健康与安全、工作条件、工人的信息与咨询、反对社会排斥、男女平等、欧洲社会基金、教育与培训等共同体的社会政策均遵照共同决策程序决策，到《里斯本条约》，共同决策程序在社会政策领域的应用更加广泛。这样，在大部分社会政策的决策中，成员国就失去了一票否决权，同时欧洲议会也加入社会问题的协商，成为影响各国社会政策的重要决策因子。第三，欧元即将启动前，为保证欧元币值稳定，避免通货膨胀，1997 年欧盟制定了《稳定与增长公约》（*Stability and Growth Pact*），要求欧元区各国政府的财政赤字不得超过当年国内生产总值（GDP）的 3%、公共债务不得超过 GDP 的 60%。这一公约具有强制性，按照该公约，一国财政赤字若连续 3 年超过该国 GDP 的 3%，该国将被处以最高相当于其 GDP 之 0.5% 的罚款，由欧盟委员会监督执行。由于社会开支通常都是财政最大支出项目，所以欧元区国家的社会政策在很大程度上也受到来自欧盟的监督和干预，政府在货币发行权交给欧洲中央银行，不能以印钞方式加大支出后，财政上也不能寅吃卯粮，靠借债来加大发放社会福利的力度了。

但是，欧盟的社会法距离经济领域的竞争法有很大差距：欧盟社会政策中"硬法"仅占极少一部分比例，劳工政策仅仅是设置了一些最低标准和基本原则，它们实质上当时都已经是成员国的共识，是在绝大多数成员国国内都已然实施的标准和原则；性别政策领域的"硬法"也仅限于男女同工同酬这样的与就业相关的事务。在社会融入（social inclusion，实际上就是反贫困）、老龄、残疾人和青年等欧盟可以发挥补充作用的社会保护政策领域，欧盟都只能向成员国提供规制性建议，制定一些不具法律约束力的"软法"。这些所谓的"法律"只具有建议性，在实施当中可以做出十分宽泛的解释，使得各国

---

① Fritz W. Scharpf，"The European Social Model: Coping with the Challenges of Diversity"，MPIfG（Max-Planck-Institute for the Study of Societies）Working Paper 02/8，July 2002.

的社会体系只需做出很少的调整就可适应新的指令和规制。大部分社会政策领域，各国在欧盟框架内，根据"相互认可"（mutual recognition）原则协调各自的标准和政策（比如职业资格互认、高等教育合作、跨国医疗服务、移民工人社会权利）其实是更普遍的做法，这种"协调化"（harmonization）的实质仍是政府间合作。而欧盟委员会等超国家机构不过是发挥智力优势，收集整理数据，并进行分析，将结果提供给各国政府参考而已①。

的确，欧盟各成员国人均收入水平高低不等，社会保障模式也各有千秋［按照考斯塔·艾斯平－安德森（Gosta Esping-Andersen）的归纳，至少包括盎格鲁－撒克逊国家的自由主义体制，斯堪的纳维亚国家的社会民主主义体制，以及欧洲大部分国家所实行的社会合作主义—保守主义体制②］，各国都是根基于自己的福利建设路径和政治传统选择了既有模式，它们都不愿意妥协，变成其他的模式。建立一个"单一社会政策区"，很难通过改革完成。但是，欧盟"硬法"规定的最低标准过低，又很难对促进欧盟的社会一体化发挥实质性效用。所以，欧盟从20世纪90年代末开始，尝试用"开放式协调法"（OMC）的治理手段来推进社会一体化。"开放式协调法"最早在《马约》被用在经济政策协调方面，其后在《阿姆斯特丹条约》开始在就业领域推行，直到2000年里斯本峰会全面应用到包括教育、培训、研发、企业政策，以及社会保护和社会排斥等多个领域。它有这样几个特征：首先，确定政策选择权掌握在国家层面，欧盟不出台相关立法；其次，但同时各国出台的政策要受到一定限制，必须是在欧盟各国共同关注的领域，各国要为了共同的目标，为达到共同的指标而努力；最后，各国政府要将自己的计划提交讨论，并接受其他国家对自己政策表现的评判。"开放式协调法"还是要倚赖各国政府合作的自愿精神，即使成员国的表现没能满足之前统一的标准，欧盟也不

① 比如欧共体从1983年开始公布各成员国的年平均实物福利开支。

② ［丹］考斯塔·艾斯平－安德森：《福利资本主义的三个世界》，郑秉文译，社会科学文献出版社2003年版。

会对其实施正式的制裁。

"开放式协调法"在"欧洲就业战略"（EES）等社会趋同项目中得到比较成功的运用。它一方面免去了成员国在共同决策程序下被否决，或者不执行欧盟决定遭欧盟委员会公开批评，或是被欧洲法院强制执行的尴尬，另一方面又通过公开自己的社会政策，欢迎来自民众的政策监督和来自欧盟的质量和技术监督，以及其他成员国的建议和评论，增加了自己决策的民主性和合法性。此外，"开放式协调法"也使得成员国政府可以借助欧盟的标准和建议性框架，来推动本国的福利国家改革，以"欧洲标准"的名义削减不必要的福利开支，或者增加在不足领域的投入。但是，这一方法要想有效的前提是"欧洲标准"足够科学且具有吸引力，成员国政府有足够的意愿"欧洲化"，向"欧洲标准"靠拢，否则在布鲁塞尔一轮轮的协商就不过只能起到"培训各国与欧盟联系人"的作用①。

3. 有限的社会再分配。既然经济平等是社会民主追求的目标，那么，对一个政体来说，社会再分配的能力就是考量它的社会民主水平的主要指标。欧盟不能直接对区域内民众征税，但通过间接税方式也拥有财政收入。它的财源主要分为三部分，一部分是进口关税，这是欧盟的传统自有财源，进口关税由货物进口国收取，再转交给欧盟，进口国可提取 20% 的行政管理费（2001 年前是 10%），由欧委会监督；第二部分是成员国的增值税提成（要求不超过欧盟 GNP 的 1%），各国增值税的税率和减扣各不相同，但在协调税基（harmonized tax base）上给欧盟提成，税基上限为各国国民总收入（GNI）的 50%，提取原则更加有利于较不发达国家，这些经济体的消费在国民总收入中占比较高，所以基于消费征收的增值税比例更高。从税种来说，关税和增值税都属于间接税。再有一部分就是成员国按国民生产总值比例缴纳的摊款，欧盟每 7 年制定一个"多年度财政框架"（目前欧盟处于 2014—2020 财年框架中），确定总额大小，然后根据

① Fritz W. Scharpf，"The European Social Model: Coping with the Challenges of Diversity"，MPIfG（Max-Planck-Institute for the Study of Societies）Working Paper 02/8，July 2002.

实际情况随时调整，委员会下的欧盟统计局提交报告，预算总司通知成员国常驻代表，各国每月支付。欧盟成员国从自己财政收入中拨款交给欧盟，这就更属于间接税的范畴了。摊款原为补足欧盟/欧共体财政缺口，但现在已经变成欧盟最主要的财政来源。欧盟奉行收入不超过开支的原则，2017 年欧盟总财政开支为 1429 亿欧元，占欧盟各成员国国民总收入（GNI）的 1.23%[1]。

1429 亿欧元，折合成美元约 1755 亿美元，考虑到欧盟拥有 5 亿人口，这一数字并不算多，但它的绝对数额已经接近俄罗斯的年度财政总收入，假如将欧盟也算成一个民族国家的话，它已经靠近全球财政收入排名的前 20 名的国家[2]。在欧盟预算开支中包括行政开支、对外援助等全球事务开支、安全和公民权建设开支、设立研发项目等支出，但最大的两笔支出是共同农业政策和结构基金，它们都具有区域内社会再分配性质[3]。

共同农业政策（CAP）是《罗马条约》时代，法德等国博弈进行利益交换的历史遗产，主要反映了农产品出口大国——法国的诉求[4]。它意味着欧共体/欧盟规定农产品保护价格，如果低于这一价格，由欧盟统一收购农产品或者补贴它出口。共同农业政策中，农民获得远高于平均水平的保护价，但支付这些钱的是欧洲的消费者和纳税人，以及被排挤在共同体农产品市场之外的北美、欧洲自由贸易联盟国家等地区的农民。这是一种倾向于某一行业的社会再分配体制。共同农业政策支出曾一度占据欧盟财政的绝大部分份额，20 世纪 70 年代约占 80%，80 年代约占 70%，90 年代中期仍占 50% 以上，直到 2017

---

[1]　European Union，"How is the EU funded"，https：//europa. eu/european-union/about-eu/money/revenue-income_ en.

[2]　根据美国中央情报局（CIA）的统计，俄罗斯 2016 年财政总收入为 1865 亿美元，排名世界第 21 位，排名第 20 位的是奥地利，2016 年财政总收入为 1873 亿美元。参见 https：//www. cia. gov/library/publications/the-world-factbook/fields/2056. html。

[3]　当然，严格地说，欧盟的对外援助也具有社会再分配性质，出资的是欧盟民众，受益的是接受援助的区域外个人或群体。但它不属于欧盟内部的社会再分配。

[4]　［美］安德鲁·莫劳夫奇克：《欧洲的抉择——社会目标和政府权力：从墨西拿到马斯特里赫特》，赵晨、陈志瑞译，社会科学文献出版社 2008 年版，第 114—322 页。

年，它也依然占欧盟总支出的37%。

如果按照工业化的一般规律，农民在工业化大生产时代因为无法实现规模化，所以收入无法跟上工业生产者的提升速度，这样对其进行补贴是一种趋向平等的社会再分配。但是，欧洲的情况有所不同，农民的收入普遍高于制造业工人，而且共同体补贴的对象很多并不是真正的从业者，而是不亲身从事农业生产的农场主或地主。共同农业政策的补贴分布极不均匀：欧盟委员会1992年就曾报告说，20%最富有的欧洲地主和农产品公司获得欧盟农业补贴的80%。这种情况至今并没有什么变化。欧盟农业补贴的对象和金额也不透明，比如2005年荷兰农业部长被荷兰议会传唤回答关于他自己的农场支出问题，在已经知道他自己的补贴即将公开的情况下，这位部长公布他在荷兰和法国的农场2004年至少收到了185000欧元①。更令人惊异的是，共同农业政策最大的补贴者中，还有一些英国声名显赫的寡头家庭，东德政权垮台后一些大的集体农场私有化后的拥有者。根据日内瓦国际研究院理查德·鲍德温（Richard Baldwin）的研究，在2003—2004的农业年，英国女王和查尔斯王子从欧盟农业补贴中接受36万欧元，威斯敏斯特公爵26万欧元，马尔亨罗公爵30万欧元。②如果英国离开欧盟，英国的皇室恐怕会损失一大笔来自欧盟的补贴。欧盟也意识到共同农业政策存在的问题，1987年当时的欧盟委员会主席，法国社会党人雅克·德洛尔倡议设立"欧洲援助最贫穷者项目"，从1987年始，每年利用共同农业政策下属基金会的资金，给予欧盟范围内最贫穷者基本的食品援助，这算是"社会兜底"的一种补救措施，但它无法改变共同农业政策属于逆向社会再分配的整体性判断。

同共同农业政策相较，结构基金则是一种纠正型的正向社会民主政策机制。结构基金随着欧洲一体化的发展，其包括的基金种类不断变化，但核心是欧洲地区发展基金（ERDF）、聚合基金（CF）和欧

---

① Giandomenico Majone, *Rethinking the Union of Europe Post-Crisis: Has Integration Gone Too Far?*, Cambridge: Cambridge University Press, 2013, p. 94.

② Stephen Castle, "EU Leaders Want to Try Again with Subsidies-Wealthy Landowners Stand to Lose Most from Suggested Cuts", *International Herald Tribune*, October 3, 2011.

洲社会基金（ESF)[①]。欧洲社会基金是欧洲煤钢联营时期就开始设立的再分配基金项目，当时用来资助失业下岗的煤矿和钢厂工人，或者直接给以补贴，或者重新安置，或是进行就业再培训。欧洲经济共同体成立后，社会基金的数额成倍增加，覆盖范围超出了煤钢行业，扩展到经济的各个行业，但项目重点依然是解决长期失业和特定人群（残疾人、妇女、青年和老年人）的失业问题，项目内容围绕职业培训和教育展开，资金流向则始终倾向共同体内的"欠发达地区"[②]。欧洲地区发展基金于 1975 年成立，其背景是 1973 年欧共体第一次扩员，英国、丹麦和爱尔兰加入后，它们希望能够通过地区政策，获得在一体化其他领域所遭损失的补偿（比如英国就认为本国因共同农业政策而利益受损）。地区基金投向的原则是促进落后地区的发展，帮助受经济衰退冲击的贫困地区民众增加收入。爱尔兰和英国北部（如苏格兰部分地区）都得到地区发展基金的集中资助。20 世纪 80 年代中期，希腊、西班牙和葡萄牙的入盟进一步扩大了欧盟内部经济发展水平差异和贫富差距，增加了建立统一大市场的障碍。1985 年 7 月，针对希腊、西班牙和葡萄牙等新入盟国经济水平较低的问题，欧共体部长理事会启动地中海综合项目，首次将欧洲地区发展基金、欧洲社会基金、欧洲农业指导与保证基金中的指导部分以及欧洲投资银行的资金集中起来，支持地中海沿岸成员国的地区发展项目，如职业培训、道路建设、农业灌溉及中小企业等，此综合项目成为欧共体平衡各地区经济发展水平，拉动落后地区经济发展的"结构基金"政策的雏形。到 1993 年，欧共体又设立聚合基金，专门用于促进希腊、葡萄牙、西班牙和爱尔兰 4 个相对落后成员国（人均 GDP 低于欧盟平均水平的90%）的经济发展。聚合基金也被纳入欧盟结构基金政

---

① 在 2014—2020 多年度财政预算框架里，欧盟将结构基金更名为"结构与投资基金"，除了上述三项主要基金外，还包括"欧洲农业农村发展基金"（EAFRD）和"欧洲海事与渔业资金"（EMFF）。European Union，"European Structural and Investment Funds"，http：//ec. europa. eu/regional_ policy/en/funding/.

② 田德文：《欧盟社会政策与欧洲一体化》，社会科学文献出版社 2005 年版，第 115—133 页。

策的"大盘子"，成为其中的重要组成部分。2004 年欧盟东扩，一下子吸纳了 10 个以中东欧国家为主的新成员后，聚合基金的重点资助对象就变成了这些经济发展水平与老成员有量级差别的新成员国①。

　　到 2014—2020 多年度财政框架安排，欧洲结构基金总额首次超过共同农业政策，成为欧盟的最大"开销"。欧洲结构基金 7 年总额为 3714 亿欧元（而农业补贴为 3087 亿欧元），其中欧洲社会基金预算是 832 亿欧元，聚合基金则为 634 亿欧元②。欧盟的社会民主程度因之大为提高。结构基金的扩充与社会民主党人的努力是分不开的，正是 20 世纪 80 年代德洛尔任欧委会主席期间大幅提高了结构基金额度，"德洛尔Ⅰ（Delors-Ⅰ）计划"（1988—1992 年）让结构基金翻了倍，而"德洛尔Ⅱ（Delors-Ⅱ）计划"（1993—1999 年）则设立了聚合基金。部分结构基金项目是针对地区，而非国家设立，所以除了聚合基金外，德国、法国等富裕国家的贫困地区，特别是人烟稀少的地区也可获得结构基金的资助，这也有助于增加欧盟及其本国政府在贫困人群中的好感。而人均国民生产总值低于欧盟平均值的成员国，原则上均为结构基金的净收益国（即国家总出资额低于受资助额），一些熟悉欧盟决策流程和管理规范的国家，如爱尔兰，能够成功地申请到较多的结构基金项目，借以更新自己的基础设施，投资教育事业，增强研发能力。爱尔兰在欧盟 2007—2013 财年，共争取到 9 亿欧元的项目资助③。经济发展水平更低的中东欧国家，更是结构基金的主要受益者，匈牙利在提供 46.3 亿欧元配套资金的情况下，在

---

　　① 2014—2020 财年预算框架中，聚合基金的考虑对象只有保加利亚、克罗地亚、塞浦路斯、捷克、爱沙尼亚、希腊、匈牙利、拉脱维亚、立陶宛、马耳他、波兰、葡萄牙、罗马尼亚、斯洛伐克和斯洛文尼亚等 15 个中东欧和南欧国家，其他成员国无法申请聚合基金。European Union, "Cohesion Fund", http：//ec. europa. eu/regional_ policy/en/funding/co-hesion-fund/.

　　② European Union, "Multiannual Financial Framework Adjusted for 2018", http：//ec. europa. eu/budget/mff/figures/index_ en. cfm.

　　③ European Union, "European Cohesion Policy in Ireland", http：//ec. europa. eu/regional_ policy/sources/docgener/informat/country2009/ie_ en. pdf.

2014—2020 财年拿到欧盟结构与投资基金 250 亿欧元拨款①。结构基金对促进欧盟经济的均衡发展（特别是降低东部和西部地区成员国之间差异）发挥了一定作用，而且体现了欧盟的团结精神。

　　综上所述，在 20 世纪 50—60 年代，西欧各国在"黄金年代"建立起完整的福利国家体制的同时期，欧共体层面的社会建设也开始起步。到今天，欧盟层面已经发展出一套以人的社会权利为基础、以促进就业为导向、保障力度和再分配水平比较低、以协调各国社会政策为主要目标的欧洲社会政策。总体上，"社会欧洲"是对成员国社会民主的一种补偿性辅助工程，其社会再分配既有因历史遗产而造成的扭曲再分配（如共同农业政策），也有帮助欧盟各国、各地区经济均衡发展的正向再分配（如结构基金）。但是，欧盟的这种双层社会民主存在"头轻脚重"的严重的不平衡，欧盟层面的社会保护和社会再分配远不能跟上资本跨越国境的速度和力度。尤其是从 20 世纪 80 年代开始，欧洲各国开始新自由主义改革之后，一方面是成员国开始去福利化和去规制化（de-regulation），但另一方面，欧盟层面的社会保护又远远无法弥补和替代下降的国家的作用，结果就是欧盟的社会民主赤字明显加深。当然，社会民主赤字同欧盟老成员国后工业社会的来临、经济全球化和欧盟自身的扩大这些客观情况的变化也有很大关系。

新自由主义与社会民主赤字

　　20 世纪 80 年代，反对国家干预、主张市场自发运行的里根经济学和撒切尔经济学风靡西方世界，宣判了凯恩斯经济学的"死刑"。这样一种右派的新自由主义思想帮助美国和英国摆脱了经济滞胀的困扰，增加了社会活力。1991 年苏联的解体，似乎也从国际层面"验

---

　　①　European Commission，"European Structural and Investment Funds：Hungary"，http：//ec. europa. eu/regional＿ policy/sources/policy/what/investment-policy/esif-country-factsheet/esi＿ funds＿ country＿ factsheet＿ hu＿ en. pdf.

证"了新自由主义的"正确性"。欧洲中左政党在 20 世纪 90 年代也开始逐渐认同新自由主义，英国工党的托尼·布莱尔，德国社会民主党的格哈德·施罗德在执政后，同美国民主党总统比尔·克林顿一道，发起了"第三条道路"，对经济进行结构性改革，以工作福利替代社会福利，将政府的主要功能从提供经济援助转变为进行人力投资①。其实质与右翼的核心观点是趋同的，均为偏向资本、减少社会主义成分的政策性改革。西欧各国曾在"黄金年代"建立起的国有和私有混合型经济（德国和法国政府拥有国民总资产的 25%—30%），但在新自由主义思想的指导下，英、法、德等欧盟国家实行私有化战略，大量出售混合经济中的银行和国有工业，大量的公共财富被转移到私人手里。到 2010 年，德国政府的净公共资本（政府资产减去政府负债）已经基本没有了，取而代之的都是私人资本②。

过度强调资本自由的新自由主义固然有益于提升经济效率，但其社会负效应却极其严重，直接结果就是贫富高度两极分化。法国经济学家托马斯·皮凯蒂在其著作《21 世纪资本论》中，以扎实的统计数据指出，2010 年以来，大多数欧洲国家，尤其是法国、德国、英国和意大利，最富裕的 10% 人群占有国民财富的 60%，而这些国家中的一半人口几乎一无所有，最贫穷的 50% 人群占有的国民财富一律低于国民总财富的 10%，一般不超过 5%，我们印象中颇为平均主义的法国，一半法国人只拥有 4% 的国民总财富③。在这些富裕的欧洲国家里，有 1/4 的人口根本没有什么财富，少部分人是负资产，多数人是租房者，仅有的财富就是支票或者储蓄账户里的几千欧元。由于调查时财富数量是主动申报，所以富人拥有的实际财富很有可能比这一统计更高。如果这种趋势持续下去，因为富人的年收入远超过穷

---

① ［英］安东尼·吉登斯：《第三条道路——社会民主主义的复兴》，郑戈、渠敬东、黄平译，北京大学出版社、生活·读书·新知三联书店 2000 年版。

② ［法］托马斯·皮凯蒂：《21 世纪资本论》，巴曙松等译，中信出版社 2014 年版，第 144 页。

③ 美国的情况更严重，最上层的 10% 占有美国财富的 72%，位于底层的一半人口仅拥有国民总财富的 2%。参见［法］托马斯·皮凯蒂《21 世纪资本论》，巴曙松等译，中信出版社 2014 年版，第 261—262 页。

人，资本收益又高于劳动收益，所以富人和穷人之间的财富差距在未来还会越拉越大。2018 年世界银行的一份调查报告指出：自 1990 年以来，欧盟最贫穷的 10% 人口的收入下降了 7%，但最富裕的 10% 人口的收益却增加了 66%①。富人财富增加的秘密，除了资本自然增值的属性，以及在欧洲，财富继承重新恢复了地位之外，最重要的就是大型企业和金融机构高管们拿到了超高报偿。欧盟国家的首席执行官（CEO）的报酬（薪水、奖金、股票期权等）虽然没有美国"离谱"（美国标普 500 指数成分股涵盖的公司中，首席执行官的薪酬中位数为 1080 万美元，而 2015 年美国全职工人全年薪酬的中位数不足 4 万美元，前者是后者的 250 倍），但依然惊人，反映欧洲股市的富时100 指数成分股公司首席执行官的平均薪酬为 550 万英镑，是其员工平均薪酬的 140 倍②。2008 年华尔街引爆的金融危机传导到欧洲，在经济倒退和缓慢复苏的数年时间里，绝大多数民众的购买力实际停滞甚至下降，高管们（包括造成危机的金融业）的收入却大幅上涨，2010 年后，富时 100 指数成分股公司首席执行官平均薪酬累计上涨了 1/3。固然，欧盟仍有国家和欧洲两个层面的社会保护体系"托底"，保障穷人和失业者的基本生活，但悬殊的贫富差距对民主的平等精神是一种巨大的社会性破坏。继 2011 年美国出现喊出"社会的99% 反对 1% 的贪婪与腐败"口号的"占领华尔街"运动后，在欧洲也兴起了"黑夜站立"等大规模抗议示威活动。

社会民主主义的精要在于先促进经济增长，再用增长所得进行社会再分配。但当欧洲社会党人向新自由主义"屈服"，认可新自由主义的"涓滴效应"（trickle-down effect），即开放自由的经济增长可以自然让每个人都从中自动获益的时候，欧洲的经济增长却并没有中左中右两大主流政治力量预期那么理想。1996—2017 年，欧盟平均

---

① Cristobal Ridao-Cano and Christian Bodewig, "Growing United: Upgrading Europe's Convergence Machine", *World Bank Report on the European Union*, 2018, http://pubdocs.worldbank.org/en/244481520499464074/Growing-United-v03-online-18-03-08.pdf.

② 王如君、黄培昭：《西方大公司高管薪酬被指"无底线"》，《人民日报》2016 年 8 月 18 日第 22 版。

GDP 增长率仅为 1.75%①，22 年的时间累积增长幅度不到 47%，并没有做出可观的增长的"蛋糕"。导致欧洲经济低速增长的原因有很多：包括工业化阶段结束，欧洲已经进入以服务经济为主的后工业化社会，而服务型经济效率改进速度显著低于制造业；欧洲人口快速老龄化极大地影响了劳动力供给（2017 年欧洲 60 岁及以上人口占总人口比例达到 25%，是世界上老龄化最严重的地区②，世界老年人口比例最高的 25 个国家里，除了日本都是欧洲国家），老龄化不但意味着劳动力市场中新鲜血液的相对减少，而且加剧了财政支出和社保负担，侵蚀了国家和欧盟的投资拉动效应。对逐渐"老去"的老工业国家和地区来说，唯一的办法是以创新增加利润附加值，欧盟曾于 2000 年 3 月在葡萄牙首都里斯本举行特别首脑会议，宣布了一项关于欧盟 10 年经济发展的规划——"里斯本战略"，鼓励创新、大力推动信息通信技术的应用与发展，探索面向知识经济的下一代创新（即创新 2.0），雄心勃勃地希望超越美国，使欧盟在 2010 年前成为"以知识为基础的、世界上最有竞争力的经济体"。但结果却极不理想，欧盟范围内不但没有出现知名网络公司，自己的 IT 市场却被美国谷歌、脸书、推特等网络巨头抢占一空。2010 年欧盟再度推出"欧洲2020 战略"，继续坚持各成员国需要将研发费用提高到 GDP 的 3%，但 2015 年其研发费用占 GDP 比例依然只有美国的 2/3，欧盟的高科技行业仍未出现突破性发展，反而在市场上又新增了类似中国等新兴国家科技企业这样的竞争对手。

社会再分配的情况更加糟糕，以成员国为主，欧盟机构为辅的双层社会保障体制的运作在新自由主义大潮之下，同时受到经济全球化和欧盟自身扩大两种内外因素的冲击和束缚。1991 年苏联解体，标志着冷战的结束，同时意味着冷战时期世界经济领域社会主义阵营和资本主义阵营"两个平行市场"的格局终结了，两大市场合一，变

---

① https：//tradingeconomics. com/european-union/gdp-annual-growth-rate.

② United Nations，"World Population Prospects：Key findings and advance tables"（2017 Revision），https：//esa. un. org/unpd/wpp/Publications/Files/WPP2017_ KeyFindings. pdf.

为一个全球市场。西方资本迅速跨越了原有的冷战边界，进入东方和世界其他地区。在网络等革命性通信技术的帮助下，资本获得了充足的自由，它可以轻易地跨境流转，在全球配置生产资源，寻找最廉价的劳动力、地皮、厂房、配件，商品在全球生产和销售。资本的牟利性使其为了最大限度地降低成本，就会选择环境保护和劳动保护标准最低的地区进行生产，挑选税率最低的国家缴税，甚至将公司注册在免税国家或地区。经济全球化虽然是美国首倡，但欧盟成员国"义无反顾"地加入这一"洪流"之中，首先是跨国大企业，后来很多中小企业也都开始"离岸外包"（outsourcing），将生产业务转移到中国、印度、土耳其等发展中国家，只在本土保留设计、研发等服务性岗位。经济全球化通过降低商品价格帮助欧盟国家稳定物价，以"输出污染"的方法协助他们保持清洁的环境，同时欧洲企业也借助品牌和技术优势占据全球产业链的上端，握有附加值最高的部分。

但是经济全球化对欧盟社会民主造成两点冲击：第一，与美国一样，欧盟从经济全球化中获取的利润并没有得到偏向社会性的公平分配，主要变成了少数人的私人财富（特别是进了企业股东和企业高管的腰包）[①]，与经济全球化同步的过度金融化更是让投行等金融机构赚得盆满钵溢。社会再分配的主体——成员国政府，为了帮助企业应对全球化竞争，不得不一再减税，同时欧盟和各国政府都没有成功解决跨国企业在避税天堂，或是在爱尔兰、卢森堡等低税率国家缴税的难题，老的税源被削减，新的税源又没有开辟，这就大大削弱了社会再分配的财源。第二，经济全球化加剧了欧盟国家的失业问题。欧美资本选择在劳动力更便宜的发展中国家，尤其是中国等新兴国家，投

[①]　这点从欧洲国家私人资本的大幅上升可以得到佐证，毕竟拥有资本的欧洲人只是少数。参见［法］托马斯·皮凯蒂《21世纪资本论》，巴曙松等译，中信出版社2014年版，第141—166页。德国的"莱茵资本主义模式"一定程度上降低了德国私人资本的上升速度，"莱茵资本主义模式"指企业不仅归股东所有，而且受到工会、地方政府、消费者协会和环保组织等其他"利益相关者"的控制，包括企业工人代表在德国企业的董事会有席位，虽然不见得是股东，但不仅能发挥建议作用，而且是决策的积极参与人。工人参与决策也帮助德国阻止了大规模去工业化，德国制造业占国民经济比重仍超过30%，美国和英国都在11%以下。

资设厂，这加重了欧美蓝领工人的失业问题，制造业的空心化也缩小了青年的就业范围，毕竟制造业比服务业能更多地吸纳就业。欧盟在"里斯本战略"中决定加大培训力度，试图帮助下岗的制造业工人转行 IT 或是其他服务性行业，但并不成功。2008 年世界经济危机和2009 年欧债危机袭来，受打击最大的两个群体是青年和蓝领工人：南欧一些国家，如希腊、西班牙，青年失业率超过 50%，超过一半的青年没有工作，他们中的许多人不得不放低身段与来自中东、北非或是中东欧地区的移民竞争收入低、劳动强度大的工作岗位。德国和北欧国家近年来已对福利制度进行大刀阔斧的改革，实行所谓的"灵活保障"，很多年轻人只是"部分就业"，即短期工作或者每日工作半天，收入较低。

　　欧盟的扩大则是导致成员国间经济平等程度下降的主要原因。欧盟/欧共体推出社会最低标准、设立结构基金等社会政策工具，目的是缩减各国、各地区间经济发展水平差异，促进各种经济条件趋同，实现整体均衡发展。这既是社会民主的应有之义，同时也是共同市场和单一货币等经济区建设的客观必然要求。20 世纪 50 年代，六个创始会员国，法国、德国、意大利、荷兰、卢森堡和比利时，它们的经济发展水平均属于同一层次。但随着越来越多的较低收入国家的加入，欧盟的异质性明显增强。三个地中海国家——希腊、西班牙和葡萄牙在 20 世纪 80 年代加入欧盟时，人均国民收入只相当于欧盟十国平均收入的 65%。到了 20 世纪 90 年代末，按人均购买力计算，富有的丹麦是最穷的希腊的两倍[①]。2004 年，中东欧十国入盟时，它们的人均国民生产总值仅为欧盟十五国的 40%。这大概是"二战"后毁于战火的西欧国家同 1945 年美国 GDP 的差距。所以，在罗马尼亚和保加利亚 2007 年加入欧盟后，意大利学者马琼嘲讽地说：今天强调社会民主的欧洲要比被认为极端资本主义的美国的收入不平等性更差：新泽西的家庭平均收入大约是密西西比地区的两倍，但卢森堡或

---

　　① Fritz W. Scharpf，"The European Social Model: Coping with the Challenges of Diversity"，MPIfG（Max-Planck-Institute for the Study of Societies）Working Paper 02/8，July 2002.

丹麦的人均收入却至少是罗马尼亚的 10 倍①。当社会经济条件差异如此之大时，不仅政治上协商很难，要使各国法律和政策趋同也变得极难有效率。如果各国都有明显不同的需求，国家政策有不一样的优先事项，那么要使整体福利最大化的政策就必然难以趋同。新成员国入盟时，由于一些老成员国不愿放弃自己的既得利益，它们在共同农业政策框架中被排除到一些优惠条件之外，其农户没有享受到与老成员国农户一样的待遇，比如新成员国农户就拿不到欧盟对农业企业的直接收入补贴，而这种补贴已经是"老欧盟"国家许多中小农户的一项重要收入来源②。结构基金分配方面，它们得到的基金配额按人口比例来算，也没有希腊、西班牙等 20 世纪 80 年代入盟的国家高，这些不平等的措施给中东欧国家的心里种下了罅隙。再加上结构基金和聚合基金申请冗长繁杂的程序，以及欧盟委员会负责部门的官僚拖沓作风，一个项目的申请和审批至少需要一年时间，经常会耽误项目启动的时机，这也打击了中东欧国家的积极性，挫伤了中东欧国家民众对欧盟的好感③。

新自由主义去规制化、放松监管，或者说"放纵"监管最严重的后果是金融衍生品的泛滥。美国华尔街和伦敦金融城精心"包装"的次级贷等虚拟金融产品的杠杆率以几何级数增加，积累的风险终于在 2008 年集中爆发，引发了波及欧洲在内的国际金融海啸。金融危机原本是促进社会财富重新再平衡的良机，但 2009 年欧洲各国政府在当年采取与全球同步的凯恩斯式的刺激救市措施，如推出总计超过 3.5 万亿欧元的金融救市计划，实行扩张性财政政策，严令银行必须向中小企业贷款，对金融机构加强监管等之后，重归削减福利、紧缩财政的右派之路。2009 年之后，欧盟里的西欧和南欧国家在长达七

---

① Giandomenico Majone, *Rethinking the Union of Europe Post-Crisis*: *Has Integration Gone Too Far ?*, Cambridge: Cambridge University Press, 2013, p. 39.

② ［德］贝娅特·科勒－科赫等：《欧洲一体化与欧盟治理》，顾俊礼等译，中国社会科学出版社 2004 年版，第 338 页。

③ 欧盟结构基金管理的官僚作风也是中东欧国家积极响应 2012 年中国启动的"中国—中东欧国家 16 + 1 合作"框架的原因之一。2017 年拉脱维亚外长访问中国社会科学院欧洲研究所，与中方学者座谈时明确指出这一点。

八年的债务危机压力下，大规模削减政府和福利开支、减少教育投入，甚至裁减国家和地方公职人员、冻结工资，希腊、西班牙、爱尔兰、意大利、葡萄牙等重债国家普通民众的平均收入普遍下降，失业率飙升。但与之同时，富人的财富却没有受到太大损失，反而急速反弹，特别是"闯祸"的金融机构在得到以纳税人资产为后盾的政府和欧洲中央银行的担保和赎买（bail-out）后，其高管和交易员的奖金照发，依旧维持着奢靡的生活。经济不平等的社会民主赤字很快反映到欧盟的代议制民主体系之中，由于中右和中左政党无所作为，欧债危机的这几年里，欧盟内出现了西班牙"我们能"、意大利"五星运动党"、德国"另类选择党"、北欧国家"盗版党"① 等新型非主流政党，它们的得票率飞快上升，在一些国家已经颠覆了建制派政党的统治地位，比如"盗版党"已是冰岛的执政党，喜剧演员格里罗成立的"五星运动"在 2018 年意大利大选中，竟然已成为第一大党。

　　法国左派在新自由主义的大潮之下，进行过几次堂吉诃德式的反击，但均以失败告终。1981 年，社会党人密特朗在法国共产党的支持下当选法国总统后，逆势而动，推行有别于一般社会民主主义的"法国式社会主义"②，将全部私人银行和一些重要工业集团国有化，缩短劳动时间，实行每周三十五小时工作制等激进社会民主主义措施，但很快就碰到通货膨胀高企、外贸逆差加大、失业人数增加、发展停滞等现实经济问题，密特朗在这一"社会实验"碰壁之后，很快就回到自由主义的道路上；2012 年，弗朗索瓦·奥朗德（François Hollande）领导社会党赢得法国总统大选，他在任上对年收入超过 100 万欧元的个人征收税率约 75% 的"巨富税"，由在法国进行工商注册的企业为其缴纳，包括 50% 的"特别互助贡献"的税种以及其他社会保险费用（约 25%），以缓解一般民众对贫富悬殊的抵触情绪。但在经济全球化的当下，富人却可以"用脚投票"，以离开法国

---

　　① "盗版党"（Pirate Party），国内媒体普遍将其翻译为"海盗党"，但实际上该政党成立的缘由是瑞典一群大学生渴望免费获得音乐版权，宣布要不受限制从互联网下载音乐而发起的反体制运动，因此意为"盗版党"更准确。

　　② 钱能欣：《法国社会党的经济试验》，《西欧研究》1983 年第 1 期。

的方式躲避高税收，2015 年约有 10000 位法国"百万富翁"迁往伦敦、布鲁塞尔和瑞士，2016 年"逃亡"的法国富人达到 12000 人，富人移民数量居世界首位。2017 年法国大选，亲企业界的埃马纽埃尔·马克龙（Emmanuel Macron）在胜选后开始税制改革，变相废除了"巨富税"这一社会再平衡税种①。

　　法国的教训表明在经济全球化时代，民族国家自己对抗资本是极其无力，且必定失败的。要想管束已经脱开民族国家缰绳的资本"烈马"，必须在全球层面建立有效的治理机制，欧洲国家至少需先从欧盟层面入手。金融交易税（FTT）②是欧盟近年来进行社会再分配的一个亮点。2010 年欧盟在"二十国集团加拿大多伦多峰会"上倡导为了避免金融危机再度发生，并就各国政府救助危机银行的行为补偿普通民众的损失，应在全球范围征收金融交易税，但未能成功。2011 年欧盟委员会决定独立行动，向欧盟各成员国提出金融交易税的建议，拟在欧盟范围内对股票、债券、金融衍生品交易征税。法国于 2012 年全球率先开征此税，对在法国境内挂牌交易、市值 10 亿欧元以上的任何公司的证券交易征收交易额 0.2% 的交易税，每年征得超过 10 亿欧元，2017 年税率又提高到 0.3%。德国、奥地利、比利时、爱沙尼亚、希腊、西班牙、意大利、葡萄牙、斯洛文尼亚和斯洛伐克等其他 10 个欧盟成员国同意征收金融交易税。按照该倡议的发起者法国前外长菲利普·法比尤斯的解释，如果对股票和债券交易征收 0.1%、对衍生品合约征收 0.01% 的金融交易税，欧盟每年可以获得 590 亿欧元的财政收入。这笔钱中的 25% 可以用来为那些接收难民的国家提供财政和技术救助；50% 提供给发展中国家，帮助他们缓解极度贫穷；另外的 25% 列入欧盟预算。这样做，不仅能增强成员国接收难民的意愿，还能有

---

　　① Anne-Sylvaine Chassany, "France's super-rich will benefit most from Macron's tax breaks", *Financial Times*, October 27, 2017.

　　② 有的媒体也将金融交易税称为"托宾税"。美国经济学家、诺贝尔经济学奖获得者詹姆斯·托宾（James Tobin）于 1972 年率先提出对外汇交易征税，以减少金融活动的投机性，国际金融交易税是托宾税中的一种。

效防止金融投机，可谓一举多得①。但是欧洲金融业最发达的英国坚决抵制这一方案，它始终坚持如果无法在全球层面推行金融交易税，欧洲将会面临资本出逃的困境（实质是不愿将税收收入交给欧盟）。2016年英国脱欧公投决定离开欧盟后，欧盟征收金融交易税的前景又变得明朗起来，法国总统马克龙在欧盟内积极推动，希望以此税种资助欧盟应对全球气候变化的行动②。金融交易税如能在欧盟范围征收，将是30多年欧盟社会民主建设不多的突破性新成就。

小　结

民主一方面是政治机构能够通过政治参与激发人们的忠诚与归属感，另一方面又意味着，政治机构能够提供符合公民偏好与期望的公共政策③。对于欧盟这样一个依靠成员国自愿转让主权而建起的治理系统，输出合法性（output legitimacy），即用有效履行功能来取得实际成果是其首要的合法性来源④。所以，输出民主的重要性在很大程度上要超过代议和参与式输入民主。

社会民主主义是"二战"后西欧国家为构建公平正义社会所选择的历史道路，在社会民主主义思想的影响下，欧盟也在发展过程中建立了以成员国为主，欧盟层面机制为辅的双层社会保护体系，基本上使欧盟确立了有别于其他国家组织，也同美国等世界主要国家相异的"社会欧洲"形象和特质。尽管新自由主义已经流行了30多年，但在当今这个不平等的世界上，基尼系数最低、经济收入水平差异最小的国家依然集中在欧盟内的北欧和西欧。虽然在强势的新自由主义面

---

① 王丽颖：《欧洲金融交易税风刮美国》，《国际金融报》2015年12月14日。

② Reuters："France to push for European financial transactions tax"，December 10，2017，https：//www. reuters. com/article/us-france-tax-environment/france-to-push-for-european-financial-transactions-tax-idUSKBN1E40G1.

③ ［法］鲍铭言、［法］迪迪尔·钱伯内特：《欧洲的治理与民主：欧盟中的权力与抗议》，李晓江译，社会科学文献出版社2011年版，第4页。

④ ［法］奥利维耶·科斯塔、［法］娜塔莉·布拉克：《欧盟是怎么运作的》（第二版），潘革平译，社会科学文献出版社2016年版，第300页。

前，社会民主主义节节败退，但大部分欧洲人仍然持有这种心态：即
"社会欧洲"模式所承诺的工作上的保障、高昂的税额和庞大的社会
支付，好似政府和公民之间、公民与公民之间一份心照不宣的约定。
每年一度的欧洲晴雨表调查显示，绝大多数的欧洲人都认为贫穷是社
会大环境造成的，并不是因为个人的无能。调查还显示，如果高税收
是为了平衡贫富差距的话，他们宁愿支付。① 这表明在欧洲，新自由
主义个人至上的哲学还未能占领大多数欧洲人的心灵，社会民主的基
础仍有道德支撑。

　　但另一方面，我们应当看到，欧盟的社会民主基因主要是成员国
的社会保障体系所奠定的，欧盟层面的社会保护措施和社会再分配，
即"社会纠正"（social correcting）②，要远低于它在促进市场自由化
方面的努力和成效。欧洲一体化更多体现为"消极一体化"，即消除
贸易壁垒或公平竞争障碍，而不是"积极一体化"，即在更大框架下
重构经济规范体系③。全球化的竞争压力增加了欧盟各成员国降低其
社会保障水平的压力，但在成员国社会服务弱化、低收入群体和中产
阶级收入低速增长或原地踏步的同时，在欧盟层面却没有建立起相应
的强有力的补偿机制（结构基金援助的目标是经济欠发达地区，它无
法弥补成员国削减福利开支给普通民众生活造成的负面影响），这间
接造成 30 年来欧盟人口中贫富差距不断拉大。欧盟扩大后，人均国
民收入低于欧盟平均水平的中东欧国家的加入，又给欧盟的社会化进
程和社会团结精神增加了新挑战。

　　西方在"二战"后曾形成有利于稳定的"橄榄型"社会，即富
人和穷人的相对数量皆较少，中产阶级是全社会的主体，而中产阶
级常被认为是民主的社会阶级基础。美国政治学者李普塞特曾指出：

---

① ［美］托尼·朱特：《战后欧洲史（卷四）：旧欧洲、新欧洲（1989—2005）》，林
骧华等译，中信出版社 2014 年版。

② Fritz W. Scharpf，"The European Social Model：Coping with the Challenges of Diversity"，
MPIfG（Max-Planck-Institute for the Study of Societies）Working Paper 02/8，July 2002.

③ Fritz W. Scharpf，*Governing in Europe：Effective and Democratic？*，Oxford：Oxford University Press，1999，p. 45.

从亚里士多德到现在，人们一直认为，只有在富裕社会，即生活在现实贫困线上的公民相对较少的社会，才能出现这样一种局面：大批民众理智地参与政治，培养必要的自我约束，以避免不假思索地听信不负责任的煽动。一个分化成大多数贫困民众和少数显贵的社会，要么导致寡头统治（少数上层分子的独裁统治），要么导致暴政（以民众为基础的独裁统治）①。但在新自由主义"引导"之下，特别是遭受金融危机之后，美国的中产阶级已经低于总人口的一半②，西欧的德国、奥地利，甚至北欧瑞典的中产阶级人数也出现了缩水现象③，主要原因都是中产阶级的"下流化"，即低收入群体的增长速度超过高收入者，越来越多的中产阶级沦为低收入者。如果欧盟和成员国政府不采取有力的社会再分配纠正市场行为，这种趋势还将继续发展下去。这样的社会民主赤字已经极大地冲击到美国和欧洲国家的选举政治和公决式参与民主，也影响到欧盟的声誉和形象。唐纳德·特朗普（Donald Trump）击败希拉里·克林顿（Hillary Linton）当选美国总统和英国脱欧公投显示出，众多蓝领工人和中产阶级已然厌烦了建制派政党和政治人物的说辞，未来由贫富差距产生的激进民粹思潮还可能会进一步动摇欧盟赖以支撑的中左中右相互妥协的共识政治基础。

马克思主义认为经济基础决定上层建筑，但是以意识形态为核心的上层建筑对经济基础也有极大的反作用。在经济状况不佳的危机时

①　［美］西蒙·马丁·李普塞特：《政治人：政治的社会基础》，张绍宗译，上海人民出版社1997年版，第27页。

②　美国皮尤研究中心以收入中位数定义"中产阶级"，按照该中心的估算，1971年61%的美国成年人生活在中等收入家庭中，到2015年这一数字则下降到49.9%，中产阶层已经不占多数，而低收入者则从1971年的25%上升到2015年的29%，高收入阶层比例也从1971年的14%上升到2015年的21%。参见 Pew Research Center, "The American Middle Class is Losing Ground: No Longer the Majority and Falling behind Financially", Washington, D. C. , December 2015, p. 6。如果按所拥有的财富计算，中产阶级和低收入群体的财富距离富人更远。

③　Eurofound, " Income inequalities and employment patterns in Europe before and after the Great Recession", Publications Office of the European Union, Luxembourg, 2017. https://www. eurofound. europa. eu/sites/default/files/ef_ publication/field_ ef_ document/ef1663en. pdf.

期，具有凝聚力量的意识形态也可以帮助一个政体抵御内外侵袭，使之渡过难关，迎来春天。欧盟有此种民主输出效应吗？下一章我们来探讨欧盟民主的另一种输出形式——意识形态。

第六章　意识形态民主

政治共同体（无论是古典的城邦，还是现代国家）必须守护自己的神，才能成为政治共同体……从价值状况、从生活方式的角度，祛魅了的现代世界是一个多神的世界，在各个民族国家之上，没有一个至高神。没有一种方法可以科学地判定不同的文化价值之间的高低优劣，各种价值便必然陷于无可消解、永无止境的争斗中。

——马克斯·韦伯

民主，这个在冷战中获胜的思想，摧毁了帝国。管理一个实行多数表决制的民主国家需要一种强烈的认同感。民主需要有含义明确的政治共同体。

——罗伯特·库珀

如果我们战斗，不是为了领土，而是为了价值观。

——托尼·布莱尔

关于什么是"意识形态"，马克思和恩格斯认为它是道德、宗教、形而上学以及其他思想和意识的总和，而且在阶级社会中，主流意识形态往往是统治阶级意识的体现，"占统治地位的思想不过是

占统治地位的物质关系在观念上的表现"①。从中性的角度去理解
"意识形态",大致可认为"是一种人对自己的存在、对于自己与他
人的关系、对于各种社会现象的认识系统、解释系统。这种认识并
不一定具有正确性,又总是为认识者自己的社会环境所左右,但却
决定着我们的世界观、价值观、政治取向乃至习俗风尚。人的社会
化、政治社会化的过程,其实便是对某种意识形态的接受过程。"②
"二战"结束后的"黄金时代",随着西欧福利国家建设的推进和西
方整体阶级关系的变化,意识形态终结成为西方社会理论家的主导
性认知③。但这种判断如同 30 年后福山针对苏联解体这一国际政治
事件所做的预言一样,遭到历史的证伪。最终,人们发现意识形态
依然"永恒"存在④,无论是从马克思主义的阶级分析观点来看,还
是"去掉意识形态化",中性地去理解作为思想、观念、价值综合体
的意识形态。

　　民主同自由、人权、法治一道,是欧盟的核心价值观。1991 年
的《欧洲联盟条约》(即《马斯特里赫特条约》)第 6 款指出:联盟
建立在自由、民主、尊重人权和基本自由,以及法治原则的基础之
上⑤。2003 年欧盟制宪会议的最终结果——《欧盟宪法条约草案》,
在起始部分即引用著名的古希腊民主政治代表人物伯利克利那段著名
的话:"我们的政体……之所以被称为是民主,是因为权力不是掌握
在少数人手中,而是掌握在最大多数人手里(the greatest number)"

---

① 马克思、恩格斯:《德意志意识形态》,《马克思恩格斯文集》第 1 卷,人民出版社
2009 年版,第 525 页。
② 许振洲:《浅论意识形态及其在当下中国的困境》,《国际政治研究》2011 年第
4 期。
③ [美]丹尼尔·贝尔:《意识形态的终结》,张国清译,江苏人民出版社 2001 年版;
[法]雷蒙·阿隆:《知识分子的鸦片》,吕一民、顾杭译,译林出版社 2005 年版。
④ [法]阿尔都塞:《意识形态和意识形态国家机器》,载陈越编《哲学与政治——阿
尔都塞读本》,吉林人民出版社 2003 年版,第 351—352 页。
⑤ 见欧盟委员会官方网站,http://ec. europa. eu/comm/external_ relations/human_
rights/intro/index. htm#treaties。

（英文版用希腊语和英语两种语言写出）[①]。可以说，在欧盟的意识形态，或者说"政治和社会信仰"[②] 中，民主是其中心组成要素之一。就像欧盟前对外关系委员贝妮塔·费雷罗-瓦尔德纳女士（Benita Ferrero-Waldner）2005 年 4 月在布鲁塞尔的一次演讲中开头所说："杰里米·里夫金（Jeremy Rifkin）写道：'欧洲梦是这个麻烦世界上的一束光，它引导我们进入一个包容、多元、强调生活质量、深刻、可持续、倡导普遍人权、保护自然和维持地球和平的新时代'。我对'欧洲梦'深信不疑，我们拥有促进全球民主、自由和公正事业发展的潜能，特别是在我们的周边地区。"[③]

　　欧盟是一个建立仅半个多世纪的"独特的"的非国家行为体，成立时间短，合法性基础与民族国家相比十分薄弱，依靠的是成员国的主权善意转让以及它所发挥的功能性作用，所以有关欧盟民主输出效应的一个重要假设就是：民主会提升欧盟意识形态的吸引力，巩固欧盟的国际地位，加强世界其他地区和国家对它的好感，从而可以扩展其国际影响力，帮助它成为与美国并立的世界级"力量"。民主是欧盟意识形态的重要组成部分，它和政治权利是欧盟外交政策和对外援助的基石[④]，同时民主也是欧盟施展"软实力"的重要工具。究竟欧盟半个多世纪以来，它形成了怎样的民主价值观，这种民主价值观如何提升到意识形态高度，变成它的对外传播工具，在向外传播的过程

---

①　转引自冯兴元等《立宪的意涵：欧洲宪法研究》，北京大学出版社 2005 年版，第 292 页。古希腊伯罗奔尼撒战争中，雅典城邦的伯利克里在阵亡将士国葬典礼上的演说是后来民主景仰者最常引用的一段话，完整的论述为："我们的制度之所以被称为民主政治，因为政权是在全体公民手中，而不是在少数人手中。解决私人政治的时候，每个人在法律上都是平等的；让一个人负担公职优先于他人的时候，所考虑的不是某一个特殊阶级的成员，而是他们有的真正才能。任何人，只要他能够对国家有所贡献，绝对不会因为贫穷而在政治上湮没无闻。正因为我们的政治生活是自由而公开的，我们彼此间日常生活也是这样的。"[古希腊] 修昔底德：《伯罗奔尼撒战争史》（上），谢德风译，商务印书馆 1997 年版，第 130 页。

②　Bernard Williams, "Democracy and Ideology", *The Political Quarterly*, Oct. 1961.

③　http：//europa. eu. int/comm/external_ relations/ news/ferrero/2005/sp05_ 257. htm.

④　Anthoula Malkopoulou, "Lost Voters：Participation in EU Elections and the Case for Compulsory Voting", Center for European Policy Studies（CEPS）Working document, 2000. 转引自张磊《欧洲议会中的党团政治》，北京大学出版社 2013 年版。

中又取得了怎样的效果。本章主要从国际政治视角观察意识形态层面的欧盟民主输出效果，通过对比美国，对欧盟的民主价值观进行归纳概括，并追述欧盟对外扩展民主的历程，来分析和评判欧盟在意识形态领域的民主状况。

欧盟的民主价值观及意识形态化过程

作为一个所谓"民主国家的民主共同体"（democracy of democracies）[1]，欧盟在价值理念上认同其成员国关于民主的基本理念。当然，这里的成员国主要指"老成员国"，特别是德、法、英等大国。欧洲主要国家的民主价值观里的主要成分同美国相同，即"自由民主"（liberal democracy），并将自由选举作为判定是否民主的核心标准。但是，欧盟的民主价值观又有一些不同于美国之处，这主要是由于欧洲人的理念在长期历史发展过程中形成了自己的特质。德国哲学家于尔根·哈贝马斯在美国乔治·W. 布什政府 2003 年发动伊拉克战争，试图以"民主"改造中东地区时，对欧洲"形而上"的身份做了比较精辟的评价：第一，欧洲实行政教分离，"在欧洲，如果一位总统以公共祈祷开始一天的工作，并且把重大的政治决定看成是神赋予的使命，这是很难想象的"；第二，欧洲人相信国家有力量来改正市场的错误；第三，自法国大革命以来，欧洲已经发展出了一种由保守派、自由派和社会派组成的政党制度，来持续对抗"资本主义现代化带来的社会病理后果"；第四，欧洲工人运动与基督教—社会传统带来了一种团结的社会思潮，持续要求更多的社会公平，反对"接受社会完全不平等的个人主义思潮"；第五，重视道德，避免 20 世纪集权政权以及大屠杀的重演，"欧洲理事会与欧盟把取消死刑作为加入欧盟的条件"；第六，欧洲通过超国家的合作来医治战争创伤。这使得欧洲人坚信，国家间的相互主权限制可以使国家避免使用武力。经

---

[1]　Heidrun Abromeit, *Democracy in Europe: Legitimising Politics in a Non-State Polity*, Munich: Berghahn Books, 1998.

历了几多帝国的起起落落，欧洲人现在可以实现"康德制定世界政策的愿望"。①

　　归纳起来，欧盟的民主价值可在自由选举之上，增加两点核心欧洲特质，分别是社会民主和以人权为根基的"良治"（good governance）观。社会民主方面，欧盟认可经济和社会权利是与政治自由同样重要的权利，社会平等是一个社会的基本组织原则和追求目标，因此欧盟在对外传播和推广自己的民主模式时，其政策主张超越自由选举和代议制，也含有社会公平内容，至少是一种"嵌入式自由民主"②。如意大利学者索尼亚·卢卡雷利（Sonia Lucarelli）所说，尽管面临着世界范围的自由化，但欧洲仍然保留着最强大的福利体制，这是欧洲人对自由主义特别的解释③。以人权为根基的"良治"则一方面是欧盟的超国家性的体现，欧盟自己既是一个讲究公开、透明，自诩"民主"的治理体系，同时它又是可以越过国家层面，直接以盟内公民为组成基本单元的政治体；另一方面"良治"也是欧盟精英充满"理想主义"色彩的"世界主义"（cosmopolitism）理念的映射，即人类的福祉不是由地理方位或文化区域决定的，国家、种族或是别的区别不应成为那些满足人类基本需求的权利和义务的限制，所有人都应受到平等对待和尊重④。它的这种外交理念源自欧洲以和平的制度化和法制化方式推进一体化的自身历史经验、以1950年《欧洲人权公约》开端的以平等的个人主义为核心的人权世界观，以及以康德的《永久和平论》为思想根源的全球宪政主义秩序理想。欧盟的历次重大条约均会标明欧盟的价值观，2009年生效的《里斯本条

---

　　①　［英］提摩许·加顿·艾什：《自由世界：美国、欧洲和西方世界的未来》，张宁译，东方出版社2009年版，第48页。

　　②　Anne Wetzel and Jan Orbie ed. , *The Substance of EU Democracy Promotion*：*Concepts and Cases*, Palgrave Macmillan UK, 2015, p. 1.

　　③　Sonia Lucarelli, "European Political Identity, Foreign Policy and the Others' Image"：An Underexplored Relationship, in Furio Cerutti and Sonia Lucarelli, eds. , *The Search for European Identity*：*Values*, *Policies and Legitimacy of the European Union*, New York：Routledge 2008, p. 29.

　　④　David Held, "Cosmopolitanism", David Held and Anthony McGrew ed. , *Governing Globalization*, Polity Press, 2002, pp. 305 – 324.

约》在前言的第二款和第三款即表示："欧盟建立在尊重人的尊严、自由、民主、平等、法治和尊重人权，包括少数族裔人权的基础上"，"联盟成立的目的就是要增进和平，推广它的价值，提高它的人民的幸福水平"①。与美国相比，欧盟的民主价值观掺入更多的社会权利，并更加强调包括国际法治、维护人权和透明廉洁的政府的"良治"的重要性。

欧盟并未将它的这种综合民主价值作为理念限制在自己的边界之内，在欧洲一体化发展到一定阶段后，它就将其上升到意识形态的高度，既以之塑造和增强盟内公民对自己的认同，也用它扩展和提升国际吸引力，追求世界性声誉和地位。在这一价值综合体之中，自由民主仍是欧盟意识形态最主要的组成成分。1989 年 10 月，雅克·德洛尔在布鲁日的欧洲学院（College of Bruge）发表演说阐述欧洲的世界观时，即引用了 1948 年在海牙召开的首届欧洲统一运动大会一位宣言起草者的话："欧洲的最高目标就是保证人的尊严，以及自由——这一人的尊严的真正形式……我们不仅要在我们的大陆联盟保障我们欧洲已经得到的种种自由，也要将这些自由的益处播撒给世间诸人。"②

在欧盟/欧共体成立和发展的初期，它并未正式把在全球推广民主当作自己的使命。只是随着欧洲一体化从经济向政治领域不断扩展，欧盟作为欧洲代表的地位越来越巩固，欧盟开始展现出其扩展民主的欲望。"二战"后欧洲的民主化进程大致可以分为冷战和冷战后两个阶段：冷战阶段从 20 世纪 60 年代末到 1989 年，冷战后阶段从 1989 年柏林墙倒塌至今。③ 在冷战后半段，欧共体及其成员国希望以

---

① Council of the European Union, "Consolidated versions of the Treaty on European Union and the Treaty on the functioning of the European Union", Article 2 and Article 3, Brussels, 15 April 2008.

② Denis de Rougemont, quoted by Jacques Delors in his address of 17 Oct. 1989 to the College d'Europe in Bruges, http://www.ena.lu/address_given_jacques_delors_bruges_17_october-1989-020004200.html.

③ Micheal Emerson, ed., *Democratisation in the European Neighbourhood*, Brussel: Centre for European Policy Studies, 2005, p. 170.

欧共体的扩大来实现欧洲其他地区的民主化的意图初显，但还没有正式提升为政策指导原则。而到了冷战结束，"民主"就已经写入欧盟各项条约和诸多政策的正式文件，成为欧盟意识形态和对外政策的一个核心要素，下面我们分别予以介绍①。

（一）第一阶段：20 世纪 60 年代末到 1989 年

"二战"结束后，西欧国家忙于战后重建和发展经济，向外推广民主没有提上各国政府的议事日程。欧洲层面的民主化进程是随着欧洲一体化取得初步成功，欧洲共同体的扩大而开始的。1957 年《罗马条约》签署标志着欧共体成立，随后是欧共体内部贸易大增、欧共体签约六国经济蓬勃发展、取得巨大成功的 20 年。考虑到经济利益，其他西北欧国家也希望加入欧共体，比如英国 1963 年和 1967 年两次申请加入欧共体，但都遭到法国戴高乐总统的否决。转变发生在 1970 年，继任戴高乐担任法国总统的蓬皮杜没有再次否决英国，② 到 1973 年欧共体"第一次扩大"，丹麦、爱尔兰和英国这三个所谓的"成熟民主国家"加入。

欧共体对扩大态度的转变引发了南欧国家的加盟热情。欧共体向南扩大与当时南欧的民主化进程同步。虽然这两者同步发生，但并没有太多证据显示欧共体接受南欧三国是出于推广人权和民主化意识形态因素的考虑。欧共体考虑更多的是扩大市场和维护地缘安全。1974 年，希腊结束军人独裁统治，其新领袖开始迅速发展同欧共体的关系，1975 年 6 月正式向欧共体递交申请。当时希腊的卡拉曼里斯（Karamanlis）政府希望加入欧共体，是因为他们认为这样能够促进希腊经济的发展，可以打开希腊产品尤其是农产品进入西欧市场的渠道，同时也可帮助希腊减少对美国的依赖，融入欧洲还可以抗衡土耳

---

① 这一部分采用了笔者 2007 年撰写的一篇论文内容。参见赵晨《欧盟如何向外扩展民主：历史、特点和个案分析》，《世界经济与政治》2007 年第 5 期。

② 关于法国和欧共体其他各国态度为什么发生转变，详见 Andrew Moravcsik，*The Choice for Europe: Social Purpose and State Power from Messina to Maastricht*，Ithaca：Cornell University，1998，Chap. 3 and Chap. 4。

其和斯拉夫国家的影响。另外，希腊政坛的中间派和保守集团承认在安全上，加入欧共体可以"为希腊羽毛初丰的民主制度提供最好的保障"。① 同希腊比起来，西班牙和葡萄牙两个南欧国家更视加入欧共体为确定自己欧洲身份的一种象征，西班牙国王胡安·卡洛斯一世（Juan Carlos Ⅰ）强调，西班牙的使命在欧洲，而且与欧洲连在一起。葡萄牙的斯宾诺拉将军说："葡萄牙的未来与欧洲是明确地连在一起的。"② 这些情感在两个国家的中产阶级中特别强烈，它也为民主运动提供了社会基础。当然，经济因素也很重要。葡萄牙对外贸易的一半是同欧共体进行的，旅游、贸易和投资也使得西班牙成为欧洲的一部分。葡萄牙 1977 年 3 月申请成为欧共体的成员。3 个月之后，西班牙也递交了申请。如同希腊一样，在这两个国家民主体制的确立都被看做是确保拥有欧共体成员资格、能给自己带来经济好处的必要条件，而且欧共体的成员资格也被看做是民主稳定性的保障。③ 1981 年，欧共体接纳希腊为正式成员。1986 年，欧共体第四次扩大，西班牙和葡萄牙也加入了欧共体。

　　加入欧共体就意味着希腊等南欧三国成了欧洲的一员，意味着它们进入了"民主阵营"，欧共体向它们打开大门，提供市场、安全保证和经济援助。1985 年 7 月，欧共体设立"地中海综合项目"，资助刚刚加入共同体，且完成自由民主改造的地中海沿岸成员国的地区发展项目，包括职业培训、道路建设、农业灌溉、扶助中小企业等，

---

① Susannah Verney, "Greece and European Community," in Kevin Featherstone and Dimitrios K. Katsoudas, eds., *Political Change in Greece: Before and After the Colonels*, London: Croom Helm, 1987, p. 259. 转引自［美］萨缪尔·亨廷顿《第三波——20 世纪后期民主化浪潮》，刘军宁译，上海三联书店 1998 年版，第 100 页。

② Howard J. Wiarda, "The Significance for Latin America of the Spanish Democratic Transition," in Robert P. Clark and Micheal H. Haltzel, eds., *Spain in the 1980s: The Democratic Transition and a New International Role*, Cambridge, Ballinger Publishing, 1987, p. 159; Kenneth Maxwell, "Porgugal: A Neat Revolution," in *New York Review of Books*, June 13, 1974, p. 16. 转引自萨缪尔·亨廷顿《第三波——20 世纪后期民主化浪潮》，刘军宁译，上海三联书店 1998 年版，第 100 页。

③ ［美］萨缪尔·亨廷顿：《第三波——20 世纪后期民主化浪潮》，刘军宁译，上海三联书店 1998 年版，第 100 页。

1993年，欧共体又设立聚合基金，对希腊、葡萄牙、西班牙和爱尔兰四个相对落后成员国（人均国民生产总值低于欧盟平均水平的90%）的经济发展进行专项帮扶。① 这些援助资金拉动了这些所谓"新民主国家"的经济增长，稳定了它们的民主体制。

在葡萄牙民主化过程中，西欧各国还不仅只是通过欧共体向它被动提供经济动力和政治保护这么简单。当时的联邦德国政府和社会民主党主动向葡萄牙政府和葡萄牙的社会党人提供实际的物质资源支持。他们创造的模式和手段也引来了美国的关注，美国对葡萄牙也进行了经济资助。亨廷顿把葡萄牙的民主运动视做民主"第三波"浪潮的开端，② 并且认为，1975年，由德国领导的西方介入对葡萄牙的民主化至关重要。③ 南欧三国的民主转型对后来的东欧剧变产生了相当大的影响，美国的波兰裔政治学者亚当·普沃斯基（Adam Przeworski）说："东欧新的精英分子和民众都希望走向欧洲。'民主、市场、欧洲'是他们前进的旗帜与方向。乐观的前景就是追随西班牙的道路。自1976年以来，仅15年的时间，西班牙就成功地巩固了民主制度、和平地交接了权力、实现了经济现代化、提高了国际竞争力、由文人控制了军队、解决了复杂的民族问题、扩大了公民权利、改造了本国文化，使自己成为欧洲共同体的一部分。这正是东欧国家人民梦寐以求的。"④

（二）第二阶段：1989年至今

如果说在第一阶段，欧洲共同体主要还停留在经济意义上的话，那么到1993年11月《欧洲联盟条约》（也即《马斯特里赫特条约》）生效，欧洲联盟成立，欧洲一体化的政治意义就凸显出来了。《罗马

① 申皓：《试析欧盟地区政策的演进》，《法国研究》2002年第2期。

② ［美］萨缪尔·亨廷顿：《第三波——20世纪后期民主化浪潮》，刘军宁译，上海三联书店1998年版，第1—3页。

③ 同上书，第101页。

④ ［美］亚当·普沃斯基：《民主与市场：东欧与拉丁美洲的政治经济改革》，包雅钧等译，北京大学出版社2005年版，第11页。

条约》生效30多年之后，欧共体的老成员国们第一次把民主和人权原则要体现在外交政策中写入了条约。《欧洲联盟条约》确定发展和巩固"民主和法治，尊重人权和基本自由"是欧盟共同外交和安全政策的目标；同时它也提出共同体在发展合作领域的政策也要致力于发展和巩固民主制。《欧洲联盟条约》第6款集中体现了欧盟的这一要求，具体有以下三点：（1）联盟建立在自由、民主、尊重人权和基本自由以及法治原则基础上，所有成员国一视同仁；（2）联盟应当尊重基本人权，它受1950年11月4日在罗马签署的《欧洲保护人权和基本自由公约》的保障，它也是基因于各成员国的宪政传统，它同时还是共同体法的根本原则；（3）联盟应当提供必要手段实现这方面的目标，落实这方面的政策。①

1999年5月1日生效的《阿姆斯特丹条约》，除重申了《马斯特里赫特条约》的上述条款之外，特别提出要建立一套机制，如果有成员国严重和持续违反人权的行为，要对之进行制裁。2000年12月的《尼斯条约》更加强调了这一点，同时它还要求在与联盟外其他国家进行经济、财政和技术合作时，都要考虑联盟发展以及巩固民主、法治，尊重人权和基本自由的目标。至此，人权和民主已经成为欧盟所有有关对外关系方面的一项重要政策目标。②

中东欧地区是冷战结束后欧盟处理对外关系的重要考虑目标。1989年柏林墙倒塌，苏联集团的中东欧各国迫切希望加入欧盟，倒向西方。1990—1995年，欧盟陆续与波兰、捷克等中东欧八国缔结"欧洲协定"，赋予后者"联系国"地位，考虑接纳它们入盟。但是欧盟也有条件性要求，即入盟要满足一定条件。1993年6月，欧盟哥本哈根首脑会议专门为想要入盟的中东欧国家制定了三条标准，

---

① 见欧盟委员会官方网站，http://ec.europa.eu/comm/external_relations/human_rights/intro/index.htm#treaties。

② 1995年5月欧盟委员会就提出"将尊重民主原则和人权纳入共同体与第三国关系协议"。参见 European Commission, "On the Inclusion of Respect for Democratic Principles and Human Rights in Agreements between the Community and Third Countries", COM (95) 216 final, Brussels, 23.5.1995。

也即所谓的"哥本哈根标准"，如果这三条标准无法得到满足，欧盟就不会开启与它们的入盟谈判。标准中第一条就是政治条件：要维持稳定的民主机构、法治和人权，欧盟委托欧盟委员会每年对"联系国"的民主状况进行考核评估，以确定它是否在朝这个方向努力。

在政治上接纳中东欧国家之前，欧盟先推出了一系列经济援助措施，引导它们靠拢欧盟，先向市场经济转变。东欧剧变刚一发生，欧盟首先推行"法尔计划"（PHARE），组成西方多国多边援助框架，先是援助波兰和匈牙利，随后扩展到所有中东欧国家，每年拨款金额达到 33 亿欧元；接着筹组"欧洲重建与开发银行"，提供贷款和投资，支持中东欧的私人资本发展和私有化进程。① 欧盟的经济援助也附加了政治上的民主化要求，经过长时间的谈判，最终在 2004 年 5 月，波兰、捷克、斯洛伐克、匈牙利、立陶宛、爱沙尼亚、拉脱维亚和斯洛文尼亚等中东欧八国入盟；2007 年 1 月 1 日，保加利亚和罗马尼亚也加入了欧盟。这标志着欧盟认可了它们的民主转型，也标志着这些国家所谓"民主化"的完成。

冷战结束后，欧盟开始强调人权和民主不仅体现在稳定周边地区，将自己的范围向外扩大方面，还体现在它对其他发展中国家的发展援助政策和经贸政策上，另外在联合国等国际组织和论坛上，在各项国际事务中，其有关外交政策的表态都突出了"民主"的字眼。而这一现象在冷战期间远没有这么明显。比如，欧共体 1975 年开始与非洲、加勒比和太平洋国家（简称非加太国家）签署"洛美协定"，本来这一系列协定一直没有民主和人权的内容，协定中第一条有关人权的条款还是非加太国家提出的，在第三个"洛美协定"（1985—1990 年）期间，非加太国家强烈反对把当时实行种族隔离制度的南非纳入协定，在这种压力之下，欧共体不得不将它和南非的合

---

① 周弘主编：《大欧盟，新欧洲：2004—2005 欧洲发展报告》，中国社会科学出版社 2005 年版，第 4—5 页。

作放入附件而不是正式文本里。① 但到了 1995 年 11 月，欧盟与非加太国家就第四个"洛美协定"签署了新的议定书，首次将民主和人权问题与欧盟援助挂起钩来，在其中提出了"民主干预"的内容。2000 年 2 月，非加太国家与欧盟谈判达成第五个"洛美协定"，在对方的强大压力下，它们不得不在人权、贸易优惠制等问题上做出重大让步，将民主、人权、法制和良治确定为执行该协定的基本原则，一旦有国家违反，欧盟有权中止对该国的援助。②

欧盟的自信心随着苏联的解体、全球化进程和自己的扩大不断增强，比如在自己的南部边界——中东北非地区，自 20 世纪 90 年代起，它开始陆续推行"欧洲—地中海伙伴关系"（1995 年启动，又称"巴塞罗那进程"）、"欧洲睦邻政策"（2003 年开始纳入中东北非地区）和"地中海联盟"（2008 年由法国倡议建立）等制度性计划，在与地中海南岸和西岸国家的贸易、援助协定中加入民主和人权等政治性条款，以财政支持和参与欧盟内部市场等手段鼓励这些国家进行经济结构性改革和法制、民主体制改革，向欧洲"趋同"。其背后的潜在暗语是"西方主导的全球化的胜利，是历史的终结，欧盟将成为未来世界秩序的模范"，因此周边国家也必将走上"自由世界"的民主和市场经济的转型之路③。

欧盟对外促进民主的特点

如果说美国在世界事务中总愿意充当"豪杰"，在自由主义意识形态指引下，崇尚霸权，经常无视国际机制和国际道德规范，霸道地

---

① Carl B. Greenidge, "Return to Colonialism? The New Orientation of European Development Assistance," in Marjorie Lister, ed., *New Perspectives on European Union Development Cooperation*, Oxford: Westview Press, 1999.

② 2000 年 6 月欧盟与非加太（ACP）国家签订的《科努托协定》（*Cotonou agreeement*）也同样将此四项作为协议基础。

③ Ulrich Speck, "EU faces tough choices in the neighbourhood", https://euobserver.com/opinion/128728. 转引自金玲《难民危机背景下欧盟周边治理困境及其务实调整》，《当代世界与社会主义》2016 年第 6 期。

干涉世界经济体系运作和地区安全事务；欧盟及其成员国则更多地视自己为"圣人"，总是自觉和不自觉地推广人权、民主、法治等生发于己的价值理念，希望介入、影响发展中国家的执政理念和治理方式。不过和美国相比，欧盟的"民主扩展"事业在方式方法上与美国有很大的不同，结果也很不一样。欧盟对外促进民主有这样四个特点。

1. 美国的民主战略具有全球视野，欧盟则把主要注意力集中在其周边地区。由于实力上的差距，欧美在实现"世界民主化"的目标上有差异。苏联解体、冷战结束后，美国成为世界上唯一的超级大国，超强的实力后盾使得美国以全世界为推广民主的对象，并且加大力度，把"输出民主"作为它主要的外交支柱之一。

欧盟同美国一样，相信民主是救治世界的"良药"，但它比美国要现实一些，它扩展民主的计划与其自身的安全和经济利益需要紧密结合，是随着它自身的不断扩大而扩大的。除了前面所述的已经入盟的中东欧国家之外，20世纪90年代战火纷飞的前南斯拉夫西巴尔干地区各国在稳定之后也在积极申请加入欧盟，2013年克罗地亚加入欧盟，成为欧盟第28个成员。其他国家，如波黑、塞尔维亚、黑山、马其顿以及阿尔巴尼亚为了入盟，也都愿意接受欧盟委员会的定期民主评估。而现在处于欧盟东部边界的乌克兰和土耳其都曾不断修改自己的国内法律，就是为了调整适应欧盟提出的各项政治民主化要求。欧盟已经成为"欧洲"的代名词，加入欧盟，成为"欧洲"的一员，对它周边的国家有着巨大的吸引力，它好像磁石一般，吸引着周边国家争先恐后地交出入盟申请书。不过欧盟对这些申请有现实的考虑，比如2004年12月乌克兰发生"橙色革命"，维克托·尤先科（Viktor Yushchenko）在美欧的支持下上台执政，但其实在所谓"革命"之前，库奇马政权早就提出要加入欧盟，库奇马也曾主动调整自己的政策，进行过相当力度的改革。但是出于综合考虑，欧盟两次拒绝给予乌克兰联系国地位。2003年在雅尔塔举行的欧乌峰会上，当时的欧盟委员会主席普罗迪说乌克兰成为欧盟成员的可能性类似于新西兰。欧盟提出"睦邻政策"（neighborhood policy）的目的之一，就是要处理乌克兰、突尼斯、摩洛哥这样在地理上不适合加入欧盟的国家。[①]
库奇马是由于实在看不到入盟的希望，才被迫转向俄罗斯一边。[②] 尤
先科上台后，欧盟也同样没有因为发生了所谓的"革命"，就同意接
纳乌克兰。在 2013 年底爆发的乌克兰危机后，俄罗斯从乌克兰"收
回"克里米亚，欧盟尽管与美国一道对俄罗斯实施经济制裁，加强东
部边界军事部署，但也仅仅只同乌克兰签署了"联系国协定"，始终
没有承诺给予它候选国地位。

2. 美国的民主计划通常显得激进，不惜使用武力，而欧盟则比
较谨慎。美国对外"输出民主"或者是"移植民主"的霸道蛮横是
众所周知的。究其原因，除了处于霸权地位这样的客观因素外，同它
崇尚个人自由、意识形态简单化也有关系。[③] 欧盟在扩展民主问题上
则相对平和，力主采取非暴力手段解决"政体更替"问题。冷战后
的大多数地区冲突中，欧盟还是坚持维护联合国的权威，尽量愿意用
政治和外交手段化解危机。欧盟外交学界和欧盟官方（如欧盟前外交
与安全事务高级代表索拉纳）赞同这种观点，即相对于美国这个
"军事强权"（military power），欧盟体现出更多的是一个"民事强权"
（civilian power）的形象。欧盟通过和平方式实现一体化的历史发展，
以及它当前的制度和规范框架，使得它比美国更加适于推广普世价
值[④]。欧盟对于战后重建、维和具有丰富的经验和较高的威望。在推
广民主时也是一样，与美国"军事强权"不同，它不那么强烈主张

[①] Paul Kubicek, "The European Union and Democratization in Ukraine," *Communist and Post-Communist Studies*, Vol. 38, 2005, p. 280.

[②] 2003 年，库奇马签署了《独联体单一经济区》协定。他在解释时说："由于欧洲已经向我们关闭了市场……所以与其二鸟在林，不如一鸟在手。"参见 Jan Maksymiuk, "Kuchma Signs Accord on CIS Single Economic Zone with 'Reservations'", *Poland, Belarus, and Ukraine Report 5 (35)*, *RFE/RL*（其全称为 Radio FreeEurope/Radio Liberty，类似 VOA 美国之音），September 23, 2003。

[③] 王缉思：《美国霸权的逻辑》，《美国研究》2003 年第 3 期。

[④] François Duchêne, "Eurpe's Role in World Peace", in Richard Mayne, ed., *Europe Tomorrow: Sixteen Europeans Look Ahead*, London: Fontana, 1972. Jan Obie, "Civilian Power Europe: Review of the Original and Current Debates", *Cooperation and Conflict*, Vol. 41, No. 1, 2006, pp. 123 – 128.

"移植民主"，不同意 2003 年伊拉克战争这种以"低度战争"实现"低度民主"的目标，而是希望用多边方式、在尊重联合国等国际组织权威基础上推进民主化。

对用战争方法扩展民主，整体上说欧洲的民意不支持，大多数欧洲国家政府也不赞同，对美国发动伊拉克战争，试图用导弹开路，把"美式民主"强植入伊拉克的做法，欧盟特别是法、德等欧洲国家就不欣赏。2003 年法国总统希拉克和德国总理施罗德在联合国安理会否决了美国总统小布什以所谓"萨达姆政府拥有大规模杀伤性武器"为借口，侵略伊拉克的联合国提案。相反，对 2011 年乌克兰、格鲁吉亚和吉尔吉斯斯坦发生的一系列"颜色革命"，不少欧洲人认为这是欧洲扩展民主方式的成功。包括信奉自由主义观点的欧洲精英也普遍认为用军事行动来"移植"民主很难成功，民主是从内部生长出来的，只有人民自己才能决定他们想要什么。

此外，欧盟委员会和法、德等国在批评乌克兰、白俄罗斯等国的民主、人权状况，策动这些地区的民主运动时，还比较小心收敛，这是因为要顾虑和俄罗斯的关系，毕竟欧盟不像美国，它距离俄罗斯的领土并不遥远。

3. 美国主张的民主化是"低度民主"，这种观念认为民主化只要定期多党选举和公共职权分离等形式上制度具备就可以了，对人权、经济和发展、社会正义等标准没有要求①；欧洲主张的民主化是"综合民主"，要求私有制基础的市场经济、保护人权、司法平等等民主

---

① 关于"低度民主"，一些现代民主理论研究者有清醒的认识："眼下民主最流行的定义是一种最低限度的定义，只需要存在一种多党背景中的自由选举就可以了。而这在很多国家，包括柬埔寨和波斯尼亚，最近也都实现了。可是，这种根据最低限度的需要来定义的民主，对于政治合法化产生了相互矛盾的结果：它使得民主化过程在一开始极为容易，但要长期维持它的意涵和实质就远为困难；它不仅还需要具备民主在社会政治方面的前提条件，而同时，就民主作为一项未完成、也永远不会完成的政治目标来说，它也强调得不够。""如果民主一词不仅仅是在装点门面的意义上来使用的话，选举本身并不必然导致民主。如果普遍地缺乏和解的意愿，缺乏形成一种能够超越以往敌意的公民能力概念的意愿，仅仅有选举并不能创造出一种民主的文化。"参见 ［日］猪口孝、［英］爱德华·纽曼、［美］约翰·基恩编：《变动中的民主》，林猛等译，吉林人民出版社 1999 年版，第 7、19 页。

要素齐备。这体现在欧盟对中东欧国家加入欧盟的要求中。1993 年的哥本哈根标准除了维持稳定的民主机构、法治和人权之外，另外两条分别为经济上是运转的市场经济，以及认可欧盟的政治、经济和货币政策目标。

由于欧盟对外促进民主化与其自身的扩大息息相关，所以它的民主化要求就更高，要力图达到能和它的老成员国相当的水平，这样才能保证新成员国被"同化"在这个"集体"里，不会成为"异质分子"。所以欧盟为接纳新成员国设定了诸多相关条件，除了稳定的民主机构、法治和人权、尊重少数民族权利之外，还要确保市场经济正常运行，并能应付欧盟内部的竞争压力，接受欧盟全部立法等，最后还要考虑欧盟所扩大会带来的更多负面效果。尽管欧盟现在已有一整套在全球促进人权和民主化的规划和机制安排，如在双边、多边对话，伙伴关系，发展援助，国际组织中强调公民社会建设和民主，并从 1994 年起，每年拨款 1 亿欧元用于"欧洲促进民主和人权计划"（EIDHR），支持非政府组织和国际组织在其他国家进行人权和民主宣传，[①] 但它的主要精力和系统的民主改造计划还是随它自身的扩展而扩展的，所以保持在一个相对稳定的速率上。

4. 欧盟在扩展民主时要比美国更制度化、更系统、更具有连续性，同时，其官僚制的烙印也更深。欧盟作为一个多民族国家的联合体，由于它本身就是在多个国家统一协调意见基础上组成的，所以它的行动就显得更民主、多元、和谐和稳健，因而也就更容易让人接受。欧盟扩展民主也重视对象国"民主之后"的处境，通常情况下是将其吸纳进欧盟，确保其民主政权的巩固。苏联解体后，波兰、立陶宛、罗马尼亚等各国皆是如此。

对于未被列进入盟规划的一些新边疆国家，如乌克兰等独联体国家，欧盟也给以援助，其中最重要的是"对独联体技术援助"（TA-CIS）项目；对西巴尔干地区还需要经过较长时间才可能加入欧盟的

---

① 详见 European Commission，" The European Union's Role in Promoting Human Rights and Democratization in Third Countries，" Brussels，COM（2001）252 final，8. 5. 2001。

诸国，从 2001 年起，欧盟专门设立"共同体对重建、发展和稳定的援助"（CARDS）项目，1991—2005 年，欧盟在西巴尔干地区的援助资金达到 68 亿欧元，其中 CARDS 项目就占到 46 亿欧元之多。① 经援在前，各对象国要想接受这些援助，就必须满足欧盟提出的附加政治条件，这样欧盟也间接达到了促进邻国自由民主化的目的。

美国的输出民主计划中，非常重视非政府组织（NGO）的作用。2006 年年底，一些美国外交官批评欧盟的民主化计划太过"官僚""缺乏勇气"，并举美国"全国民主基金会"（NED）的例子，说 NED 每年可以保证 1.4 亿美元流向非政府组织，而非政府组织是能促进世界范围公民社会发展的唯一途径。美国外交官斯科特·卡朋特（Scott Carpenter）向欧盟对外关系委员瓦尔德纳女士建议，欧盟也应该建立类似 NED 这样的机构。瓦尔德纳的回答是欧盟的民主化工具已经足够有效，选举观察、强化欧盟"睦邻政策"、欧盟的全球发展援助以及欧盟的扩大进程等方法已经足以使世界发生变化。她说相对于美国每年的 14 亿美元，欧盟每年花在与"民主相关"事务上的资金达到 20 亿欧元，而且"人的安全是我思考的中心问题"。②

下面我们以 2004 年"橙色革命"为例，详细说明欧盟所发挥的作用以及此次事件体现出的欧盟扩展民主的特点。

乌克兰位于欧洲东部，在 2004 年 5 月 1 日欧盟东扩后，成了欧盟的新邻居。欧盟对乌克兰有着深远的影响。在"橙色革命"中，欧盟扮演了相当重要的角色，全面综合来看，欧盟甚至不低于美国因素所起的作用。当然，首先需要承认，内因是事物发展变化的主要因素。乌克兰作为苏联国家一员，在 1991 年独立后，经济没有大的改善，政治上建立了主要为原来的干部把持的官僚寡头政权（oligarchy），腐败盛行，人民有极大的怨言。但欧盟作为重要外因，在观念影响、利益诱导、施加国际压力等各个方面和环节都对"橙色革命"

---

① European Commission, "Council Regulation（EC）", 2666/2000, December 5, 2000. http：//www. ear. eu. int/agency/main/Agency-a1 b2 a3. htm.

② Andrew Rettman, "US Pushing EU into More Edgy Pro-democracy Work," *EU Observer*, December 7, 2006.

起到了关键性的作用。

第一，欧盟作为世界上最成功的一体化的范例，对乌克兰等归属欧洲地域的苏联国家产生了极大的磁吸作用。加入欧盟、"重返欧洲"成为冷战后时代乌克兰领导人赢得民意支持的口号。1996 年 2 月，当时的乌克兰总统列昂尼德·库奇马（Leonid Kuchma）就宣称，"乌克兰文化的根源是欧洲基督教文明，这就是我们为什么把自己的家首先确定为欧洲的原因"。当年 4 月，他在欧洲委员会（Council of Europe）大会上，宣布乌克兰的战略目标就是融入欧洲的结构之中，实现目标的方法就是成为欧盟的正式成员。1999 年，时任乌克兰外长的鲍里斯·塔拉斯乌克（Boris Tarasiuk）宣布，"欧洲观念已经成为乌克兰的国家观念以及社会稳定的因素"；[1] 2000 年 8 月，库奇马还颁布总统令，设立一个调整乌克兰法律以适应欧盟法律的诸事项的国家委员会，委员会主席由他亲自担任。民众对加入欧盟的热情也很高，据 2002 年的一项抽样调查显示，57% 的乌克兰人支持乌克兰成为欧盟成员，反对的人只有 16%。[2]

但是欧盟从未认真考虑过乌克兰的入盟事宜，在波兰、立陶宛等诸多中东欧国家入盟后，再扩大到面积更广、经济更落后的乌克兰，已经超出欧盟现实所能承受的界限。所以，2000 年之前，欧盟把欧乌关系的重点放在防止核扩散、配合北约东扩、维系与俄罗斯的良好关系，以及关闭切尔诺贝利核电站等次级具体事项上，始终拒绝给予乌克兰联系国的地位。2000—2004 年，欧盟开始关注乌克兰的人权和民主，它和美国一道直接认定库奇马是乌克兰民主化的主要障碍，认为只要他还掌握权力，就不期待欧乌关系有突破性进展。它转而支持反对派领导人尤先科，期望他在 2004 年选举中获胜。这就使得尤先科在选举中获得欧盟的支持，让他可以举出欧洲的大旗来吸引

---

① Roman Solchanyk, *Ukraine and Russia：The Post-Soviet Transition*, Lanham：Rowman and Littefield, 2000, p. 94.

② Kataryna Wolczuk, "Ukraine's Policy towards the European Union：A Case of 'Declarative Europeanization'," Paper for the Stefan Batory Foundation Project, "The Enlarged EU and Ukraine：New Relations," 2003, p. 6.

选票。

"欧洲观念"在"橙色革命"中起到了极强的动员作用，尤先科的支持者把欧盟的蓝底黄星旗挂到了基辅著名的独立广场（Maidan Nezalezhnosti）和乌克兰的其他各地。尤先科宣布这个世界将看到"一个脱胎换骨的乌克兰，一个具有真正的民主价值观、尊贵的欧洲国家"。[①] 他在选举中向大众展示了加入欧盟的美好前景，欧盟的支持为他的拉票工作助益甚大。

第二，欧盟对乌克兰民主化做了长期有效的预备工作。从苏联解体后，欧盟国家和欧盟就在向独联体国家加强渗透。1994 年 6 月，欧盟和乌克兰签订了《伙伴关系和合作协定》（PCA），这是欧盟与独联体国家签订的第一个此类协议。在此协定基础上，欧盟对乌克兰开展了援助工作，主要援助资金来自"对独联体技术援助"（TACIS）项目。1991—2002 年，欧盟共向乌克兰提供 10 亿欧元援助，其中 TACIS 项目占到了 3/5。[②] TACIS 在乌克兰共施行了 60 多个项目，大部分为实质性的合作项目，如提高运输能力、加强边界控制、保护自然环境、改革法律制度和提高教育水平等，但也有一部分项目的实施就是为了促进乌克兰非政府组织的发展。[③] 欧盟希望通过西式教育、职业培训和非政府组织的活动，促进乌克兰公民社会的发育，改变乌克兰原有的寡头垄断国家政治经济的局面。

在处理乌克兰申请加入欧盟的过程中，尽管欧盟并未实际考虑此问题，但却以此为筹码向乌克兰施压，要求乌克兰改进内部民主状况。比如，1999 年欧盟理事会发布了一份"对乌克兰共同战略"的文件，文件安慰乌克兰，说欧盟"了解乌克兰对欧洲的渴望，欢迎乌克兰做出亲欧的选择"，之外，它特别强调欧盟支持"民主和良治的

①　Victor Yushchenko, "Our Ukraine," *Wall Street Journal*, December 3, 2004.

②　见欧盟驻基辅使团的网页，http://www.delukr.cec.eu.int/en/eu_ and_ country/data.htm.

③　Paul Kubicek, "The European Union and Democratization in Ukraine," *Communist and Post-Communist Studies*, Vol. 38, 2005, p. 278.

巩固"。① 欧盟针对乌克兰等暂时不予考虑入盟的邻国提出"睦邻政策",列出一些经济上的优惠条款,但都和政治民主程度挂钩。2000年后,欧乌关系之所以恶化,主要原因也出在人权方面。2000年记者乔治尼·贡嘎兹(Georgi Gongadze)被谋杀,欧盟视此为侵犯新闻自由的重大违反人权事件,欧洲委员会大会也出现了要求驱逐乌克兰出会的提案。欧盟在贡嘎兹被害三周年纪念日还发表声明,表示对此事件的持续关注,对此案迟迟没有进展表示不满。2001年,欧盟对当时的改革派总理尤先科表示支持,它专门发表声明,态度相当强硬地指出尤先科政府所实行的改革是"深化乌克兰和欧盟关系的前提条件"。② 在尤先科成为反对党领袖后,欧盟就开始支持这位乌克兰"民主的代言人",彻底抛弃了库奇马的乌克兰政权。

此外,欧盟委员会、欧洲议会及一些欧盟国家通过"欧洲促进民主和人权计划"(EIDHR),同美国一起,在历次"颜色革命"前,大力扶持对象国的反对力量,煽动对象国年轻人的情绪,支持他们结成社团,进行"民主革命"。比如乌克兰"橙色革命"中学生运动的核心组织"柏拉"(Pora),塞尔维亚的"奥特普"(Otpor)和格鲁吉亚的"卡马拉"(Kmara)等青年组织都从欧美得到过大量的资金援助,而且它们互相接触,彼此交换经验。对于这些组织的活动,虽然欧洲的参与力度没有美国那么大,比如"柏拉"的主要资金来源是美国全国民主基金会和中央情报局,③ 但欧盟及部分成员国也的确都曾经给过不小的支持。④

第三,欧盟及其成员国通过欧洲安全与合作组织(OSCE)等国

---

① European Council, "European Council Common Strategy of 11 December 1999 on U-kraine", Document 1999/877/CFSI, Official Journal of the European Communities, December 23, 1999.

② http://europa. eu. int/abc/doc/off/bull/en/200101/p106046. htm, http://europa. eu. int/abc/doc/off/bull/en/200104/ p106023htm.

③ Paul Kubicek, "The European Union and Democratization in Ukraine," *Communist and Post-Communist Studies*, Vol. 38, 2005, p. 287.

④ Adrian Karatnycky, "Ukraine's Orange Revolution," *Foreign Affairs*, Vol. 84, No. 2, 2005, p. 52.

际组织，对乌克兰选举的合法性进行质疑，帮助尤先科推翻了第二轮选举结果。欧洲素来注重多边机构的机制化合作，在 2004 年乌克兰的三轮选举中，欧安组织等国际组织派出了几千名选举观察员。同时，经过欧安组织、欧盟以及其他国际组织的培训，乌克兰的非政府组织在选举日也结成"乌克兰投票者无党派委员会"监督投票，仅该委员会就部署了超过 1 万名观察员。在前两轮选举（第一轮选出两名候选人，第二轮选举在亚努科维奇和尤先科两名候选人中选出最后获胜者）结束后，国际观察员立即认定前两轮选举中存在舞弊行为，拒绝承认亚努科维奇的"胜利"，鼓励民众动员起来否认这次选举。

此外，欧盟部分国家和机构领导人在关键时刻进行高层斡旋，对乌当局施加外交压力。第二轮选举结束后，双方处于僵持阶段，民众已经上街，这时，欧盟外交和安全事务高级代表索拉纳（Javier Solana）、波兰总统克瓦希涅夫斯基（Alexander Kwasniewski）和前总统瓦文萨（Lech Walesa）、立陶宛总统阿达姆库斯（Valdas Adamkus）于 2004 年 11 月 26 日抵达基辅，进行调解，最终迫使库奇马同意反对派——尤先科的"我们的乌克兰"提出的要求，改组被指控有"掩盖舞弊行为"的中央选举委员会并修改选举法，确保即将重新举行的乌克兰总统选举第三轮投票公正进行。为此，当时的美国总统乔治·W. 布什（John W. Bash）在 2004 年 12 月 8 日尤先科获胜后特意致电克瓦希涅夫斯基和阿达姆库斯，感谢波兰和立陶宛在此次选举中鼎立相助。[1] 而且选举前，瓦文萨和众多德国、荷兰、斯洛伐克、捷克等国的政治家在独立广场轮番演讲，支持当时的反对派尤先科，为他造势。[2]

欧美拥有共同的社会政治制度，在价值观方面有共同的信念，也都有欲望向全球推广其市场经济和自由民主这些西方世界的核心价

---

① Taras Kuzio, "Poland Plays Strategic Role in Ukraine's 'Orange Revolution'," http：// www. jamestown. org/edm/article. php? volume _ id = 401&issue _ id = 3172&article _ id = 2368993.

② Adrian Karatnycky, "Ukraine's Orange Revolution," *Foreign Affairs*, Vol. 84, No. 2, 2005, p. 50.

值。但它们在推销民主的方式上是有区别的，从上文可以看出，存在着欧美两种形态或者说模式，它们可以分别用"欧式扩展民主"和"美式输出民主"这两个词汇来概括。欧盟在推广民主时，是以其自身为圆心，以安全保证、经济利益诱惑、文化吸引等软实力为资本，谨慎考虑自身消化能力和周边大国的反应，有限度、有节制、和平地吸收对象国加入欧盟，最终达到同化对象国，使其民主化水平达到欧盟的要求。美国的"民主事业"则更具侵略性，它的功利性更强，注重结果而忽视手段，只要能达到政权更替的目的，它不惜使用武力，"二战"后它已经有过多次这种实践，如在智利、厄瓜多尔、萨尔瓦多、伊拉克等。美国往往不顾客观条件限制、不顾对象国人民是否同意，就把自己的民主生硬地从外部移植进去，这种"输出"方式和欧盟以自身为基点发动的"扩展"方式存在差异。美国学者罗伯特·卡根（Robert Kagan）评论道：欧洲带给世界的是一种新的权力形式，它的形式是吸引力而非军事武力。对此他颇为赞同布莱尔前顾问罗伯特·库珀的说法，"变为成员国的诱惑"。库珀把欧洲形容成一个奉行自由民主价值观并愿意把那些想要加入的国家包容在内的帝国。[1] 这样一个不断扩展的欧洲，把碰到的问题和冲突都吸收起来，而没有采用硬碰硬的美国方式。

对外促进民主化的边界

欧盟扩展民主的方式的确比美国更和平、更全面、更容易让人接受，它的意识形态民主也是一种"综合民主观"，但是值得注意的是，欧盟在实施过程中确立的"欧洲模式"，依然是一种不考虑文化、社会与宗教背景差异的普世性"强行推广"模式，其主要成分也依然是西方的自由式民主，不过是方法更加"柔和"，采用许诺"入盟"、经济援助、开放市场换取对方进行政治"民主化"改革的交易方式，并广泛运用舆论和媒体平台批评或施加影响、资助非政府组织等方法干涉

---

① Robert Kagan, "Embraceable EU," *Washington Post*, December 5, 2004, S. B07.

对象国的主权，干预其他国家内政。在 21 世纪初期的几年，欧盟推广民主的行动因其东扩，"成功转化"了中东欧国家而达到高峰，欧盟的意识形态吸引力随之快速上升，其"软实力"在国际舞台上也达到了顶点。关于欧盟是怎样一支"新"力量的讨论成为国际关系学术界的热点议题。英国肯特大学的伊恩·曼纳斯（Ian Manners）提出欧盟是一种"规范性力量"（normative power），即主要通过展现价值观，并由价值观所产生的规则及运用的观念来规范世界。规范让它有别于世界其他传统霸权力量，它是在"利他主义"的基础上，通过规范的吸引力，"诱使"其他行为者接受并遵守欧盟的规范，达到自己的目标。曼纳斯将欧盟的规范性原则归纳为五项核心规范：和平、自由、民主、法制与人权，以及四项次要规范，分别是社会团结、反歧视、可持续发展和良治。[①] 2003 年欧盟发布了自己的第一份安全战略报告，当时的欧盟正处于鼎盛期，它享受着冷战结束的红利，经济稳定，联盟规模也即将在 2004 年由 15 个成员国扩大为 25 国。该报告第一句话即为"欧洲从来没有过如今这般繁荣、安全和自由"，为此"欧洲应当准备分担全球的安全责任，建设一个更加美好的世界……建设一个更有力的国际社会，完善国际机制，建设一个以规则为基础的国际秩序是我们的目标……扩展良治、支持社会和政治改革、惩治腐败和滥用权力的行为、建设法治和保护人权是加强国际秩序的最佳途径"[②]。

　　但是，欧盟的软实力实质上是存在内部和外部的多重制约条件的。就其内部而言，它对外扩展民主受到其扩大能力的限制。扩大是欧盟"最成功的对外政策"[③]，周边国家如想加入欧盟，就需要在制度上遵守欧盟的法治、人权、民主要求，接受欧盟的"现行法"（Acquis Communitaire）制度，即变得"欧洲化"（Europeanization）。

①　Ian Manners, "Normative Power Europe: A Contradiction in Terms?", *Journal of Common Market Studies*, Vol. 40, No. 2, 2002, pp. 235 – 258.

②　European Union, "A secure Europe in a better world: European Security Strategy", December 2003, https://www. consilium. europa. eu/uedocs/cmsUpload/78367. pdf.

③　Frank Schimmelfennig and Hanno Scholtz, "EU Democracy Promotion in the European Neighbourhood: Political Conditionality, Economic Development and Transnational Exchange", *European Union Politics*, Vol. 9, No. 2, 2008, pp. 187 – 215.

但欧盟不可能在地理上无限向外扩展，欧盟的制度会因成员国增多而变得约束力不足，决策效率会因成员国数量的增加和意见不一而大为下降，经济发展可能由于各国水平不同和政策导向差异而变得更不均衡，还有宗教和政治理念上的差异也使得欧盟很难形成统一的自我认知（土耳其迟迟无法加入欧盟的重要原因就是其伊斯兰教宗教信仰与欧盟国家普遍信仰的宗教——基督教难以相容）。外延性增长就欧盟来说，是不可持续的。欧盟已经充分认识到这一点，2007 年保加利亚和罗马尼亚加入欧盟后，欧盟的第五轮扩大已经实质性结束①。此种状况下，欧盟尽管依然尝试以政治对话、经济援助，或者继续以入盟为"诱饵"，"促进"其东部和南部邻国政治上的自由民主化，但其开出的"筹码"和可信度就都难以使人信服。乌克兰在"橙色革命"之后，其政权反复在"亲欧"和"亲俄"两种外交导向上摇摆，土耳其政府开始"回归亚洲"，威权主义增强，一定程度上都是对欧盟失去"扩大"这项"利器"的反应。

外部方面，欧盟的民主意识形态之所以能够巩固，并可向外推广，得益于冷战后缺少实力强劲的思想领域和经济领域的竞争对手。在经济全球化进程加速拓展、联合国层面人权事业不断向欧洲模式靠拢的背景下，欧盟对自己的外交理念更加自信，乃至出现了"自傲"趋势，当 2010 年中东北非地区出现政治动荡后，它的外交政策甚至背离了和平主义和国际法原则，偏离了自己的民主推广模式。

2010 年底突尼斯的"茉莉花革命"开启"阿拉伯之春"，埃及、利比亚、也门、叙利亚等国相继爆发"革命"之后，欧盟诸国在认为自己南部区域的"稳定"局面已不复存在的同时，认定阿拉伯世界的"民主化"进程已然启动，而且这一事态发展具有重大"历史"意义，于是调整了其中东北非政策，将核心目标从维持地区"稳

---

① 2013 年克罗地亚加入欧盟，成为其第 28 个成员国。克罗地亚的入盟计划早在 2004 年即已确定，只是因为领土纠纷，一直被斯洛文尼亚否决。它的入盟也属于第五轮扩大计划的一部分。

定", 转变为大力促进"深度民主"①。当叙利亚和利比亚的国内动荡升级后, 继法国和英国之后, 2011 年欧盟也很快对阿拉伯各国国内反对派示好, 表态支持各国的"民主化"进程。时任欧盟官方智库欧盟安全研究所所长的阿尔瓦多·德瓦斯康赛罗斯 (Alvaro de Vasconcelos) 乐观地称, 如果这一波民主转型成功, "我们就不再无法谈民主的'阿拉伯例外论'了, 在阿拉伯地区我们也可以看到民主是可能的"②。2011 年 5 月欧盟不经过联合国, 启动对叙利亚的经济制裁和武器禁运, 动用自己的政策工具向叙利亚总统巴沙尔·阿萨德 (Bashar Assad) 施压, 要求他停止暴力"镇压"发生在德拉地区的抗议和游行示威活动③, 3 个月后欧盟外交与安全事务高级代表阿什顿以及法、德、英等成员国首脑纷纷表示阿萨德政权已经丧失合法性④, 应当下台; 对利比亚政府, 欧盟外交事务与安全代表凯瑟琳·阿什顿 (Catherine Ashton) 明确要求卡扎菲"立即放弃权力, 以使利比亚迅速踏上有序的民主转型之路"⑤, 由于利比亚政府并未妥协, 并依靠武力打击反对派, 2011 年法国和英国说服了本想在中东地区战略收缩的美国奥巴马政府, 在北约框架下对卡扎菲军队实施空中打击, 推翻了卡扎菲政权, 卡扎菲本人也死于反对派武装之手。2018 年 4 月, 法国、英国与美国特朗普政府一道, 在未经联合国安理会批准和未委托相关专业国际组织进行调查的情况下, 以叙利亚阿萨德政府使用化

---

① 欧盟委员会 2011 年 3 月和 5 月发表两份以促进"民主"为目的的欧盟新伙伴关系文件 European Commission and High Representative of the Union for Foreign Affairs and Security Policy, "A Partnership for Democracy and Shared Prosperity with the Southern Mediterranean, Brussels", COM (2011) 200 final, 8.3.2011; European Commission and High Representative of the Union for Foreign Affairs and Security Policy, "A new response to a changing Neighborhood, Brussels", COM (2011) 303, 25.5.2011。吴弦:《欧盟国家利比亚军事干预解析》,《欧洲研究》2012 年第 2 期。

② Leigh Phillips, "EU to Cairo: Respect 'Legitimate Yearnings' of Citizens", *Euobserver*, January 26, 2011.

③ Iana Dreyer and Jose Luengo-Cabrera, "On target? EU sanctions as security policy tools", *EUISS Reports*, No. 25, September 2015, p. 67.

④ 2011 年 8 月 19 日, 欧盟外交与安全事务高级代表凯瑟琳·阿什顿称大马士革已经丧失了所有的合法性。

⑤ European Union, "Statement by the High Representative following the London Conference on Libya Brussels", A 129/11, 29 March 2011.

学武器为由，轰炸了叙利亚境内多个目标。

中东北非乱局之中，欧盟及其成员国不惜使用武力，扶助对象国"民主化"的政策和行为，在理念上是其世界主义民主思想的"激进化"，是一种脱离实际的"浪漫主义"①。它甚至已经违反欧盟一向自诩秉承的世界主义的哲学根源——康德在《永久和平论》中的论断。康德的《永久和平论》一书明确将"任何国家均不得以武力干涉其他国家的体制和政权"列为"国与国之间永久和平"的 6 条先决条款中的一条（第 5 条），他写道："如果一个国家由于内部的不和而分裂为两部分，每一部分都自命为一个单独的国家，声称着代表全体……只要这种内争还没有确定，则这一外力干涉就会侵犯一个仅仅纠缠于自己内部的病症却并不依附任何别人的民族的权利了；因此它本身就构成一种既定的侮辱并使一切国家的独立自主得不到保障。"②虽然，在欧盟、欧盟国家和美国的推动下，2005 年联合国首脑会议通过了决议：每个联合国会员国均有保护其平民的责任，如果会员国未能保护其平民，在种族灭绝、战争罪、种族清洗和反人类罪情形下，国际社会有采取各种措施帮助保护平民的责任③。但欧盟及其法英等成员国在利比亚问题上，"扩大化"解释联合国安理会关于在利比亚设立"禁飞区"的第 1973 号决议，将空袭的目的和限度擅自提升为直接推翻卡扎菲政权；在叙利亚平民伤亡事件或和政府军使用化学武器问题没有进行全面客观调查的情况下，就选边站队，没有联合国授权就拟以阻止大规模人道主义灾难的名义军事干预叙利亚内政，并公开支持反政府武装，扶植反对派力量，这是对康德思想的一种背离，是武断的、带有"文明的使命"（mission civilisatrice）④ 色彩的右

---

① 赵晨、赵纪周、黄萌萌：《叙利亚内战与欧洲》，中国社会科学出版社 2018 年版。

② ［德］康德：《历史理性批判文集》，何兆武译，商务印书馆 1990 年版，第 104—105 页。

③ 2005 World Summit Outcome, General Assembly of United Nations, paras. 138 and 139, A/60/L. 1, 15 September 2005.

④ Karoline Postel-Vinay, "The historicity of European normative power", in Zaki Laidi ed., *EU Foreign Policy in a Globalized World: Normative Power and Social Preferences*, Oxon: Routledge, 2010, p. 45.

倾世界主义理念。这种行为很容易让我们回想起罗伯特·库珀的"直言"："后现代国家面临一个困难：它需要习惯于双重标准。在后现代国家范围内，它们可以在法律和公开的合作性安全基础上相互交往。但是，当与处于后现代世界范围外的旧式国家进行交往时，欧洲国家会重新使用上个时代那些更粗暴的方法，如武力、先发制人的打击、欺骗等一切对那些仍生活在各国自顾自的 19 世纪世界上的人而言，必不可少的办法"①。

　　欧盟及其成员国试图利用"阿拉伯之春"，激进推进中东北非国家民主化的政策脱离了当地实际情况，忽略了维持和平和秩序的意义，在利比亚和叙利亚等地区国家无情而复杂的地缘政治现实面前遭遇失败，从而反证了现实主义者，如亨利·基辛格（Henry Kissinger）关于"和平是最大的道德"论断②的正确。到 2013 年，"阿拉伯之春"已经变成"阿拉伯之冬"和"阿拉伯之乱"③，利比亚在卡扎菲死后陷入无政府状态，部族武装冲突流血不止，中央政府羸弱不堪，这场战争变成了法国、德国当年所反对的小布什发动的 2003 年伊拉克战争的"翻版"。卡扎菲政权的倒台，使得撒哈拉沙漠以南地区的非洲移民、难民通过利比亚，横渡地中海偷渡欧洲的通道再次打开，成千上万希望摆脱贫困的民众开始重新涌向欧洲，导致欧盟不得不在利比亚投资设置难民营，打击"蛇头"机构，自己"承担"卡扎菲原有的工作。叙利亚内战则不断升级，变成美国、俄罗斯、伊朗、土耳其、沙特等全球大国和区域大国的"代理人战争"，并滋生和助长了比"基地组织"更为残忍的恐怖组织——伊斯兰国的崛起。40 多万人失去生命，超过 1150 万叙利亚人因战乱背井离乡，叙利亚战争

---

① ［英］罗伯特·库珀：《和平箴言：21 世纪的秩序与混乱》，北京大学出版社 2007 年版，第 61 页。

② 转引自［美］约瑟夫·奈《软权力与硬权力》，门洪华译，北京大学出版社 2005 年版，第 59 页。

③ 2014 年叙利亚总统巴萨尔在连任总统后宣告"阿拉伯之春"已结束。但"阿拉伯之春"的所谓"民主化"进程在 2013 年就已完全停滞了。Tanja A. Boerzel, Assem Dandashly and Thomas Risse, "Responses to the 'Arabellions'：The EU in comparative Perspective-Introduction", *Journal of European Integration*, Vol. 37, No. 1, 2015, pp. 1 – 17.

变为冷战后世界导致人们流离失所最大规模的一场冲突。欧盟为了防止人道主义灾难的行动却反而造成"二战"后最大的一场人道主义灾难①。自 2015 年开始，大批叙利亚难民开始涌向欧洲，成为冲击欧盟的"欧洲难民危机"的重要组成部分，据欧盟统计局的数据，截至 2016 年 6 月底前拟在欧盟范围内申请难民庇护的 110 万人中，30% 来自叙利亚②。欧盟及以德国为首的欧盟国家秉承世界主义理念敞开双臂欢迎难民，却再一次证明理想在现实面前的"脆弱"：欧盟成员国在接收难民问题上态度不一，匈牙利、波兰、捷克、奥地利公然违反欧盟指令，拒绝接收或自主设定接收难民上限，德国等欢迎难民的国家也陷入一系列融入难民的社会、安全和文化难题之中。难民问题成为英国公民 2016 年 7 月公投中选择退欧的重要原因，同时欧洲大陆各国"反移民、反欧盟"极右政党因难民危机声势大涨，直接威胁到欧盟自身的生存。

　　欧盟对外行动署 2016 年 6 月出台新的《欧盟外交与安全全球战略》，提出要以"有原则的务实主义"指导欧盟未来的对外行动，指出欧洲安全秩序的核心是主权、独立和国家的领土完整，边境的不可侵犯和争端的和平解决；报告还提出了比较偏向安全和国家管理能力的"韧性"概念，指出"一个有韧性的国家就是一个安全的国家，而安全是繁荣和民主的核心要素"，认为欧盟需要着力帮助周边及中亚、中东北非等不稳定地区国家和社会的"韧性"建设，而不再着力宣扬所谓的"民主"和"良治"；报告也意识到"积极的变化只能从自己家中产生，而且需要多年才能成熟"，所以欧盟要避免不成熟的提前介入③。至少从欧盟对外行动署的表态来看，稳定和安全已经取代人权和民主成为欧盟首要考虑要素，欧洲过于浪漫和理想化的世

---

① 欧盟委员会网站坦承叙利亚冲突已经引发"二战"后世界最大的一场人道主义危机，http：//ec. europa. eu/echo/files/aid/countries/factsheets/syria_ en. pdf。

② Eurostat, http：//ec. europa. eu/eurostat/documents/2995521/7662180/3 - 22092016 - AP-EN. pdf/ 22f5de3b - b5a8 - 4195 - 82fe - 3072a4a08146.

③ European Union, "Shared Vision, Common Action：A Stronger Europe：A Global Strategy for the European Union's Foreign and Security Policy", June 2016. https：//europa. eu/globalstrategy/sites/globalstrategy/files/regions/files/eugs_ review_ web. pdf.

界主义出现了退潮。

小 结

在西方政治精英看来，即使是作为国际组织的欧盟，也有对外促进世界自由民主化的"使命"①。冷战的结束给欧洲带来了一整套的共同价值观②，欧盟是这些价值观的新载体。一体化和欧盟帮助欧洲实现了和平和有序，欧洲的秩序是建立在欧洲特有的历史及由此而产生的价值观的基础之上的，但欧洲精英认为对普世价值观缺乏共识仍制约着世界秩序的形成。③ 因此，将欧洲的奇迹推广到世界其他地方就成为欧盟新的文明使命，美国新保守主义思想人士罗伯特·卡根说：这正如美国人一直认为他们发现了人类幸福的秘密，并希望将之输出到世界其他地方一样，欧洲人在他们实现永久和平之后，也由此找到了一项新使命④。

向外输出自己的意识形态民主被假定拥有三点益处：第一，有利于巩固自身的安全，如果世界其他地区，特别是自己的周边国家奉行与自己相同的政治理念，采取同一模式的政治制度，能够保证相互之间不发动战争（所谓的"民主和平论"）；第二，对他国实行"民主改造"，是功绩的体现，可以提升共同体的荣誉感和自豪感；第三，政治"民主化"必然伴随经济上的自由开放，这能够减少发达国家向其进行资本输出时所遇到的阻力和障碍，便于资本输出国获取经济利益。这就是古希腊史学家修昔底德在《伯罗奔尼撒战争史》中所写的三个重要动机：安全、荣誉和自己的利益⑤。在推广民主的对外

---

① 见本书第二章罗伯特·达尔关于欧盟民主的论述。

② ［英］罗伯特·库珀：《和平箴言：21 世纪的秩序与混乱》，吴云、庞中英等译，北京大学出版社 2007 年版，第 60 页。

③ 同上书，第 61 页。

④ ［美］罗伯特·卡根：《天堂与权力》，刘坤译，社会科学文献出版社 2013 年版，第 86 页。

⑤ ［古希腊］修昔底德：《伯罗奔尼撒战争史》（上），吴德风译，商务印书馆 1997 年版，第 55 页。

政策方面，欧盟成员国是行为主体，尤其是法、英、德等大国扮演着主要角色，但欧盟层面的立场协调和辅助措施也是当中的重要组成部分。在结构上，成员国和欧盟形成一种互补的混合民主扩展模式。欧盟的民主价值观也比美国更多元，虽以自由民主为主，但也掺加了社会民主、良治、人权和世界主义理念。在促进民主方式方面，它比美国相对"柔和"，注重经济援助、促进当地社会经济均衡发展和建立责任制政府，特别是当它高悬起"扩大"这面旗帜后，在后冷战初期对其东部和南部的邻国产生了很大的吸引力，影响了中东欧国家的转型进程。欧盟民主的"混合性"和"柔势"也同样体现在它对外推广民主的理念和策略之中。

　　但是，欧盟对外促进民主存在能力和边界方面的较大问题。能力方面，欧盟对外政策总是存在"能力—差距期望"（capacity-expectations gap），即欧盟及其成员国的实力有限，但却总有不切实际的世界性目标①，推广民主"事业"是其集中体现。欧盟试图将其民主模式"输出"至其周边地区，乃至世界每个角落，但它最为依赖的是欧盟成员国资格的"诱惑"，而欧盟财政资源有限，制度运转也不允许它过度扩张。欧盟的五轮扩大已经使其成员数目接近饱和，成员国经济水平差异程度拉大至难以承受的水平，机制低效问题凸显，老成员国排外的民粹主义思潮兴起，目前来看，它再度大规模扩员已无可能。而失去了入盟的可能，会令很多周边的所谓"威权国家"丧失向欧盟靠拢的意愿。

　　此外，扩大之后并不意味着其成员国就没有"民主巩固"的问题。欧债危机过后，欧盟面临着老成员国民粹政党崛起的挑战，而中东欧的新成员国，如匈牙利、波兰、捷克等纷纷出现了不遵守宪政、新闻自由或是欧盟规则和规范的行为，它们都是"欧洲化"的逆潮表现。要知道，历史学家已经证明，雅典是依靠军事帝国才保证了自己的民主制。雅典人以自己为核心的民主联盟中不允许任何国家退

---

① Christopher Hill, "The Capability-Expectations Gap, or Conceptualizing Europe's International Role", *Journal of Common Markets Studies*, Vol. 31, No. 3, 1993.

盟，随着越来越多的国家被吸纳进来，同盟迅速丧失了自身的自愿特征，变成了由缴纳贡赋的诸多国家组成的帝国。它们不仅在外交事务上要屈从于雅典日益增多的干预，而且其内部事务如被认为涉及雅典利益，也会越来越多地受到干预。雅典是依赖其在爱琴海或许在地中海世界最强大的海军，才保证了帝国的安全以及它的民主制度①。但欧盟并不具备这样的帝国实力，它是依靠制度和建构能力来克服成员国的反抗，赢取公众的支持，并迫使成员国政府向欧盟机构转让更多的权力的。

再有，欧盟和英法等成员国冀望以站立世界潮头的"先进"规范和理念引导美国的外交政策，使其走上欧洲道路。就像康德在论述哲学与神学的关系时所做的比喻：据说哲学就是神学的侍女——但是人们并没有正确地看出："她究竟是在她的高贵的女主人的前面擎着火炬呢，还是在她后面曳着长裙呢？"② 欧盟希望做霸权国——美国的擎火炬的"侍女"，但结果却常常是沦为托着长裙的"女仆"，不得不为它收拾残局。

在边界方面，欧盟的世界主义民主理念使其很容易忘记自己的价值观实际是基于欧洲特殊的历史、文化和地缘背景而产生的"地方"的产物，失去了"边界意识"。即使在经济全球化的时代，一种基于地方主义的价值观是否应当输出变为普遍价值是很值得讨论的问题。诺姆·乔姆斯基（Arram Noam Chomsky）、迈克尔·哈特（Micheal Hart）等西方马克思主义学者认为普遍价值观实际上是使"警察权力"合法化的工具，在后冷战时代，文明国家的道德宇宙中充斥着对新的"居支配地位的意识形态"的自我歌颂③。另一位德国的文艺理论家——彼德·斯洛特戴克（Peter Sloterdijk）说得更加准确：世界主

---

① ［英］摩西·芬利：《古代民主与现代民主》，郭小凌、郭子林译，商务印书馆2016年版，第54—55页。

② ［德］康德：《历史理性批判文集》，何兆武译，商务印书馆2007年版，第133页。

③ ［美］诺姆·乔姆斯基：《遏制民主》，汤大华译，商务印书馆2013年版；［美］迈克尔·哈特、［意］安东尼奥·奈格里：《帝国——全球化的政治秩序》，杨建国、范一亭译，江苏人民出版社2003年版。

义，究其本质，人们可以说不过是被宠坏了的人的地方主义；世界公民的思考也可以被称为"旅行途中的狭隘主义"；它赋予了资本主义的世界内部空间中一切可以用钱换到的东西的一种开放性的意蕴。①欧盟和美国一道在"人道主义干预"口号下强行在中东北非地区"植入""民主"的行为，实质上是"新殖民主义"的新型"变种"。而且，欧盟的外交政策并非一以贯之地按其民主价值观"一视同仁"，而是采取了双重标准，比如2014年6月巴沙尔·阿萨德在叙利亚总统选举中获胜，再次连任后，欧盟发表声明说，这一选举结果不能算是"真正的民主投票过程"。这就是库珀所说的面对现代主义世界时的后现代主义思维：在丛林中，每个人必须遵守丛林法则。② 这时，民主完全变为一种欧盟的"帝国式"外交工具。

---

① ［德］彼德·斯洛特戴克：《资本的内部：全球化的哲学理论》，常烜译，社会科学文献出版社2014年版，第308页。
② ［英］罗伯特·库珀：《和平箴言：21世纪的秩序与混乱》，吴云、庞中英等译，北京大学出版社2007年版，第61页。

第七章　反思与展望

在新政体的产生过程中，是领导人塑造了制度，其后则是制度塑造领导人。

——孟德斯鸠

一个真正的政治社会是一个充满风险的社会，在那里讨论和争辩是一种基本技能。

——摩西·芬利

我的理想在那儿，我的身体在这儿。

——崔健（《盒子》歌词）

让我们再回到托克维尔的《论美国的民主》一书，托克维尔说："一个内容错误但被表述得清晰准确的观念，经常比一个内容正确但被表述得含糊复杂的观念更能掌握群众。建立在一个容易加以界说的简单原则或学说之上的政府，虽然不是最好的政府，但无疑是最强大和最长命的政府。"① 不幸的是，"民主"却并不是这样一个可等同于"自由选举"的简单"观念"，在欧洲，它至少可被赋予"民众的充分参与""责任政府""选举和代议机构的监督""社会和经济平等""透明决策""权力分立和相互制衡"等多重内涵。每一种内涵都要

---

① ［法］托克维尔：《论美国的民主》（上卷），董果良译，商务印书馆1997年版，第185页。

求施政的主体构建相应的制度渠道，实施相应的政策，以促进平等的实现，并保证人民的权利。当"民主"遇上欧洲联盟——这一既非国家，又非一般性国际组织的多层、网状的治理体系（要记得，它有着"人类设计出的最复杂的政体"①的"美誉"），而后者又试图以民主来建树其存在合法性的时候，我们就更可想而知欧盟的这条政治道路将会走得多么艰辛！

　　欧洲一体化已经走过了半个多世纪，但是欧盟民主和欧洲政治联盟一样，还处于初期阶段。欧盟承受了诸多"民主赤字"的批评，但如果我们读读《联邦党人文集》，会发现它同早期的美国邦联政府有类似的遭遇。汉密尔顿对独立战争之后，制宪会议召开之前的美国政治制度是这样描述的："目前的联盟制度从未经过人民批准，这一点对它现有缺点影响匪浅。由于它所依靠的基础仅仅是几个议会的同意，所以它经常遇到关于它的权力合法性的复杂问题，在某些情况下还产生立法撤销权的重大原则问题"，而"美利坚帝国应该建立在人民同意的牢固基础上"。② 美国常常是欧洲政治精英思考欧盟民主未来时的参考对象，③ 比如 2000 年德国外长菲舍尔在发起关于欧盟宪政大讨论时，即提起他正在读美国 1878 年制宪时的文章。④ 2003—2004年，欧盟的精英们曾经尝试仿效美国，制定一部《宪法》（即《欧盟宪法条约》），但《欧盟宪法条约》因法国和荷兰的公投而失败，则表明美国式的欧洲宪政构筑的时机还不成熟，欧洲人民没有做好迎接

---

　　① Philippe C. Schmitter, "Some Alternative Futures for the European Polity and their Implications for European Public Policy", in Y. Mény et al., eds., *Adjusting to Europe: The Impact of the European Union on National Institutions and Policies*, London and New York: Routledge, 1996, pp. 25 – 40.

　　② ［美］汉密尔顿、杰伊和麦迪逊：《联邦党人文集》，程逢如等译，商务印书馆2004 年版，第 113 页。

　　③ 比较政治学者们也热衷将欧盟与美国联邦制比较，其中较有见地的一种看法是，欧洲的宪法构造与美国式的双重主权不同，它的中心机构地位较低，成员国的地位较高，共存于一个合作性的联盟体制内。参见 Bradley C. Karkainen, "Comment: Conceptions of Fiscal Federalism: Dual and Shared Sovereignty", *Columbia Journal of European Law*, Vol. 2, No. 3, 1996。

　　④ 曹卫东：《欧洲为何需要一部宪法》，中国人民大学出版社 2004 年版。

欧洲合众国的准备。而且如果一定要借鉴美国经验的话，我们需要记得美国联邦宪政是经过南北战争血的洗礼才最终形成的。

独树一帜的超国家民主

欧洲一体化的早期阶段，西欧国家的领导人和让·莫内等欧洲联合事业的精英们尽管已有清晰的在欧洲层面发展民主的意识，但囿于制度初创期提升效率的极端重要性，全民讨论、议会制衡、社会再分配等政治民主和经济民主手段和方式均未进入决策者的核心统筹范围。解决"德国问题"、促进西欧各国经济增长、团结抵御来自苏联的安全威胁等实用性目的是20世纪80年代之前，欧洲煤钢联营、欧洲共同体等欧洲机构得以成立并不断向前演进的动力和合法性所在。与精英相对应的欧洲普通人民群众，虽然其中的绝大多数并没有强烈的欧洲认同感，但对一体化事业也并不反感和厌烦，只是将其视为本国外交的一部分，委托交给自己选举产生的本国政府操作①。但欧洲的超国家制度水平不断提升，改变了原有的平衡局面。当历史演进至20世纪80年代，随着单一市场的建成和发行统一货币提上日程，欧盟/欧共体已经逐步变为一个深度干预民众生活，但他们又不了解和理解的"怪兽"（monster）。这时，无论是民众，还是精英自己，都已意识到一体化事业不能再靠精英之间的共识，公众的"宽容"放行继续前行。另一方面，20世纪90年代之后，面对经济全球化的趋势，欧洲有识之士也清晰地认识到对它不能完全被动地适应，要给它增添民主规范和公平的要素（一定程度上，可以说"全球化的进程几乎没有民主可言"②）。这就有了我们今日所见到的随着欧盟政治化

---

① 而"外交"，通常被认为应是民主控制范围之外的"领地"。托克维尔在《论美国的民主》里就写道：美国"联邦宪法把经常指导对外事务的责任交给了总统和参议院，而总统和参议院却在一定程度上能使总的对外政策摆脱人民的直接和日常监督。因此，绝对不能说美国的对外事务的管理是民主的"。［法］托克维尔：《论美国的民主》（上卷），董果良译，商务印书馆1997年版，第258页。

② ［美］郝大为、安乐哲：《先贤的民主：杜威、孔子与中国民主之希望》，何刚强译，江苏人民出版社2004年版，第7页。

而来的欧盟民主制度建设成就。

过去的半个多世纪，特别是自《马斯特里赫特条约》签署以来，欧盟/欧共体逐渐发展出一种适用于超国家政体的"混合型柔势民主"模式。不论是以输入民主，还是输出民主的视角观察，欧盟的制度模式都较为充分地体现出"混合"和"柔势"的特点：在代议制这一欧盟官方主导发展路径中，欧洲议会和成员国议会均拥有民主监督和赋权的职能，欧洲议会党团和成员国政党在欧洲层面和国家层面交相活动，发挥政治影响力，而辅助性原则则限定和制约了欧洲层面的权力过度侵蚀成员国的主权，这样欧洲议会尽管是全欧范围选举产生，但其权力不仅要受到欧盟层面的制衡，也要受成员国层面的约束；在参与式的直接民主实践中，成员国公民既可在国家框架之下的全民公决中表达自己的政治意愿，也可以个体或结成利益集团的形式跨过国家政府和议会，通过请愿、动议或是游说的方法直接影响欧盟的决策。欧盟政治体制尽管复杂，但其透明度在很多领域都要超过一般的国家政府，同时由于欧盟机构处于弱势地位，它们在决策过程中的协商性更强，开放、平等的协商民主精神是其政治文化的重要组成部分；社会民主建设方面，"二战"后西欧逐步建立起以民族国家为主，欧盟为辅的双层社会保障体制，随着欧盟的东扩，"社会欧洲"机制扩展到包括中东欧国家的全欧范围，通过设立结构基金、聚合基金等社会再分配工具，欧盟在国家和地区层面致力于促进全欧经济均衡增长，但总体上社会民主主义在与新自由主义的较量中处于下风，经济全球化和欧债危机更是起到恶化了这种不平衡的作用；民主作为一种意识形态工具，也被欧盟及其成员国广泛用于对外推广其价值观的外交，甚至是军事行动，法国、德国、英国等"老成员国"是此一领域的主体性力量，而欧盟则扮演了价值承载者、成员国政策立场协调人和援助资金提供方的角色。当然，同美国相比，欧盟民主输出的价值更多元、方法更"柔和"、措施更稳健。

欧盟的双层民主制度与其他西方民族国家不同，不能与之进行简单的类比，但如果一定要比较的话，在输入民主，也即政治民主的两种形式——代议制民主和参与式民主方面，欧盟层面的民主化程度不落下风。代议制方面，欧洲议会在绝大部分领域已与理事会共享决策权，联邦制视角下的欧盟行政机构——欧盟委员会的主席人选，在2014年欧洲议会大选后，也已被默认为由最大的议会党团推选产生，这些均达到一般议会制民族国家民主制度的基本要求。欧洲议会内也"终于"有了自己的"反对党"（称为"反对党团"更加合适），英国独立党（UKIP）、法国国民阵线等以英国、法国等成员国退出欧盟、欧元区，或是带有其他分裂欧盟目的的疑欧派政党甚至可以因获得欧洲议会的席位，而得到欧盟的资助，然后它们反过来利用这些资助和欧洲议会这个平台"推进"其反对欧洲一体化的事业，这也构成了一定意义上的"民主的反讽"①；参与式民主方面，外交——这一在洛克、托克维尔等自由主义思想家均认为应当保留在具有"远见卓识"的精英手中，民众不宜"插手"，适于"黑箱操作"以施展"妥协的艺术"的"高政治"②，在欧盟政治运作中，也频频遭受公民社会组织和民众施压，由于欧盟的合法性水平低于一般国家，它在对外贸易谈判时，不得不保持着更高的透明度，接受更多的监督和评判。

　　但是在输出民主方面，不论是社会民主，还是意识形态的民主巩固，欧盟在超国家层面的"成绩"与其成员国相差良多：超国家欧盟层面的社会建设和再分配力度远低于成员国层面，同时欧洲一体化

---

　　① 英国独立党前党首法拉奇2016年6月在欧洲议会自得地嘲笑欧洲议会其他议员，说他17年的努力终成正果，英国人民在公投中选择了"离开"。欧盟委员会主席容克愤怒地回问："那你为什么还在这儿？"The Guardian, "'Why Are You Still Here?', asks EU's Juncker amid barrage of Nigel Farage", https://www. theguardian. com/world/2016/jun/28/meps-boo-nigel-farage-insults-in-european-parliament. 而法国极右翼国民阵线的领导人玛丽娜·勒庞在2017年法国大选前，被欧盟反欺诈局调查，调查显示勒庞的保镖和一名长期在法国而非在布鲁塞尔欧盟总部工作的助手以"欧洲议会议员助理"的身份，从欧洲议会领取薪酬。

　　② 近代自由主义政治学鼻祖洛克的《政府论》中写道："对外权行使得适当与否，对于国家虽有重大影响，但是比起执行权来，远不能为早先规定的、经常有效的明文法所指导，所以有必要由掌握这种权力的人们凭他们的深谋远虑，为了公共福利来行使这种权力。"［英］约翰·洛克：《政府论》，瞿菊农、叶启芳译，商务印书馆1997年版，第90—91页。托克维尔关于外交的论述，见本书239页注释①。

内在的经济外溢逻辑也帮助资本压制加强社会民主的呼声和力量，20年来欧盟社会民主面貌没有明显改观，国家间收入差距反而因欧盟扩大愈发拉大；欧盟在意识形态领域，"雄心勃勃"地将"自由民主"当作价值观外交的"软实力工具"，向外推广和营销自己的理念。伴随着东扩进程，欧盟在中东欧国家取得较大进展后，由于实力不济和配套措施无法跟上，在中东北非地区的"阿拉伯之春"国际政治博弈中惨遭失败。欧债危机过后，民主作为欧盟的主导意识形态在中东欧地区开始遭到质疑，匈牙利、波兰等"新欧洲"成员国出现了政府干预司法独立等"反宪政民主"现象，而欧盟却缺乏有效的管束和制约手段①。

共识的重要性

鉴于欧盟是依靠 28 个成员国政府自愿让渡权力而形成，强制性很弱的混合型政体，它民主化之后最关键的问题就是如何以民主的方式凝聚共识，继续推动欧洲一体化向着欧洲联邦的方向前行，这关系到欧盟民主的本体——欧盟这个治理系统的良性发展。民主的目的之一是制约权力拥有者，但如果"用力过度"，就会变成"革命"，也就失去了民主的宽容含义。所以，在合法范畴内和平施压和转化是民主方法论上的"真谛"，最佳方法是统治者和被统治者建立一种理念和政策上的共识。民主理论学者罗伯特·达尔曾说："在社会中绝大部分的政治积极分子对政策问题通常存在着共识，这在政治中是第一位的，构成政治的基础，它包含着政治，限制着政治，构成政治的条件。没有这样一种共识，任何民主的体制都不会长久地经历选举和政党竞争所带来的无休止的刺激与挫折而依然生存下来。"② 但形成和

---

① 如果匈牙利等中东欧成员国不遵守欧盟委员会的通知和欧洲法院的判决，欧盟就只剩下强令其退出欧盟，或在预算上给以惩罚（budget whip，如缩减其结构基金项目）这两类强制其"改正"的手段。

② ［美］罗伯特·达尔：《民主理论的前言》，顾昕、朱丹译，生活·读书·新知三联书店、牛津大学出版社 1999 年版，第 182 页。

保持共识无论在古代社会，还是在现代社会均非易事。公元前五世纪后半叶，雅典能够实行充分民主制，是依靠雅典帝国的强制性统治才得以维持①。在现代社会就更加困难，仅以欧盟为例，左派民众认为它在经济上太自由化，中右派则批评布鲁塞尔过于集权，太官僚；国家立场的右派憎恶欧盟机构过多剥夺国家主权，承担了太多的本应国家负担的责任；各种立场的人士都嫌弃欧盟的"烦人""膨胀""满格的民主赤字"②。在代议制民主框架下，欧盟过去依赖中右和中左两大政党党团、法德两个核心欧洲国家之间的交易和妥协形成共识，保证欧洲一体化的前进，但当欧洲经济面临困境，民粹主义政党崛起，以及更多的民主不确定因素出现后，这种共识和平衡是否能够依旧维持，就被打上了问号。欧洲的政党政治已经出现一些新的变化趋势：传统政党的组织性和号召力大幅下降，新的议题政党快速兴起，公民意见呈原子化的分散趋势。如果民主导致政治力量之间无法达成共识，反而威胁到其容器的存在，那么民主就变成一件可能导致政体解体的奢侈品。

弗朗西斯·福山在其《政治秩序与政治衰败》一书里，指出美国因注重立法与行政部门相互制衡的宪政体制而频频遭遇"否决统治"（ve-

①　[英]摩西·芬利：《古代民主与现代民主》，郭小凌、郭子林译，商务印书馆2016年版。另外一个民主的反例是16世纪晚期荷兰的衰落。在16世纪70年代末，荷兰的政治体制日趋成型时，它们规定，在战争、和平与税收等国家大事决策方面，必须坚持全体一致的原则，以防止某一个城市操纵全局。然而，这个原则永久性地削弱了国家的领导能力，并使城镇之间博弈决策与协调合作能力大打折扣。1648年威斯特伐利亚条约签订之前，由于所有的对外战争都是针对西班牙的独立战争，因此，拥有共同的敌人暂时弥补了它们之间的既有差异与分歧。但当与西班牙的战争结束，政治上生存的威胁消失过后，荷兰内部的利益之争就暴露出来。由于各城镇之间的严重利益分歧，联邦内部关系缺乏权威、各政治中心之间相互竞争、主权的分散以及全体一致同意的规则要求，严重降低了荷兰共和国在税收与外交政策方面的决策效率。同样的因素也阻碍了人们试图废除各个城镇拥有的商业、工业与法律方向的特权及其设置的障碍的努力，正是这些障碍与特权提高了荷兰人的生产成本，降低了他们的国际竞争力。[美]斯蒂文·爱泼斯坦：《自由与竞争：1300—1750年欧洲国家与市场的兴起》，宋丙涛、彭凯祥译，商务印书馆2011年版，第50—51页。

②　Ulrich Krotz and Joachim Schild, *Shaping Europe：France, Germany, and Embedded Bilateralism from the Elysée Treaty to Twenty-First Century*, Oxford：Oxford University Press 2013, pp. 242–243.

tocracy)的干扰，导致奥巴马时期美国因国会两党纷争牵制美国政府无力行动，利益集团过度参与政治侵蚀了政府的公信力，出现了"政治衰败"（political decay）①。但是欧盟在这方面的潜在风险更大，欧盟机构在欧盟治理系统中本身就处于弱势，随着政治民主化而来的政治权力结构演变中，除了成员国政府、欧洲议会、成员国议会等代议制机关，欧洲法院、成员国法院等司法机构均有可能扮演"否决者"的角色；欧盟决策体系中参与决策者的行为体如此之多，一项决策可能要受到欧盟层面、成员国层面，甚至直接民众层面的制约，所以它执政的效率要比美国更低，而且高度依赖跨越国界的共识，一旦共识消失，对欧盟这样一个强制力很弱的新型民主容器来说，就变得非常危险。

维系一个治理体系，最重要的是要有共同的理念和有效的制度，因为治理不是政府，治理者没有强力机关，不能合法地垄断暴力使用权。比如欧盟就没有警察，不拥有剥夺公民自由的权力，欧洲法院的判决很多时候也要依靠成员国政府或其强力机关协助执行。在非强制状态下，欧盟要想就某一问题做出决策，首先需要各国或参与的各方拥有相同的态度，有类似的想法和认识，这样，才能达成共识。但是，欧盟各国现在的经济和政治情况差异很大：经济基础方面，20世纪50年代欧洲一体化刚起步之时，6个创始会员国，法国、意大利、荷兰、比利时、卢森堡和联邦德国经济发展水平相当，同质性高，这样就容易就关键议题形成统一立场；但现在欧盟有28个成员国（英国还未正式离开欧盟），在欧盟，最富裕的丹麦同最落后的保加利亚人均收入相差7倍，这已经是发达国家与发展中国家鸿沟。欧盟内的经济异质性大大增强，就使得它内部各成员国（比如德国和保加利亚）的经济优先考虑、国家利益很难趋同，使得制定统一的标准难上加难。同时，扩大后欧盟各国的政治理念矛盾也在增多，德国、法国、荷兰等西欧大陆国家的超国家欧洲意识较强，经过多年全球化的洗礼，西欧国家奉行多元文化主义，对其他宗教比较宽容，又强调

---

① ［美］弗朗西斯·福山：《政治秩序与政治衰败：从工业革命到民主全球化》，毛俊杰译，广西师范大学出版社2015年版，第445—460页。

人权的极端重要性；但是中东欧国家的主权意识和民族主义情怀比起西欧来浓厚得多，更加看重民族的纯粹性。2015 年以来的欧洲难民危机，匈牙利、斯洛伐克等东欧国家坚决拒绝欧盟的难民安排方案。2017 年欧盟委员会将匈牙利和斯洛伐克起诉到欧洲法院，欧洲法院判罚这两国必须遵守欧盟协议，斯洛伐克无奈认可了欧洲法院的判罚，但匈牙利则坚决不从。

治理除了理念之外，还有制度做统一决策的保障。在欧盟内的中东欧国家已经是欧洲共同市场的一部分，它们就需要遵守布鲁塞尔制定的关于市场竞争、兼并重组、环保和劳工等相关标准和原则，欧盟委员会对此有监督权。这就是为什么中国与中东欧国家"16 + 1 合作"中的重点项目——"匈塞铁路"匈牙利段立项后，欧盟可以干涉的法理基础。对中东欧的欧盟成员国，布鲁塞尔的政策性制约工具不多，其中最重要的就是结构基金。结构基金列入欧盟预算，属于欧盟的财政专项支出。因为人均收入低于欧盟平均水平，中东欧国家是结构基金的净受益国。但是另一方面，布鲁塞尔官僚体系的低效率（很多项目审批过程都需要一两年的时间），欧债危机后，欧盟总体偏向紧缩的财政和货币政策导向都使得中东欧国家开始寻找新的投资来源。它们依然是落后于西欧国家的经济体，其基础设施也亟待更新和升级换代，因此比西欧国家有更强的愿望和动力期待参与中国提出的"一带一路"倡议。作为主权国家，它们当然有权利在遵守欧盟制度的情况下，开展同中国的合作。毕竟，欧盟是一个治理体系，而非"欧洲联邦"①，欧盟内以国与国平等为根本宗旨的国际关系民主化也是欧盟民主的重要组成部分。

欧盟民主的未来

在让·莫内等或明或暗的联邦主义精英塑造欧洲一体化的"英雄主义"时代过去之后，欧盟其实主要是依靠其解决问题的能力，而不

---

①　赵晨：《欧盟是一个治理体系，而非"欧洲联邦"》，《世界知识》2017 年第 24 期。

是民主来维持其存在的合理性。也就是说，因为欧盟能够成功地提升成员国的经济效率，帮助企业获得规模效应从而获取更多利润，管理各个成员国无法单独应对的危机，处理因人员在成员国间自由流动而产生的就业福利和社会保障差异问题，以统一货币——欧元来根本解决各国汇率变动所造成的不确定性和经济损失，在世界舞台赢得即使像德国、法国这样的大国也无法拥有的集体声誉等，简而言之，就是欧盟作为一种治理的制度可以有效发挥作用，所以欧盟公民才赞同精英的说法，愿意接受部分来自布鲁塞尔的决定。这种政府间主义思路在 2005 年《欧盟宪法条约》遭到法国和荷兰公决的否决和 2009 年《里斯本条约》生效后，成为欧洲一体化的主导性逻辑。即使是强调欧盟委员会、欧洲中央银行等超国家机构作用的新功能主义也承认有效性对一个体系的稳定至关重要，因为效率可以给一个新政体时间，让它发展自己的忠诚性和合法性[1]。从本书对欧盟民主的综合分析，我们可以看出欧盟在代议制和参与式政治民主制度建设方面进行了大量改革，力图改变公众对欧盟机构的不良印象，它授权代议机构或民众来约束这个"弗兰肯斯坦医生"（Dr. Frankenstein），证明欧盟不是由官僚机构和繁复的规章制度构造的"现代怪物"。但是这种种民主化举措在欧债危机期间却并未获得民众的认可，欧盟也没能因之大幅提高自身的合法性，未能在替代民族国家和联邦化的道路上更进一步，反而因为决策效率低下和平等对待移民、难民等问题激起民粹主义的风潮和英国脱离欧盟事件。近 20 年的欧盟输入民主改革，欧盟民众似乎没有给出肯定性评价。

　　冷战结束后，盎格鲁－撒克逊思想传统的"小政府"理念也传输到欧洲大陆，深刻影响到欧盟的民主化进程。在此理念下，布鲁塞尔的存在只是一种必须加以限制的"必要的恶"（necessary evil），人们需要时刻防范欧盟的官僚"技术统治"（technocracy）。欧洲大陆原有的经济平等和社会民主传统却逐渐褪去：权力机构（无论是欧盟机

---

[1]　Giandomenico Majone, *Europe as the Would-be World Power*, Cambridge: Cambridge University Press, 2009, p. 27.

构，还是成员国政府）原本可以在社会再分配中扮演重要的正面角色，但它们的形象却比不上所谓履行着社会责任的跨国公司，或是"不求盈利"的公民社会组织，成为民主监督的主要对象；在新自由主义席卷之下，政商关系在欧盟范围内也变得复杂，精英的价值观过度偏向金钱，从而丧失了民心。就像菲利普·斯蒂芬斯（Philip Stephens）在《金融时报》所写的，"如今的精英们应该扪心自问，以下现象从什么时候开始变得可以接受了？政客们卸任公职后马上进入企业董事会；央行行长们投靠美国投行；商界领袖们想给自己多少薪酬就给自己多少薪酬……重获信任需要政治领导人重新构想民主与资本主义之间的关系，使之适应一个全球化和技术带来深刻经济不安全感的时代"①。欧洲需要找回自己，滋养和扩展社会民主在欧盟民主政治中的成分，这是远比向外扩张和宣传重要的"正道"。

① ［英］菲利普·斯蒂芬斯：《如何挫败欧洲的民粹主义?》，英国《金融时报》2017年10月23日。

附录 The Democratic Deficit of the European Union and Its Democratization

Zhao Chen

Abstract: Due to the multiple conceptual meanings of democracy and the ambiguity of the nature of the European Union, there is no consensus on the concept of the EU's "democratic deficit". Through the four perspectives of representative, participative, social, and empirical democracy, this article systematically analyzes the democratic structure of the EU, a special regime which is both supranational and inter-governmental, and points out that EU democracy is a developing novel democracy with some deficits that could be improved or allowed. The EU has in its preliminary established the dual democratic system framework of supranational institutions and member states. It features representation as the dominant form and other democratic forms as supplementary, and thus the EU's democratization has gained remarkable achievement. The EU's democratization is the first ever experiment of a supranational democratic construction in world history. With the features of combination, competitiveness, and mild confrontation, its exploration of world governance is important in the globalization era.

Keywords: European Union, democratic deficit, democratization, supranational, intergovernmental

The debate on whether a "democratic deficit" in the European Union exists, and if it does, what it is has lasted for more than three decades. Ironically, nowadays we endlessly debate the EU, even though at the same time "democratic deficit" has become a popular rebuke at the "mature democracies" such as the United States, Canada, and Australia and international institutions including the United Nations, International Monetary Fund, and World Trade Organizations. [1]

The popularity of this noun is the consequence of the development and deepening of democracy in concept since the late 20th century. Democracy has rich meanings, and democratization is a long-term and even endless process. [2]Meanwhile, under the globalization of information and economy, capital and power can be rapidly and conveniently aggregated and transferred without corresponding regulations. Therefore, democracy becomes more important, because people require the decision-making institutions (not only local governments, national governments, but also international organizations and even multilateral corporations) to be responsible, transparent, and responsive to their demands. How is this realized? Could representative democracy be tailored for nation states to fit the demands of globalization[3]?

---

[1]　Bexell, Magdalena, Tallberg, Jonas, and Anders Uhlin, "Democracy in Global Governance: The Promises and Pitfalls of Transnational Actors", Paper for presentation at the Annual Conference of Millennium Journal of International Studies, 2008. Allen Buchanan and Robert O. Keohane, "Interrogating Democracy in International Relations", London, October 25 – 26, 2006. "The Legitimacy of Global Governance Institutions", *Ethics and International Affairs*, Vol. 20, No. 4, pp. 405 –438.

[2]　Yves Mény reminded us not to forget that "all democracies suffer from some kind of deficit", "none is perfect and the only interesting problem is the identification and measurement of the imperfections in order to redress them". Yves Mény, "De la démoratie en Europe: Old Concepts and New Challenges", *Journal of Common Market Studies*, Vol. 41, No. 1, 2002, p. 9.

[3]　David Held is one earliest scholar who mentioned the influence of globalization in the reform of democracy. He said that "a striking paradox to note about the contemporary era: from Africa to Eastern Europe, Asia to Latin America, more and more nations and groups are championing the idea of 'the rule of the people'; but they are doing so at just that moment when the very efficacy of democracy as a national form of political organization appears open to question. David Held, *Democracy and the Global Order*, Stanford, California: Stanford University Press, 1995, p. 21.

If democracy could be supranational, what form and model should it take? In regard to these grand topics facing the future, the author thinks that the EU is the best experiment, which has the deepest regional integration, the closest and most comprehensive cooperation among the member states, and which has been highly institutionalized. This article attempts to discuss the democratic deficit in the EU, analyze the essence and significance of the "European Union" democratization path, and conclude its enlightenment on the future form of democracy.

Identify the EU's "Democratic Deficit"

Even though there have been a great number of discussions over the "democratic deficit" in the EU, the academic world has not reached a consensus on what the European "democratic deficit" is due to the multiple meanings of democracy and the ambiguity of the EU. Therefore, we can only list the following types of criticisms on the EU's lacking in democracy based on the different connotations of democracy and analyze them individually:

1. The perspective of representative democracy. A representative government could be briefly defined as a government where legislative and political authority is wholly or mainly controlled in an assembly of representatives chosen in regular free elections[1], which has been the most important institutional invention since democracy entered modern times. Based on majority voting principle, the people elect the representatives on their behalf to be the administrators of the country, and the government is held responsible for the people.

Most European countries are of the Parliamentary political structure instead of the Presidential system. Therefore, the European Parliament, the

---

[1]　Vernon Bogdanor, *The Blackwell Encyclopaedia of Political Institutions*, Oxford: Basil Blackwell Ltd, 1987, p. 532.

representative institution of the EU naturally becomes the focus of observers. Critics believe that compared with the parliaments of the member states which conduct representative democracy, the power of the EP is too limited, although the power and function of the EP has been gradually expanded since it was founded. The EU Constitutional Treaty Draft approved by the EU member states' leaders in 2004 stipulated that the principle of representative democracy is the operating foundation of the Union, and the newly effective Lisbon Treaty which aimed to rescue the Draft in 2007 clarified that this principle was unchanged. In addition, the EP has utilized direct election of its parliament members and political competition between the pan-Europe supranational parties since 1979. Furthermore, since the 1990s, the co-decision procedure of the EP and the European Council has gradually become standard. Despite these facts, critics point out that the EP has no right to propose legislation, and it only has the right to participate in decision-making. The EP does not elect the staff of the two major EU political institutions—the Council and the Commission, but only ratifies the results afterwards. On supervision, even though the Commission and the Council have to file work reports to the EP, the EP has only some sanction measures such as a non-confidence vote and a budget rejection of the supranational institution, the Commission. On fiscal budget, the Council decides on the mandatory spending, the EP has no power to interfere, as it can only confirm fiscal spending. On major issues that affect the development and the direction of EU politics in the future, the EP has no major influence except on some issues such as accepting new member states. The powers of conducting institutional reform and identifying supranational and national function (Kompetenz-Kompetenz) are all reserved for the member states' governments.

2. The perspective of participatory democracy. Being a form of indirect democracy, representative democracy addresses the coverage of democracy, but confines public rights to voting just once in several years and having only

the political elites make decisions. As a result, democracy is degraded to an institutional arrangement of generating justified leaders. Participatory democracy believes that authentic democracy is when citizens directly and sufficiently take part in the decision-making process of the public affairs[1], and that the primary meaning of democracy is that all potentially affected people should participate in decision making or have their selected representatives take part in decision-making[2]. The necessary condition is that the decision making process is clear and transparent so that citizens can have immediate access and make their own choices.

There are three kinds of criticism with regards to EU participatory democracy. The first one is the technocracy represented by the EU Commission, European Central Bank, and European Court of Justice. Claiming themselves as professionals in European integration and economic development, these institutions try to free themselves from the constraints of representative assemblies and the people in the name of expertise. This "clique" of the "knowledge community" consisting of technocratic and law experts can make significant decisions which profoundly impact economic and political life throughout the EU region. Among these institutes, the EU Commission is the most unpopular. Although the appointment of chairpersons and commissioners are approved by the EP, the Commission is still blamed as it is not elected and "dominated by executive elites"[3]. In addition, when the EU performs some regulatory functions, such as making competition policies, the Commission is able to launch and implement the policies throughout the EU without going through the EP or

①　Carole Pateman, *Participation and Democratic Theory*, Cambridge: Cambridge University Press, 1976.

②　Arthur W. Lewis, *Politics in West Africa*, London: George Allen and Unwin, 1965, pp. 64 – 65.

③　Dimitris N. Chryssochoou, *Democracy in the European Union*, London: Tauris, 1998, p. 1.

the Council of Ministers. At these points, the Commission plays a dual role as both prosecutor and judge so that it can command its own destiny in procedure[1], as a law observer said. These rights are unconstrained, and hence seem undemocratic to many Europeans. Such criticism was raised in the early stages of the European integration. The former French President Mendés-France, who had refused to sign the Rome Treaty, said that there were two ways to give up democracy-either by having autocratic rule wherein one person owns all the powers, or by granting all the powers to an external institute which practically exercises political power in the name of expertise[2].

The second point of criticism is the EU's decision-making mechanism's lack of transparency, and that outsiders cannot immediately know how decisions affecting the public are made. Especially concerning the decisions of the EU Council, the member state governments have closed-door meetings and deliberate inside, with the outside world having no access to the decision-making process except for the final agreement and press release. One British EP member complained that if the British Premier Minister made any decision during the Brussels closed-door conferences, then he, as a Parliament member, could not even ask the Premier Minister to explain, because he could only know the result, not the process. [3]

The last point is that the decision-making process is overly complicated. The EU is an extremely sophisticated network. It has the formal institutes, and also informal decision-making agendas. It is not like a nation state with a power center, which is responsible for policy results and has

---

[1]　Richard Brent, "The Binding of Leviathan: The Changing Role of the European Commission in Competition Cases", *International and Comparative Law Quarterly*, Vol. 44, No. 2, 1995, p. 278.

[2]　Discours de Pierre Mendés France lors du projor du raité de Rome, Assemblée nationale, 18 janvier 1957.

[3]　Volker Roben, "Constitutionalism of Inverse Hierarchy: the Case of the European Union", *New York University Law School Working Paper*, 2003, p. 6.

definitive, accountable officials. Interlinked by the network, the EU's decision-makers, decision timing, and policy range are not very clear. The complexity requires the participants to possess technical knowledge and a huge amount of time, and even then they must tide up the sequence of thoughts from piles of documents. This difficulty intimidated even lawyers and law experts, let alone ordinary people.

3. The social democracy perspective. Parliamentary and participatory democracies are forms of political democracy, but social democracy focuses on economic equity and social justice. Since World War Ⅱ, western European countries have been committed to the construction of welfare states. During this period of time, the notion of citizenship has gone beyond political qualification and extended to social rights. Thomas H. Marshall proposed that social citizenship is the core concept of a welfare society and he integrated building a welfare society with poverty reduction by the ideal of "full citizenship" by everyone[1]. Social democracy has been one mainstream ideology in post-war Europe. It has been remarkable that Europe has attached importance to social protection, even as the European economy was in stagflation in the 1970s and as the wave of Neo-liberalism swept the globe starting in the 1980s. Many European elites think that the commitment to social protection has reinforced the western democratic polity's legitimacy[2]. Fritz Scharpf had an accurate description of social democracy in that under the market economy, the most important factor of democratic polity is to keep the balance between market liberalization and social protection[3].

---

① Thomas H. Marshall, *Citizenship and Social Class*, Cambridge: Cambridge University Press, 1950.

② Paul Pierson, *Dismantling the Welfare State? Reagan, Thatcher, and the Politics of Retrenchment*, Cambridge: Cambridge University Press, 1997, p. 3.

③ Fritz W. Scharpf, *Governing in Europe: Effective and Democratic?*, Oxford: Oxford University Press, 1999.

Scharpf et al believes that European integration is detrimental to social democracy. It is more a "passive integration", i. e. lifting trade barriers or competition hurdles, rather than an "active integration", i. e. reconstructing the economic regulatory system under a bigger framework[1]. The competition pressure under globalization has forced the EU member states to reduce the social welfare level. And as social policy and service are weakened in the member states, the compensatory system at the EU level has not been established. In the tide of economic globalization and regionalization, European countries have weakened the regulation of markets and taxation of flow assets, and have had to reform the welfare system to reduce labor protection, decrease the welfare level in order to reduce cost, a consequence of "racing to bottom"[2]. Some scholars think this development, liberalism in style (it was called the Delaware effect, originally referring to the US measures that cooperation standards are reduced to the minimum so as to absorb more investment[3]), is regarded as Europe's surrender to the US model. That is to say, as the member states' power and will of protecting civil interests are cut, no off-set is made at the EU level; as a result, social justice and economic reallocation cannot be realized. Therefore, the EU is a welfare laggard[4], and has a legitimate deficit in social democracy.

4. The empirical democracy perspective. The above three criticisms are from normative perspectives, which presume existing a value representing democracy when evaluating the EU. There is another methodology called empirical democracy, which observes the people's satisfaction from historical

---

① Fritz W. Scharpf, *Governing in Europe: Effective and Democratic ?*, Oxford: Oxford University Press, 1999, p. 45.

② David Vogel, *Trading Up: Consumer and Environmental Regulation in a Global Economy*, Cambridge, MA: Harvard University Press, 1995.

③ William L. Cary, "Federalism and Corporate Law: Reflections on Delaware," *Yale Law Review*, Vol. 83, No. 1, 1974, pp. 663 – 705.

④ Giandomenico Majone, "Europe's 'Democratic Deficit': The Question of Standards", *European Law Journal*, Vol. 4, No. 1, 1998, pp. 5 – 28.

studies, sociological surveys, and statistics to tell if the people trust the governors. For example, if a regime is consistent and stable without public protests, the people are actively participating in elections, and the citizens are voting actively, the regime can be recognized as legitimate.

The Eurobarometer conducts surveys on the public about the operation of the EU's democracy every year. The polls in the 1990's showed that the respondents were mostly dissatisfied with EU democracy. The turnout of the EP is another important index. Even though the power of the EP has grown significantly in recent years, its attraction did not increase accordingly, and the ratio of the voters participating in the EP elections decreased once again. In the first direct election of the EP in 1979, the voting rate was 63 percent, then 61 percent in 1984, 59 percent in 1989, 57 percent in 1994, 49 percent in 1999, and 45 percent in 2004. In 2009, after the EP invested 18 million Euros to launch a publicity campaign on TV and the Internet in an attempt to arouse the enthusiasm of the citizens to vote, the final voting rate was still only 43 percent. Some commentators say that if it continues like this, the legitimacy of the EP's elections will be questioned[1].

The concept of "democracy" is very complicated. In actuality, it is plural and not singular. We have tided up the various opinions of the EU's "democratic deficit" above, and we find that their content and foci are different, sometimes even contradictory, as in the example of parliamentary democracy and participatory democracy. What should we think of the EU's "democratic deficit"? Is, the EU democratic? These questions lead to the nature of the EU, i. e. what the EU is.

---

① Elitsa Vucheva, "European Elections Marked by Record Low Turnout", *EU Observer*, Aug. 6, 2009.

The Definition of the EU's Democracy: A Developing Supranational Democracy

The second difficulty in studying the EU's democracy is caused by the ambiguity of the EU's nature. It is uneasy to get a simple sketch on the EU. The EU could either be seen as an international organization with a high level of collaboration between the states, or an independent political entity with some kind of preliminary federation structure. Its mechanisms and procedures of decision-making are very unique, combining the features of inter-governmental collaboration and supranational mandate. The former President of the EU Commission, Jacque Delor, used a well-known metaphor of the EU as a UFO, meaning the EU was a new institutional and political entity not belonging in the categories of the traditional regimes such as state, federation, or non-federation[1]. This definition does not seem scientific but points out the actual state of the European Union. The EU lies somewhere between international organizations and federal polities. Its organizational structure, legal effects, and decision-making methods are of supra-nationality, which many other international organizations do not share. Meanwhile, it is far from a federal nation. The interjacency of the EU was clearly reflected in the Lisbon Treaty, which was finally approved at the end of 2009. According to the Lisbon Treaty, substituting the "qualified majority vote", the "dual majority vote" will become the new standard of the EU's decision-making process, i. e. a resolution requests the agreement of over 55 percent of the member states and over 65 percent of the EU population. This thus balanced the principle of equality between international

---

[1]　This metaphor has often been cited in comments, such as Timothy Garton Ash, "Keeping the UFO flying", *The Guardian*, June 8, 2004; Nicolas de Boisgrollier, "The European Disunion", *Survival*, Vol. 47, No. 3, 2005, p. 59.

organizations and one person/one vote required in the solo polity. However, the EU's mixture also went beyond the people's general opinions and understandings of democracy, and hence increased the concerns over legitimacy, just as Heidrun Abromeit remarked. Due to sophistication and complexity, the EU, if not restrained, might become an ogre from an outlook's point of view[1].

How do we view EU democracy and the "democratic deficit" mentioned above? There are two points worth noticing. The first point is that the EU's nature determines the particularity of the EU's democracy. Modern democracy was originated in nation states. Familiar democracy forms such as representation came into being as the states took shape. Thus, when talking about democracy, both scholars and the public are accustomed to requesting the EU for the criteria of a "democratic nation", ignoring the fact that it is different from the states. Joseph Weiler thinks that much literature regarding the EU's "democratic deficit" has a common fundamental drawback, which is using modern democracy's language, grammar, syntax, and diction based on nation, ethics, and their people. However, it is well recognized that the EU is not a country, and as a result, the botanical terms based on apples are applied to describe oranges[2]. This delicate metaphor vividly made the point since the notion and mechanism designs of the EU's democracy majorly come from national democracy, and thus they share similarities though without the discrepancy between apples and oranges. After changing the perspective, we can see that representative democracy in the EU may not necessarily copy the Parliamentary system in the member states, and the EP may not necessarily monopolize the rights of legislation proposal, cabinet organizing, and budget approval. In political practice, the EU has developed

---

① Heidrun Abromeit, *Democracy in Europe: Legitimising politics in a Non-State Polity*, New York: Berghahn Books, 1998, p. 7.

② Joseph H. H. Weiler, *The Constitution of Europe: "Do the New Clothes have an Emperor" and Other Essays on European Integration*, New York: Cambridge University Press, 1999.

a dual representative system at both the European level and the member states level. The EP elected by the people of all Europe monitors the irregularity and dereliction of other institutes at the European level, questions and approves the appointment of the executive board of the EU Council, works with the EU Council to jointly make decisions and approve the budget, and has approval power of long-term framework arrangement of the budget[1]. The EU Council enjoys the indirect legitimacy, because its members, the leaders of the member states have undergone the national election, and the ministers in the Council are all nominated from the elected governments[2].

The most controversial institute is the Commission. Even though the member state governments nominate the Commissioners, the EP owns the right to approve the President of Commission though he or she is also the consultation/bargain outcome of the member states' leaders[3]. The cabinet as a whole must win the trust vote of the EP for being eligible. The EP had tried grasping the power to interrogate any individual Commissioner but failed. In January 1999, the EP questioned the behavior of the Santer Commission due to the dissatisfaction of some specific Commissioners, which was not successful then but actually led to the resignation of the whole Santer Commission later. The successive President of the Commission, Romano Prodi made a concession to the EP that asked his Commissioners to guarantee their abdications when receiving the order of the EP. It is obvious

---

① Article 9a (1), 9c (1) TEU & 268 – 279b TFEU.

② Andrew Moravcsik believes that as an international organization, the EU has solved the democracy legitimacy problem by the representative polity of the member states. The decisions of the EU have received indirect authorization from the citizens of the member states. See Andrew Moravcsik, "In Defense of the 'Democratic Deficit': Reassessing the Legitimacy of the European Union", *Journal of Common Market Studies*, Vol. 40, No. 4, 2002, p. 612.

③ This procedure was confirmed in the Amsterdam Summit in 1997. The EP was the biggest winner in Amsterdam. See Richard Corbett, Francis Jacobs and Michael Shackleton, eds., *The European Parliament* (6th edition), London: John Harper Publishing, 2005, p. 347.

that the EP has received balance-checking power for the Commission. And the Commission has also exposed its legitimacy fragility facing the pressure of the European Parliament.

Many transparency and participation problems revealed in the participatory democratic deficit have yet to be resolved by mature democratic countries. Alexis de Tocqueville praised the democracy of the new America in the 19th century while also sensitively discovered that the "Federal Constitution entrusts the permanent direction of the external interests of the nation to the President and the Senate, which tends in some degree to detach the general foreign policy of the Union from the direct control of the people. It cannot, therefore, be asserted with truth that the foreign affairs of the state are conducted by the democracy"[1] . This wise cognition has not been outdated until now. It is common sense that international politics is some kind of "high politics", that foreign policy decision-making is confidential, that the doors of intergovernmental negotiations venues are oftentimes closed, etc. In some extent, we can say that the "deficit" in participatory democracy in the EU is not bigger than its member states. Meanwhile, the supranational institutes, such as the Commission, highly care for participatory democracy. The Commission published "European Governance: A White Paper" in July 2001, where it emphasized the non-elective participating channels for European citizens. The Commission aims for "better involvement" and said that "democracy depends on people being able to take part in public debate. To do this, they must have access to reliable information on European issues and be able to scrutinize the policy process in its various stages"[2] . The EU and its member states often apply some ways of participatory democracy to strive for

---

① Alexis de Tocqueville, *Democracy in America*, Vol. 1, New York: Vintage Books, July 1990, p. 232.

② EU Commission: *European Governance: A White Paper*, COM (2001) 428final, Brussels, 25. 7. 2001.

citizen approval in ratifying Treaties or some constitutional issues. For example, in the process of the Constitutional Convention from 2002 to 2003, the EU established a website①for it and published daily its agenda, speeches, and decisions which expressed transparency to help the public to know about the Convention. It also set up a youth online forum to attract the attention of the public and stimulate the relative debates, as well as to collect the public's feedback about the participants of the Convention. On the other side, some member states hold referendums for ratifying intergovernmental treaties.

In Article 8a of the Lisbon Treaty, the EU identifies that " the functioning of the Union shall be founded on representative democracy", " Citizens are directly represented at Union level in the European Parliament" . At the same time, in Article 8b, the Treaty also marks the importance of participatory democracy which includes the following four principles: 1. The institutions shall, by appropriate means, give citizens and representative associations the opportunity to make known and publicly exchange their views in all areas of Union action; 2. The institutions shall maintain an open, transparent, and regular dialogue with representative associations and civil society; 3. The European Commission shall carry out broad consultations with parties concerned in order to ensure that the Union's actions are coherent and transparent; 4. No fewer than one million citizens who are nationals of a significant number of Member States may take the initiative of inviting the European Commission, within the framework of its powers, to submit any appropriate proposal on matters where citizens consider that a legal act of the Union is required for the purpose of implementing the Treaties. ②The last principle builds a direct path for civil

---

① http: //european-convention. eu. int.

② Articles 8b TEU & 21 TFEU, http: //europa. eu/lisbon _ treaty/full _ text/index _ en. htm.

society to influence the decision-making of the EU[1].

It is not an easy task to evaluate whether the EU could reach the demands of social democracy as well. Social integration does not receive the altitude of economic integration. This is caused by the limited authorization of the EU in social policies. For example, it is unable to collect taxes on citizens directly which means it has few capabilities of financial redistribution. It is also that the big differences in the welfare structure, level, and the national traditions among the member states make the coordination and cohesion of social policies very difficult[2]. In theory, all justice theories of social democracy (such as the Egalitarian Theory of John Rawls) take a closed economy as a pre-condition, and we can only tell if the justice principles are satisfied in a closed distribution system. Therefore, the social democratic deficit is unavoidable before the EU becomes an intact social community. In practice, the EU has made more than a few regulations on promoting transnational employment, protecting the equal rights of women, anti-poverty, and social exclusion. It has also worked out some common social standards. And with the efforts of employers, unions, and the member states' governments, a trend of "converging up" welfare treatment ensures that the poorer countries work hard to approach the standard of the richer countries. Under the context of global economic competition and reform and the pressures of the welfare state, the EU is actually building a double level social model. This means that in the Community level, the EU institutions focus on "non-welfare state" social policies relating mainly to full employment, not intending to interfere with the hard points of national welfare reform and aiming to catch the global economy growth wave. In the member states level, the focus on welfare states keeps social models and

---

[1]   This method could be found in the Constitution of Italy.

[2]   Zhou Hong, "Whither the Welfare State", *Social Sciences in China*, Vol. 3, 2001.

national characteristics in a shrunken welfare area[1].

The downgrading of the turnout of the European Parliament elections is related to the specialty of the co-existence of supra-nationality and inter-governmentality in the EU. As Andrew Moravcsik said, of the five most salient issues in most Western European democracies-health care provisions, education, law and order, pension/social security policies, and taxation, none is primarily an EU competence. They are the exclusive areas of member state governments. The issues that the EU specializes in-trade liberalization, the removal of non-tariff barriers, technical regulation in environmental and other areas, foreign aid, and general foreign policy coordination, tend to be of low salience in most European polities[2]. This is one reason why European citizens fail to exploit the opportunity to participate in EU political activities. If the political affairs were significant to some extent, the people would be zealous even if it were a European business. For example, in the referendums on joining the Union, the turnout on the EU referendum in Austria was 82 percent, which exceeded the general election of 1994; in Finland, 74 percent, about the same as in the election of 1991; in Sweden, 83. 3 percent, about 3. 5 percent lower than in the immediate preceding general election; in Norway, 89 percent, which exceeded turnout in all previous elections[3].

The second point we should notice is that the EU has been moving forward in the past half-century. The founding fathers of European integration, such as Jean Monnet and Robert Schumann selected a pragmatic path in the early stages with elitism. Jean Monnet spoke frankly in his

---

[1]　Zhou Hong, "Whither the Welfare State", *Social Sciences in China*, Vol. 3, 2001.

[2]　Andrew Moravcsik, "In Defense of the 'Democratic Deficit': Reassessing Legitimacy in the European Union", *Journal of Common Market Studies*, Vol. 40, No. 4, 2002, p. 615.

[3]　Robert A. Dahl, "Can international organizations be democratic? A skeptic's view", in Ian Shapiro and Casiano Hacker-Cordón, ed., *Democracy's Edges*, Cambridge: Cambridge University Press, 1999, p. 29.

memoir that it was not right to acquire the agreement of all nations' peoples for establishing the European Community. The reason was that the form of the new community was completely strange to the people ①. However, this did not mean that the founding fathers gave up on chasing democracy. The Schumann Plan advocated establishing the European Coal and Steel Community (ECSC) with a Common Assembly to monitor the actions of the High Authority, which could be dissolved by impeachment through a two-thirds votes in the Common Assembly. The Rome Treaty of 1958 proclaimed that hereby the members of the European Parliamentary Assembly (the former EP) should be elected directly. These expressed that, from the start, the institutions of European integration were different from other international organizations.

The process of European political integration was stalled in 1954 when the Treaty instituting the European Defence Community was vetoed by the French National Assembly. From then till the 1980s, European integration became some kind of economic integration. During this term the public basically held a passive supporting attitude which is sketched as "permissive consensus" by some scholars, meaning that from one side the citizens have a broad consensus on what was the worthy objective for Europe, while on the other side they knew little on how the integration happened. The "permissive consensus" attitude reflected the elitism of integration, where the main motive came from elites regardless of the attitude of the public, and the latter kindly and passively acquiesced in the behavior of the elites due to the ignorance, presupposing their interests would not be lost②. Some scholars have not supported this. For example, Giandomenico Majone harshly pointed

①　Jean Monnet, *Memoires*, translated by Richard Mayne, London: Collins, 1978.

②　Leon N. Lindberg and Stuart A. Scheingold, *Europe's Would-be Polity*, *Patterns of Change in the European Community*, Englewood Cliffs, N. J. : Prentice-Hall, 1970.

out that this was a kind of "integration by stealth"①.

The democracy construction of the EU started from the 1990's, which has been linked with European political integration. In 1992, the Maastricht Treaty was validated; the European Community evolved into the European Union, and EU democracy construction drove in the fast lane. The strong resistance of the Maastricht Treaty in Denmark, France, and some other European countries in 1991, as well as the veto of the first referendum in Denmark in 1992, showed the attitude change of the European public and the disappearance of "permissive consensus". Moreover, the German Constitutional Court and Denmark Supreme Court warned and challenged the constitutional legitimacy of the European Union in the same decade. Either the European institutions or the member states' governments realized the importance and necessity of democratization. The Commission mentioned in its Governance White Paper that "it is time to recognize that the Union has moved from a diplomatic to a democratic process, with policies that reach deep into national societies and daily life"②. The Nice Treaty points out that each member state's government "recognizes the need to improve and to monitor the democratic legitimacy and transparency of the Union and its institutions, in order to bring them closer to the citizens of the Member States"③. Democratic pressure was also one important reason that the European leaders decided to hold a Constitutional Convention in 2001. As the Constitutional Treaty failed because of the vetoes of the French and Dutch referendums, its revised edition, the Lisbon Treaty, finally validated in 2009 after kicking off some constitutional signals. The Lisbon Treaty identifies the EU's law character, and authorizes more power to the

---

① Giandomenico Majone, *Dilemmas of European Integration-The Ambiguities and Pitfalls of Integration by Stealth*, Oxford: Oxford University Press, 1995.

② EU Commission: *European Governance: A White Paper*, COM (2001) 428final, Brussels, 25. 7. 2001.

③ Treaty of Nice, "Declaration on the Future of the Union", No. 23.

European Parliament and the Member State Parliaments.

In the past half-century, the EP has become an equal legislator with the European Council. The Commission needs to be interrogated and questioned by the EP and the national Parliaments, not like where it could keep its independence in the name of " defending the interest of Europe ". Meanwhile, with the change of time, the enterprise culture of the Commission is different, too. The new Commissioners from more egalitarian cultures no longer saw themselves as *Monsieur le Commissaire*, with the status of a noble, but rather as a friend to their staffs and a source of accessible information for their citizens[1]. The officers of Commission have a strong will to communicate with the public, interest groups, or representatives of civil society groups. With more democratic measures being implemented, surveys show that the public's satisfaction of the EU is increasing. The survey of Eurobarometer in autumn 2009 indicates that the satisfaction of the EU public for democratic operation was 54%, 2 percentage points higher than autumn 2007, and 1 percent higher than that of member states which was 54% in autumn 2009, while the percentage for the member states in autumn 2007 was 58%[2].

In summation, the democratization of the European Union has achieved much. Especially since the ratification of the Maastricht Treaty, the "democratic deficit" of the EU has been highly reduced. Now the EU has preliminarily established the dual democratic system framework of both supranational institution and member states, featuring representativeness as dominant and other democratic forms as supplementary. The democratization of the EU and the construction of EU democracy have a significant meaning in the study of international politics. Democracy was a product fit for the

---

① Derk-Jan Eppink, *Life of A European Mandarin*: *Inside the Commission*, Tielt: Lannoo Pulishers, 2007, p. 34.

② European Commission: EU Barometer 72: Public Opinion in the European Union, Dec. 2009, http://europa. eu. int/comm/public_ opinion/index_ en. htm.

polis in Ancient Greece and the total number of the citizens who participated in politics was only 40 or 50 thousand. By inventing the representative model, modern democracy has surpassed the participative model in the national level. Nowadays, to the EU is surpassing national borders and starting to explore how to build democracy in one union composed of countries.

The Character of the EU's Democratization

The democratization of the nation states has gone through a long journey and it does not end yet. Compared with the nation states, the EU has fulfilled some fundamental conditions, such as the idea of civil rights and the institutions to protect it, e. g. equal suffrage, etc. The European Charter of Fundamental Rights has been listed as an attachment of the Lisbon Treaty. The focus of EU democratization is on the design of the supranational democratic institute.

As a supranational polity, EU democratization could not find any precedent examples. As Albert M. Sbragia said, the position of the EU could be compared with that of England in 13th Century[①]. If we review the democratic development of the past 60 years, we could summarize some characteristics of EU democratization primarily as below.

1. As a mixture polity of supra-nationality and inter-governmentality, the democracy of the EU is also a mix. The EU holds double-deck representative institutes at the EU level and member states level. Sometimes the regional representative institutes and other organizations, or even the people, could directly participate in decision-making. From the viewpoint of

---

① Alberta M. Sbragia, "Post-national democracy as post-national democratization", in Sergio Fabbrini, ed. , *Democracy and Federalism in the European Union and the United States*, New York: Routledge, 2005.

participatory democracy, the EU is a multi-level participatory democracy. Subsidiarity is the guiding principle in dividing the purview of the institutes at different levels. According to the Maastricht Treaty, " in areas which do not fall within its exclusive competence, the Community shall take action, in accordance with the principle of subsidiarity, only if and in so far as the objectives of the proposed action cannot be sufficiently achieved by the Member States" [1].

There is a formal mix in the democracy of the EU combining representative democracy and participatory democracy. Reviewing the political development of the EU in the past two decades, as expected the political elites of Europe have cared more about parliamentary democracy, and they consider both their domestic national Parliaments and the European Parliament as possible solutions to alleviate the legitimacy deficit [2]. In sum, the EU tried to establish a legitimate dual democratic representative institution.

In addition to representative and participatory democracy, deliberative democracy is also a democratic form that the EU has been exploring. Deliberative democracy is a young theory and model that includes both aspects of deliberation and democracy. The democratic part is that there is collective decision-making with the participation of all who will be affected by the decision or their representatives. The deliberative part is that decision-making is done through means of arguments offered by and to participants who are committed to the values of rationality and impartiality [3]. This democracy theory paints a different picture from representative democracy,

---

[1]   Article 3b of The Maastricht Treaty, p. 3, http: //www. eurotreaties. com/maastrichtec. pdf.

[2]   Berthold Rittberger, *Building Europe's Parliament: Democratic Representation beyond the Nation-State*, Oxford: Oxford University Press, 2005, p. 177.

[3]   Jon Elster eds, *Deliberative Democracy*, Cambridge: Cambridge University Press, 1998, p. 8.

which is based on economic calculation or preferences aggregation. Deliberative democracy advocates that decision-making should be fair and rational[1]. The core of representative democracy is the majority principle that focuses on efficiency, while deliberative democracy emphasizes involving all social groups in will-formation and doing the best as reflected by the will of the governed people. Deliberative democracy is not mature enough with respect to practical organizing principles and institutes, but the rational deliberation aspect of deliberative democracy is fit for the intergovernmental aspect of the EU, embodying the democracy of international relations. Here, nation states could reach consensus by voluntary and beneficiary cooperation as equals, and the point of citizen participation accords with the supranational character of the EU. Some scholars in Germany and North Europe, such as Juergen Habermas, especially support deliberative democracy as the one form of EU democracy. He reasons that deliberative democracy does not need the precondition of owning a cultural community that is just fit for the EU, and by continuing deliberations on the issues of morality and law, the feeling of community could be formed gradually[2]. To some extent, the spirit and principle of deliberative democracy had been expressed in the process of the Constitutional Convention from 2002 to 2003[3].

2. There exists high competition between the European institutions on democratic legitimacy, due to the uncertainty of the nature of the EU and its future. The power of the European Parliament has been expanded fastest

---

① Erik O. Eriksen, "A Comment on Schmalz-Bruns: On the Epistemic Conception of Deliberati ve Democracy", in Beate Kohler-Koch and Berthold Rittberger, ed. , *Debating the Democratic Legitimacy of the European Union*, Lanham, Md. : Rowman & Littlefield, 2007.

② Rainer Schmalz Bruns, "The Euro-Polity in Perspective: Some Normative Lessons from Deliberative Democracy", in Beate Kohler-Koch and Berthold Rittberger, ed. , *Debating the Democratic Legitimacy of the European Union*, Lanham, Md. : Rowman & Littlefield, 2007.

③ Zhao Chen, "Deliberation or Bargaining? An Analysis on the Convention on the Future of Europe", *Asia Europe Journal*, Vol. 6, No. 3 - 4, 2008.

compared with the other European institutions since 1992. On the basis of its unique function at the EU level representing the people directly, the EP has the advantage on norms and legitimacy in the negotiations. The Commission has been raising the measures of participatory democracy, and has tried to garner the trust of the people. In its White Paper on Governance, the Commission marked that "democracy depends on people being able to take part in public debate", and strongly emphasized participation, not institutionalizing protests, but "more effective policy shaping based on early consultation and past experience"① .

Another competitor is the national Parliaments. After some intergovernmental negotiations in the 1990s, the standing of the national Parliaments has been promoted. The members of the national Parliaments could receive proposals made by the Commission in a good time and the representatives of the national Parliaments and the European Parliament were encouraged to discuss the main features of the EU after the Treaty of Maastricht was validated. By the Lisbon Treaty, the national Parliaments have gained some supervision rights relying on the subsidiarity principle, not like before just been informed. After the working of the Lisbon Treaty, the national Parliaments could evaluate proposals raised by the Commission by the "early warning system" and question the judgment of the European Court of Justice under the subsidiarity principle. So whether viewed from ex ante or ex post supervision, the national Parliaments have become a nuclear role in defending the principle of subsidiarity.

3. Less confrontational than EU democracy is national democratization. Charles Tilly described in his latest book on European democratization history that democratization occurred as a result of struggles during which few, if any, of the participants were self-consciously trying to create

---

① EU Commission: *European Governance: A White Paper*, COM (2001) 428final, Brussels, 25. 7. 2001.

democratic institutions[1]. However, the contentions and confrontations in the democratization of the EU were weaker than those in the democratization history of the European nation states. Although we are used to the demonstrations of European farmers in Brussels, the active lobbying of the interest groups, the claims of European "democratic deficit", and the referendum vetoes from some member states, we have not seen the violence and chaos of the French Revolution in 19th century, or the "no taxation without representation" fighting of England in 18th century.

Two reasons could explain this phenomenon. First, the concept of citizenship has been rooted in Europe through the democratization of the nation states. Democracy and human rights have been common ideas of the governors and the governed. The Council of Europe dedicated to protecting human rights and democracy was established in 1949 and has declared some binding papers for the European countries, such as "The European Convention on Human Rights" (1950) and "The European Social Charter" (1961). Second, it is related to the mixed nature of the EU. The member states still have the most important role in protecting the democratic rights of European citizens, and also have the main democratic burdens in taxation, social security, and administrations. The member states also often take advantage of the mixed nature of the EU by transferring the dissatisfaction of the people to Brussels for policies that had actually been approved by themselves.

The Future of EU Democracy

Nowadays EU democracy still is like the construction of the European political union. The EU has suffered much criticism about "democratic

---

① Charles Tilly, *The Contention and Democracy in Europe, 1650 – 2000*, Cambridge: Cambridge University Press, 2005.

deficit", but we find similar reappearances in the history of American Confederation if we read "The Federalist Papers". Alexander Hamilton commented on the American political regime before the Constitutional Convention in 1787 that the existing federal system "never had a ratification by the people", "resting on no better foundation than the consent of the several legislatures, it has been exposed to frequent and intricate questions concerning the validity of its powers, and has in some instances given birth to the enormous doctrine of a right of legislative repeal", and Hamilton pointed out "the fabric of American empire ought to rest on the solid basis of the consent of the people"[①]. European political elites often take the United States as a reference when they think about the future of the EU and its democracy. For example, Joschka Fischer, the former German Minister of Foreign Affairs talked about how he was reading articles on the 1878 American Constitutional Convention when he triggered the grand debate on the EU Constitution in 2000. But the failure of the Treaty of European Constitution proved that the timing for European constitution construction would not be as in the American way. Moreover, we have to remember that the Federal Constitution in America was constructed through a very tough path, including the cruel Civil War.

EU democracy is full of uncertainty but two points can be sure. The first is that EU democracy is not brand new, but rather on the trail of national democracy. Robert Dahl concluded the history of democracy as three changes: the establishment of city-state democracy, from the city-state democracy to national state democracy, and from the national state democracy to transnational democracy. A huge difference exists between the city-states democracy and the national state democracy. Dahl said "if our hypothetical Athenian citizens were somehow to appear in our midst, he

---

① Hamilton, "The Federalist 22", in Alexander Hamilton, James Madison and John Jay, *The Federalist Papers*, Oxford: Oxford University Press, 2008, p. 113.

would surely contend that a modern democracy is not, after all, a democracy"[1] . So will the EU democracy of the future surprise the people of today? I think the answer is no. As mentioned above, the democracy of the EU is constructed on the shoulders of modern nation states and national democracy will always be its reference. Meanwhile the democratization of the EU and the nation states could be synchronized, in theory and practice, within a few decades.

Second, the development of the EU democracy will be a long process because it is connected with the elimination of the nation state. Democracy is also a sense of community in addition to an institution. The EU can hardly be called an "imaginary community" now. Some degree of sanctity is necessary for a polity ready for democracy, but for now the EU does not have this kind of aureola and people do not take the EU as a replacement of the nation state. From this view, the construction of the EU democracy has a long journey ahead.

---

[1]　Robert A. Dahl, *Democracy and Its Critics*, New Haven: Yale University Press, 1989, p. 20.

参考文献

中文文献

曹卫东：《权力的他者》，上海教育出版社 2004 年版。

曹卫东编：《欧洲为何需要一部宪法》，中国人民大学出版社 2004 年版。

陈家刚：《协商民主》，上海三联书店 2001 年版。

陈玉刚：《国家与超国家——欧洲一体化理论比较研究》，上海人民出版社 2001 年版。

房宁：《民主政治十论》，中国社会科学出版社 2007 年版。

冯兴元等：《立宪的意涵：欧洲宪法研究》，北京大学出版社 2005 年版。

刘文秀、〔英〕埃米尔·J. 科什纳等：《欧洲联盟政策及政策过程研究》，法律出版社 2003 年版。

苏长河：《全球公共问题与国际合作：一种制度的分析》，上海人民出版社 2000 年版。

谈火生：《审议民主》，江苏人民出版社 2007 年版。

田德文：《欧盟社会政策与欧洲一体化》，社会科学文献出版社 2005 年版。

肖欢容：《地区主义：理论的历史演进》，北京广播学院出版社 2003 年版。

吴志成编译：《欧洲研究前沿报告》，华东师范大学出版社 2007 年版。

阎小冰、邝杨：《欧洲议会：对世界上第一个跨国议会的概述与探讨》，世界知识出版社 1997 年版。

应克复等：《西方民主史》（修订本），中国社会科学出版社 1997 年版。

余英时：《人文与理性的中国》，上海古籍出版社 2007 年版。

赵海峰：《欧洲法问题专论》，中国法制出版社 2007 年版。

周弘：《福利国家向何处去》，社会科学文献出版社 2006 年版。

王绍光：《民主四讲》，生活·读书·新知三联书店 2008 年版。

周弘主编：《2007—2008 欧洲发展报告》，中国社会科学出版社 2008 年版。

张磊：《欧洲议会中的党团政治》，北京大学出版社 2013 年版。

张飞岸：《被自由消解的民主》，中国社会科学出版社 2015 年版。

俞可平：《社群主义》（第三版），东方出版社 2015 年版。

于海青：《当代西方参与民主研究》，中国社会科学出版社 2009 年版。

张海洋：《欧盟利益集团与欧盟决策：历史沿革、机制运作与案例比较》，社会科学文献出版社 2014 年版。

陈家刚：《协商民主》，上海三联书店 2001 年版。

唐士其：《全球化与地域性：经济全球化进程中国家与社会的关系》，北京大学出版社 2008 年版。

周弘主编：《大欧盟新欧洲：2004—2005 欧洲发展报告》，中国社会科学出版社 2005 年版。

赵晨、赵纪周、黄萌萌：《叙利亚内战与欧洲》，中国社会科学出版社 2018 年版。

欧共体官方出版局编：《欧洲联盟法典》，苏明忠译，国际文化出版公司 2005 年版。

《欧洲联盟基础条约——经〈里斯本条约〉修订》，程卫东、李靖堃译，社会科学文献出版社 2010 年版。

［德］卡尔·马克思、弗里德里希·恩格斯：《共产党宣言》，中央编译局译，人民出版社 1997 年版。

［德］卡尔·马克思：《资本论》第一卷，中央编译局译，人民出版社2004年版。

［德］马克思、恩格斯：《德意志意识形态》，《马克思恩格斯文集》第一卷，人民出版社2009年版。

［法］托马斯·皮凯蒂：《21世纪资本论》，巴曙松等译，中信出版社2014年版。

［英］诺曼·戴维斯：《欧洲史》，郭方、刘北成等译，世界知识出版社2007年版。

［法］奥利维耶·科斯塔、娜塔莉·布拉克：《欧盟是怎么运作的》（第二版），潘革平译，社会科学文献出版社2016年版。

［美］托尼·朱特：《战后欧洲史（卷一）：旧欧洲的终结（1945—1953）》，林骧华等译，中信出版社2014年版。

［美］托尼·朱特：《战后欧洲史（卷四）：旧欧洲、新欧洲（1989—2005）》，林骧华等译，中信出版社2014年版。

［法］皮埃尔·热尔贝：《欧洲统一的历史和现实》，丁一凡、程小林、沈雁南译，中国社会科学出版社1989年版。

［法］夏尔·奥利维耶·卡博内尔：《圣西门的欧洲观》，李倩译，北京大学出版社2016年版。

［美］阿伦·利普哈特：《民主的模式：36个国家的政府形式和政府绩效》，陈崎译，北京大学出版社2006年版。

［美］艾伦·沃尔夫：《合法性的限度：当代资本主义的政治矛盾》，沈汉等译，商务印书馆2005年版。

［美］埃尔斯特、［挪］斯莱格斯塔德：《宪政与民主：理性与社会变迁研究》，潘勤、谢鹏程译，生活·读书·新知三联书店1997年版。

［美］艾密尔·鲁特维克：《林肯》，国际文化出版公司1999年版。

［美］保罗·A.萨缪尔森、威廉·D.诺德豪斯：《经济学》（第12版），高鸿业等译，中国发展出版社1992年版。

［德］贝娅特·科勒－科赫等：《欧洲一体化与欧盟治理》，周弘主编，顾俊礼等译，中国社会科学出版社2004年版。

［法］法布里斯·拉哈：《欧洲一体化史：1945—2004》，彭姝祎、陈志瑞译，中国社会科学出版社 2005 年版。

［美］本尼迪克特·安德森：《想象的共同体：民族主义的起源与散布》，吴叡人译，上海人民出版社 2003 年版。

［日］大昭保昭：《人权、国家与文明》，王志安译，生活·读书·新知三联书店 2003 年版。

［美］戴维·伊斯顿：《政治生活的系统分析》，王普劬等译，华夏出版社 1987 年版。

［英］戴维·赫尔德：《民主的模式》，燕继荣等译，王浦劬校，中央编译出版社 1998 年版。

［英］戴维·赫尔德：《民主与全球秩序：从现代国家到世界主义治理》，胡伟等译，上海人民出版社 2003 年版。

［英］戴维·赫尔德等：《国将不国：西方著名学者论全球化与国家主权》，江西人民出版社 2004 年版。

［英］戴维·米勒等：《布莱克维尔政治学百科全书》，邓正来主编，中国政法大学出版社 1992 年版。

［荷］汉斯·范登·德尔、本·范·韦尔瑟芬：《民主与福利经济学》，陈刚等译，中国社会科学出版社 1999 年版。

［美］汉密尔顿等：《联邦党人文集》，程逢如等译，商务印书馆 1980 年版。

［美］郝大为、安乐哲：《先贤的民主：杜威、孔子与中国民主之希望》，何刚强译，江苏人民出版社 2004 年版。

［美］罗伯特·达尔：《民主理论的前言》，顾昕、朱丹译，生活·读书·新知三联书店、牛津大学出版社 1999 年版。

［美］罗伯特·达尔：《论民主》，李柏光、林猛译，商务印书馆 1999 年版。

［美］罗伯特·基欧汉、［美］约瑟夫·奈：《权力与相互依赖》（第 3 版），门洪华译，北京大学出版社 2002 年版。

［德］马克斯·韦伯：《经济与社会》，林荣远译，商务印书馆 1998 年版。

［美］乔·萨托利：《民主新论》，冯克利、阎克文译，东方出版社
　　1993 年版。

［美］伊恩·夏皮罗、［美］卡西亚诺·海克考登主编：《民主的价
　　值》，刘厚金译，中央编译出版社 2015 年版。

［美］弗朗西斯·福山：《历史的终结及最后之人》，黄胜强、许铭原
　　译，中国社会科学出版社 2003 年版。

［英］罗伯特·库珀：《和平箴言：21 世纪的秩序与混乱》，吴云、庞
　　中英等译，北京大学出版社 2007 年版。

［美］约瑟夫·奈：《软权力与硬权力》，门洪华译，北京大学出版社
　　2005 年版。

［法］皮埃尔·卡蓝默：《破碎的民主：试论治理的革命》，高凌瀚
　　译，生活·读书·新知三联书店 2005 年版。

［美］萨缪尔·亨廷顿：《第三波——20 世纪后期民主化浪潮》，刘军
　　宁译，上海三联书店 1998 年版。

［英］苏珊·马克斯：《宪政之谜——国际法、民主和意识形态批
　　判》，方志燕译，上海译文出版社 2005 年版。

［法］托克维尔：《论美国的民主》，董果良译，商务印书馆 1997
　　年版。

［古希腊］修昔底德：《伯罗奔尼撒战争史》（上），谢德风译，商务
　　印书馆 1997 年版。

［美］约瑟夫·熊彼特：《资本主义、社会正义与民主》，吴良健译，
　　商务印书馆 1999 年版。

［德］尤尔根·哈贝马斯：《后民族结构》，曹卫东译，上海人民出版
　　社 2002 年版。

［德］尤尔根·哈贝马斯：《在事实与规范之间：关于法律和民主法
　　治国的商谈理论》，童世骏译，生活·读书·新知三联书店 2003
　　年版。

［美］约瑟夫·威勒：《欧洲宪政》，周弘主编，程卫东等译，中国社
　　会科学出版社 2004 年版。

［美］伊恩·夏皮罗、［美］卡西亚诺·海克考登主编：《民主的价

值》，刘厚金译，中央编译出版社 2015 年版。

［日］猪口孝、［英］爱德华·纽曼、［美］约翰·基恩编：《变动中的民主》，林猛等译，吉林人民出版社 1999 年版。

［澳］约翰·基恩：《生死民主》，安雯译，中央编译出版社 2016 年版。

［法］让·莫内：《欧洲之父——莫内回忆录》，孙慧双译，国际文化出版公司 1989 年版。

［德］汉斯－维尔纳·辛恩：《欧元陷阱：关于泡沫破灭、预算和信仰》，曹慧译，社会科学文献出版社 2016 年版。

［法］让－皮埃尔·戈丹：《何谓治理》，钟震宇译，社会科学文献出版社 2010 年版。

［美］迈克尔·巴尼特、玛莎·芬尼莫尔：《为世界定规则：全球政治中的国际组织》，薄燕译，上海人民出版社 2009 年版。

［美］戴维·伊斯顿：《政治生活的系统分析》，王浦劬等译，华夏出版社 1987 年版。

［英］约翰·斯图亚特·密尔：《代议制政府》，汪瑄译，商务印书馆 2007 年版。

［加］沃尔特·怀特、罗纳德·瓦根伯格、拉尔夫·纳尔逊：《加拿大政府与政治》，刘经美、张正国译，北京大学出版社 2004 年版。

［美］文森特·奥斯特罗姆：《民主的意义及民主制度的脆弱性：回应托克维尔的挑战》，李梅译，陕西人民出版社 2011 年版。

［美］本杰明·巴伯：《强势民主》，彭斌、吴润洲译，吉林人民出版社 2011 年版。

［美］托尼·朱特：《战后欧洲史（卷二）：繁荣与革命（1953—1971）》，林骧华等译，中信出版社 2014 年版。

［英］摩西·芬利：《古代民主与现代民主》，郭小凌、郭子林译，商务印书馆 2016 年版。

［法］鲍铭言、［法］迪迪尔·钱伯内特：《欧洲的治理与民主：欧盟中的权力与抗议》，李晓江译，社会科学文献出版社 2011 年版。

［美］卡罗尔·佩特曼：《参与和民主理论》，陈尧译，上海世纪出版

集团 2012 年版。

［英］唐纳德·萨松：《欧洲社会主义百年史：二十世纪的西欧左翼》
　　（上），姜辉等译，社会科学文献出版社 2004 年版。

［美］赫伯特·马尔库塞：《单向度的人》，刘继译，上海译文出版社
　　2008 年版。

［丹］考斯塔·艾斯平 – 安德森：《福利资本主义的三个世界》，郑秉
　　文译，社会科学文献出版社 2003 年版。

［英］安东尼·吉登斯：《第三条道路——社会民主主义的复兴》，郑
　　戈、渠敬东、黄平译，北京大学出版社、生活·读书·新知三联书
　　店 2000 年版。

［美］西蒙·马丁·李普塞特：《政治人：政治的社会基础》，张绍宗
　　译，上海人民出版社 1997 年版。

［美］丹尼尔·贝尔：《意识形态的终结》，张国清译，江苏人民出版
　　社 2001 年版。

［法］雷蒙·阿隆：《知识分子的鸦片》，吕一民、顾杭译，译林出版
　　社 2005 年版。

［法］阿尔都塞：《意识形态和意识形态国家机器》，载陈越编《哲学
　　与政治——阿尔都塞读本》，吉林人民出版社 2003 年版。

［古希腊］修昔底德：《伯罗奔尼撒战争史》（上），谢德风译，商务
　　印书馆 1997 年版。

［英］提摩许·加顿·艾什：《自由世界：美国、欧洲和西方世界的
　　未来》，张宁译，东方出版社 2009 年版。

［美］亚当·普沃斯基：《民主与市场：东欧与拉丁美洲的政治经济
　　改革》，包雅钧等译，北京大学出版社 2005 年版。

［德］康德：《历史理性批判文集》，何兆武译，商务印书馆 1990
　　年版。

［美］罗伯特·卡根：《天堂与权力》，刘坤译，社会科学文献出版社
　　2013 年版。

［美］诺姆·乔姆斯基：《遏制民主》，汤大华译，商务印书馆 2013
　　年版。

［美］迈克尔·哈特、［意］安东尼奥·奈格里：《帝国——全球化的政治秩序》，杨建国、范一亭译，江苏人民出版社 2003 年版。

［德］彼德·斯洛特戴克：《资本的内部：全球化的哲学理论》，常烜译，社会科学文献出版社 2014 年版。

［挪］安德列亚斯·弗勒斯达：《如何在多层和多元文化的国家间构建民主：可行性和正当性》，赵晨译，《讨论"欧洲模式"研讨会会议论文》2006 年 6 月 12 日。

［美］安德鲁·莫劳夫奇克：《欧盟宪法的本质：仍需从自由政府间主义来理解》，赵晨译，《欧洲研究》2005 年第 2 期。

［德］贝娅特·科勒－科赫、贝特霍尔德·里腾博格：《欧洲研究中的"治理转向"》，陈新译，《欧洲研究》2007 年第 5 期。

李靖堃：《欧洲共同体法律制度及其对英国宪政的影响》，博士学位论文，中国社会科学院研究生院，2004 年。

林民旺：《试析欧洲联盟的"民主赤字"问题》，硕士学位论文，中国社会科学院研究生院，2005 年。

李鹏程：《对民主概念的文化合理性的哲学考察：对三类民主概念的探讨》，《哲学研究》2004 年第 6 期。

李秋高：《论欧盟宪政中的"民主赤字"问题：兼论欧盟宪法的回应》，《北京理工大学学报》（社会科学版）2006 年 4 月第 8 卷第 2 期。

李巍：《如何认识欧盟的"民主赤字"问题》，《欧洲》2002 年第 6 期。

刘文秀：《欧洲议会的权力及其运行机制》，《欧洲》2000 年第 3 期。

金安平、姚传明：《"协商民主"：在中国的误读、偶合以及创造性转换的可能》，《新视野》2007 年第 5 期。

马胜利：《欧盟公民权与欧洲认同》，《欧洲研究》2008 年第 1 期。

秦志希、刘建明：《论欧洲电视跨文化传播与欧洲一体化》，《欧洲研究》2003 年第 4 期。

许振洲：《民主与东亚的崛起》，《国际政治研究》1996 年第 2 期。

许振洲：《浅论意识形态及其在当下中国的困境》，《国际政治研究》

2011 年第 4 期。

王展鹏：《宪法爱国主义与欧洲认同：欧盟宪法的启示》，《欧洲研究》2005 年第 5 期。

伍慧萍：《政治公共领域与欧盟民主治理》，《德国研究》2007 年第 2 期。

殷叙彝：《关于"subsidiarity"一词的译法》，《马克思主义与现实》1999 年第 3 期。

张世鹏：《进入 21 世纪的西欧政治思潮》，《欧洲》2001 年第 1 期。

李明明、陈志忠：《欧盟激进左翼政党的兴起与欧洲一体化》，《当代世界社会主义问题》2015 年第 3 期。

赵晨：《欧洲议会选举之后的欧洲政治走向》，《当代世界》2014 年第 8 期。

赵晨：《走向"贸易新世界"的美欧关系："跨大西洋贸易与投资伙伴关系协定"的政治经济学分析》，《美国研究》2016 年第 5 期。

赵晨：《欧盟如何向外扩展民主：历史、特点和个案分析》，《世界经济与政治》2007 年第 5 期。

仇朝兵：《"贸易促进权"之争及其对美国贸易政策的影响》，《美国研究》2016 年第 2 期。

张丽娟：《美欧跨大西洋经济关系新进展》，《欧洲研究》2013 年第 3 期。

钱能欣：《法国社会党的经济试验》，《西欧研究》1983 年第 1 期。

申皓：《试析欧盟地区政策的演进》，《法国研究》2002 年第 2 期。

金玲：《难民危机背景下欧盟周边治理困境及其务实调整》，《当代世界与社会主义》2016 年第 6 期。

王缉思：《美国霸权的逻辑》，《美国研究》2003 年第 3 期。

吴弦：《欧盟国家利比亚军事干预解析》，《欧洲研究》2012 年第 2 期。

外文文献

Abromeit, Heidrun (1998), *Demoracy in Europe: Legitimising Politics in a Non-State Polity*, Munich: Berghahn Books.

Anderson, S. S. and Eliassen, K. A., eds., (1996), *The European Union: How Democratic is it?*, London: SAGE.

Anderson, Perry (1987), "The Figures of Descent", *New Left Review*, No. 161.

Ash, Timothy Gartonm (1993), *In Europe's Name: Germany and the Divided Continent*, New York: Vintage.

Bardazzi, Eleonora and Omar Caramaschi (2017), "Italian and European Citizens' Initiatives: Challenges and Opportunities", *LUISS Working Paper*, SOG-WP39/2017.

Bastasin, Carlo (2015), *Saving Europe: Anatomy of A Dream*, Washington: Brookings Institution Press.

Benz, Arthur (2003), "Compounded Representation in EU Multi-Level Governance", in Beate Kohler-Koch (eds.), *Linking EU and National Governance*, Oxford: Oxford University Press.

Birch, Anthony H. (2001), *The Concepts and Theories of Modern Democracy*, 2nd edition, London: Routledge.

Boerzel, Tanja A., Assem Dandashly and Thomas Risse (2015), "Responses to the 'Arabellions': The EU in comparative Perspective-Introduction", *Journal of European Integration*, Vol. 37, No. 1.

Bohman, James and Rehg, William, ed. (1997), *Deliberative Democracy: Essays on reason and Politics*, Cambridge: MIT Press.

Brandt, Willy (1971), "The German View", *Socialist International Information*, Vol. 21, No. 5 – 6.

Bremnan, John O. (2004), "Ireland's National Forum on Europe: Elite Deliberation Meets Popular Participation", *Journal of European Integration*,

Vol. 26, No. 2.

Brent, Richard (1995), "The Binding of Leviathan—The Changing Role of the European Commission in Competition Cases", *International and Comparative Law Quartely*, Vol. 44, No. 2.

Bruns, Rainer Schmalz (2007), "The Euro-Polity in Perspective: Some Normative Lessons from Deliberative Democracy", in Beate Kohler-Koch and Berthold Rittberger ed. , *Debating the Democratic Legitimcacy of the European Union*, Lanham: Rowman and Littlefield Publisher.

Buchanan, Allen and Keohane, Robert O. (2006), "The Legitimacy of Global Governance Institutions", *Ethics & International Affairs*, Vol. 20, No. 4.

Cary, William L. (1974), "Federalism and Corporate Law: Reflections on Delaware", *Yale Law Review*, Vol. 83, No. 4.

Cassese, Sabino and Giacinto (1992), "The Commission of the European Economic Community: The Administrative Ramifications of Its Political Development (1957 – 1967)", in Erk Volkmar Heyen, ed. , D*ie Anfänge der Verwaltung der Europäischen Gemeinschaft.*

Checkel, Jeffrey T. (2000), "Building New Identities? Debating Fundamental Rights in European Institutions", ARENA, Oslo, Working paper, No. 12.

Checkel, Jeffrey T. (2001), "Taking Deliberation Seriously", ARENA, Oslo, Working paper, No. 14.

Chryssochoou, Dimitris N. (1997), "New Challenges to the Study of European Integration: Implication for Theories-Building", *Journal of Common Market Studies*, Vol. 35, No. 4.

Chryssochoou, Dimitris N. (1998), *Democracy in the European Union*, London: I. B. Tauris.

Closa, Carlos "The Convention Method and the Transformation of EU Constitutional Politics", in Erik O. Eriksen, John E. Fossum and Augustin J. Menendez eds. , *Developing a Constitution for Europe.*

Cohen, Joshua (1989), "Deliberation and democratic legitimacy", in A. Hamlin and B. Pettit, eds. , *The Good Polity*, Oxford: Oxford University Press.

Cohen, Joshua and Sabel, Charles (1997), "Directly-Deliberative Polyarchy", *European Law Journal*, Vol. 3, No. 4.

Corbett, Richard, Francis Jacobs and MichaelShackleton, eds. , (2005), *The European Parliament* (6th edition), London: John Harper Publishing.

Dahl, Robert A. (1994), "A Democratic Dilemma: System Effectiveness versus Citizen Participation", *Political Science Quarterly*, Vol. 109, No. 1.

Delors, Jacques (1989), "Une nouvelle fornitère pour la social-démocratie: l' Europe?", in Piet Dankert and Ad Kooyman, ed. , *Europe sans frontiers et l' avenir de la CEE*, EOP, Antwerp.

Dinan, Desmond (1994), *Ever Closer Union? An Introduction to the European Community*, Basingstoke: Palgrave.

Duchêne, François (1994), *Jean Monnet: The First Statesman of Interdependence*, New York: W. W. Norton and Company.

Duchêne, François (1972), "Eurpe's Role in World Peace", in Richard Mayne, ed. , *Europe Tomorrow: Sixteen Europeans Look Ahead*, London: Fontana.

Egenhofer, Christian, Sebastian Kurpas and Louise Van Schaik (2009), *The Ever-Changing Union: An Introduction to the History, Institutions and Decision-making Processes of the European Union*, Centre for European Policy Studies (CEPS) .

Eising, Rainer and Kohler-Koch, Beate, eds. , (1999), *The Transformation of Governance in the European Union*, London: Routledge.

Elster, Jon, eds. , (1998), *Deliberative Democracy*, Cambridge: Cambridge University Press.

Micheal Emerson, ed. , (2005), *Democratisation in the European Neigh-*

bourhood, Brussel: Centre for European Policy Studies.

Eppink, Derk-Jan (2007), *Life of A European Mandarin: Inside the Commission*, Tielt: Lannoo Pulishers.

Eriksen, Erik O. (2002), "Democracy through strong Publics in the European Union?", *Journal of Common Market Studies*, Vol. 40, No. 3.

Eriksen, Erik O. (2006), "Deliberation and the problem of democratic legitimacy in the EU: Are working agreements the most that can be expected?", ARENA, Oslo, Working paper, No. 08.

Eriksen, Erik O. and Jürgen Neyer (2003), "Introduction: Deliberative Supranationalism in the EU", in Erik O. Eriksen, Christian Joerges, and Jürgen Neyer, *European Governance*, *Deliberation and the Quest for Democritisation*, ARENA Reports 02/2003, Oslo.

Eriksen, Erik O. , "A Comment on Schmalz-Bruns: On the Epistemic Conception of Deliberati ve Democracy", in Beate Kohler-Koch and Berthold Rittberger ed. , *Debating the Democratic Legitimcacy of the European Union.*

Estella, Antonio (2002), The *EU Principles of Subsidiarity and Its Critique*, Oxford: Oxford University Press.

Fitzmaurice, John (1975), *The Party Groups in the European Parliament*, Mass: Lexington Books.

Follesdal, Andreas and Peter Koslowski, eds. , (1997), *Democracy and the European Union*, Berlin: Springer.

Follestal, Andreas and Simon Hix (2005), "Why There is a Democratic Deficit in the EU: A Response to Majone and Moravcsik", *European Governance Papers* (EUROGOV) No. C-05 – 02, 2005, p. 11, http: // www. connex-network. org/eugov/pdf/egp-connex-C-05 – 02. pdf.

Follesdal, Andreas and Hix, Simon (2006), "Why there is a democratic deficit in the EU: A response to Majone and Moravcsik", *Journal of Common Market Studies*, Vol. 44, No. 3.

Franck, Thomas (1995), *Fairness in International Law and Institutions*,

Oxford: Clarendon Press.

Frieden, Jeffry A. and Ronald Rogowski (1996), "The Impact of the International Political Economy on National Policies: An Overview", in *Internationalization and Domestic Politics*, Robert O. Keohane and Helen V. Milner (eds.), Cambridge: Cambridge University Press.

Gaulle, Charles de (1970), *Discours et messages: Tome IV: Pour l' effort*, Paris: Plon.

Gbikpi, Bernard and Juergen R. Grote (2002), "From Democratic Government to Participatory Governance", in Juergen Grote and Bernard Gbikpi ed., *Participatory Governance: Political and Societal Implications*, Opladen: Leske & Budrich.

Gerstenberg, Oliver and Sabel, Charles F. (2002), "Directly-deliberative polyarchy: An institutional ideal for Europe?", in Joerges, C., Dehousse, R., ed., *Good Governance in Europe's Integrated Market*, Oxford: Oxford University Press.

Göler, Daniel (2006), *Deliberation-Ein Zukunftsmodell europäischer Entscheidungsfindung? Analyse der Beratungen des Verfassungskonvents 2002 – 2003*, Baden-Baden.

Goldstein, Leslie Friedman (1997), "State Resistance to Authority in Federal Unions: The Early United States (1790 – 1860) and the European Community (1958 – 1994)", *Studies in American Political Development* 11.

Goodin, Robert E. (2003), "When Does Deliberation Begin? Internal Reflection versus Public Discussion in Deliberative Democracy", *Political Studies*, Vol. 51.

Graf, William D. (1976), *The German Left since 1945: Socialism and Social Democracy in the German Federal Republic*, New York: Oleander Press.

Grant, Charles (1994), *Delors: Inside the House that Jacques Built*, London: Nicholas Brealey.

Greenidge, Carl B. (1999), "Return to Colonialism? The New Orienta-
tion of European Development Assistance", in Marjorie Lister, ed. , *New
Perspectives on European Union Development Cooperation*, Oxford: West-
view Press.

Greven, Micheal Th. and Louis W. Pauly, eds. , (2000), *Democracy be-
yond the State? The European Dilemma and the Emerging Global Order*,
Lanham: Rowman & Littlefield Publisher.

Grimm, Dieter (1995), "Does Europe Need a Constitution?", *European
Law Journal*, Vol. 1, No. 3.

Gutmann, Amy and Thomson, Dennis (1996), *Democracy and Disagree-
ment*, Cambridge, MA: Harvard University Press.

Gutmann, Amy and Thomson, Dennis (2004), *Why Deliberative Democra-
cy?*, Princeton: Princeton University Press.

Habermas, Jürgen (1996), *Between Facts and Norms*, Cambridge: Polity
Press.

Habermas, Jürgen (2001), *The Postnational Constellation: Political Es-
says*, Cambridge: Polity Press.

Habermas, Jürgen (1997), "Drei normative modelle der Demokratie", in
Die Einbeziehung des Andere, *Studien zur politischen Theorie* (edited by
Jürgen Habermas), Frankfurt: Suhrkamp.

Ham, Peter van (2001), *European Integration and the Postmodern Condi-
tion*, London: Routledge.

Ham, Peter van (2001), "Europe's Postmodern Identity: A Critical Ap-
praisal", *International Politics*, Vol. 38.

Hamilton, Daniel S. and Jacques Pelkmans ed. , "Rule-Makers or Rule-
Takers? Exploring the Transatlantic Trade and Investment Partnership",
London: Rowman and Littlefield, 2015.

Heinelt, Hubert (2007), "Participatory Governance and European Democ-
racy", in Beate Kohler-Koch and Berthold Rittberger, "Introduction",
in Beate Kohler-Koch and Berthold Rittberger ed. , *Debating the Demo-*

cratic Legitimcacy of the European Union.

Held, David （2002）, "Cosmopolitanism", David Held and Anthony McGrew, ed. , *Governing Globalization*, Polity Press.

Hill, Christopher （1993）, "The Capability-Expectations Gap, or Conceptualizing Europe's International Role", *Journal of Common Markets*, Vol. 31, No. 3.

Hix, Simon （2002）, *Linking National Politics to Europe*, London: Foreign Policy Centre.

Hix, Simon, Abdul Noury and Gerard Roland （2005）, "Power to the Parties: Cohesion and Competition in the European Parliament, 1979 – 2001", *British Journal of Politcal Science*, Vol. 35, No. 2.

Hix, Simon, Tapio Raunio and Roger Scully （2003）, "Fifty Years on: Research on the European Parliament", *Journal of Common Market Studies*, Vol. 41.

Hix, Simon, Abudul Noury and Gerard Roland （2002）, *Democratic Politics in the European Parliament*, Cambridge: Cambridge University Press.

Hoffmann, Stanley （1964）, "De Gaulle, Europe and the Atlantic Alliance", *International Organization*, Vol. 18, No. 1.

Hoffmann, Stanley （1966）, "Obstinate of Obsolete? The Fate of Nation State and the Case of Western Europe," *Daedalus*, Vol. 95.

Hooghe, Lisbet and Marks Gary （2000）, *Multi-Level Governance and European Integration*, Lanham: Rowan and Littlefield.

Hooghe, Liesbet and Marks Gary （2003）, "Unraveling the Central State, But How? Types of Multi-Level Governance", *American Political Science Review*, Vol. 97, No. 2.

Hüller, Thorsten （2006）, "Adversary or 'Depoliticized' institution? Attracting the Constitutional Convention for democracy", paper presented at ARENA, Oslo, November 28, 2006.

Jachtenfuchs, Markus and Beate Kohler-Koch （1996）, "Regieren im dynamischen Mehrebenensystem", in: Markus Jachtenfuchs and Beate

Kohler-Koch, eds. , *Europäische Integration*, Opladen (Leske + Budrich) .

Jachtenfuchs, Markus (1997), "Democracy and Governance in the European Union", in Andreas Follesdal and Peter Koslowski, eds. , *Democracy and the European Union*, Berlin: Springer.

Joerges, Christian (2000), "'Deliberative supranationalism': A defence", *European Integration online Papers* (EIoP), Vol. 5, No. 8, 2001.

Joerges, Christian (2001), "In defence of Deliberative Supra-nationalism", *European Law Journal*, Vol. 8, No. 1.

Joerges, Christian and Jürgen Neyer (1997), "From intergovernmental bargaining to deliberative political processes: the constitutionalisation of comitology", *European Law Journal*, Vol. 3, No. 3.

Joerges, Christian and Jürgen Neyer (2003), "Politics, risk management, World Trade Organization governance and the limits of legalization", *Science and Public Policy*, Vol. 30, No. 3.

Joerges, Christian and Jürgen Neyer (2006), "'Deliberative Supranationalism' revisited", EUI Working Paper Law No. 2006/20.

Judge, David and David Earnshaw (2008), *The European Parliament*, 2nd edition, Hampshire: Palgrave.

Karatnycky, Adrian (2005), "Ukraine's Orange Revolution", *Foreign Affairs*, Vol. 84, No. 2, March/April.

Kaufmann, Bruno and M. Dane Waters, ed. , (2004), *Direct democracy in Europe: a comprehensive reference guide to the initiative and referendum process in Europe*, Durham: Carolina Academic Press.

Kelemen, Daniel R. (2003), "The Structure and Dynamics of EU Federalism", *Comparative Political Studies*, Vol. 36, No. 1 - 2.

Klemens, Joos (2011), *Lobbying in the New Europe, Successful Representation of Interests after the Treaty of Lisbon*, Weinheim: Wiley.

Kohler-Koch, Beate (1999), "A Constitution for Europe", *Mannheim*

Working Pape, Vol. 8.

Kohler-Koch, Beate (2000), "'Framing': The bottleneck of constructing Legitimate Institutions", *Journal of European Public Policy*, Vol. 7, No. 4.

Kohler-Koch, Beate (2002), "The transformation of governance in Europe", Paper at the Colloquium "The Future of Europe Challenges Ahead", Maastricht University, September 6, 2002.

Kohler-Koch, Beate (2004), "Debating the Union's Participatory Democracy and the European Constitution", Conference paper on "Participatory democracy: Current Situation and Opportunities Provided by the European Constitution", Brussels, March 8 – 9.

Kohler-Koch, Beate and Rittberger, Berthold (2007), *Debating the Democratic Legitimacy of the European Union*, Lanham: Rowman & Littlefield.

Konstadinides, Theodore (2009), *Division of Powers in European Union Law: The Delimitation of Internal Competence between the EU and the Member States*, Kluwer Law International BV.

Krag, Jens-Otto (1971), "The Danish View", *Socialist International Information*, Vol. 21, No. 5 – 6.

Krotz, Ulrich and Schild (2013), Joachim, *Shaping Europe: France, Germany, and Embedded Bilateralism from the Elysée Treaty to Twenty-First Century*, Oxford: Oxford University Press.

Kubicek, Paul (2005), "The European Union and democratization in Ukraine", *Communist and Post-Communist Studies*, Vol. 38.

Lamber, John (1966), "The Constitutional Crisis, 1965 – 1966," *Journal of Common Market Studies*, Vol. 4, No. 3.

Lipset, Seymour Martin (1963), *Political Man*, Garden City, NY: Anchor Books.

Loth, Wilfried (1977), "Les projets de politique extérieure de la Résistance socialiste en France", *Revue d' histoire modern et contemporaine*, Vol. 99.

Lucarelli, Sonia (2008), "European Political Identity, Foreign Policy and the Others' Image": An Underexplored Relationship, in Furio Cerutti and Sonia Lucarelli, eds. , *The Search for European Identity: Values, Policies and Legitimacy of the European Union*, New York: Routledge.

Magnette, Paul (2004), "Deliberating or bargaining? Coping with constitutional conflicts in the Convention on the Future of Europe", in Erik O. Eriksen, John E. Fossum and Augustín J. Menéndez, ed. , *Developing a Constitution for Europe*, Oxon: Routledge.

Magnette, Paul and Kalypso Nicolaïdis (2004), "The European Convention: Bargaining in the Shadow of Rhetoric", *West European Politics*, Vol. 27, No. 3.

Magnette, Paul (2004), "When does Deliberation Matter? Constitutional Rhetoric in the Convention on the Future of Europe", in Carlos Closa and John Erik Fossum eds. , *Deliberative Constitutional Politics in the EU*, Oslo: ARENA.

Magnette, Paul (2003), "Will the EU be more Legitimate after the Convention?", in Jo Shaw, Paul Magnette, Lars Hoffmann and Anna Verges Bausili, *The Convention on the Future of Europe: Working Towards an EU Constitution*, London: The Federal Trust.

Majone, Giandomenico (1992), "Regulatory Federalism in the European Community", *Environment and Planning C: Government and Policy*, Vol. 10.

Majone, Giandomenico (1994), "The European Community: An 'Independent Fourth Branch of Government'", *EUI Working Paper* no. 94/17, Florence: European University Institute.

Majone, Giandomenico, ed. , (1996), *Regulating Europe*, London: Routledge.

Majone, Giandomenico (2002), "Delegation of Regulatory Powers in a Mixed Polity", *European Law Journal*, Vol. 38, No. 3.

Majone, Giandomenico (2009), *Europe as the Would-be World Power*,

Cambridge: Cambridge University Press.

Majone, Giandomenico (2013), *Rethinking the Union of Europe Post-Crisis: Has Integration Gone Too Far?*, Cambridge: Cambridge University Press.

Manners, Ian (2002), "Normative Power Europe: A Contradiction in Terms?", *Journal of Common Market Studies*, Vol. 40, No. 2.

March, James and Olsen, Johan (1976), *Ambiguity and Choice in Organizations*, Oslo: Universitets forlaget.

Marks, Gary, Fritz W. Scharpf, Phlippe C. Schmitter and Wolfgang Streeck (1996), *Governance in the European Union*, London: Sage.

Marquand, David (1979), *Parliament for Europe*, London: Jonathan Cape.

Marshall, Thomas H. (1950), *Citizenship and Social Class and Other Essays*, Cambridge: Cambridge University Press.

Maurer, Andreas and Wolfgang Wessels, eds., (2001), *National Parliament on Their Ways to Europe: Losers or Latercomers?*, Baden-Baden: Nomos Verlagsgesellschaft.

McCormick, John (1999), *Understanding the European Union*, New York: ST. Martin's press.

McCown, Margaret (2003), "The European Parliament before the Bench: ECJ Precedent and European Parliament Litigation Strategies", *Journal of European Public Policy*, Vol. 10, No. 6.

Milward, Alan S. (2000), *The European Rescue of the Nation-State (Second Edition)*, London and New York: Routledge.

Moravcsik, Andrew (1994), "Why the European Community Strengthens the State: Domestic Politics and International Institutions", *Harvard Centre for European Studies Working Paper* Series, No. 52, Cambridge: Center for European Studies.

Moravcsik, Andrew (1998), *The Choice for Europe: Social Purpose and State Power from Messina to Maastricht*, Ithaca: Cornell University.

Moravcsik, Andrew (2002), "In Defense of the 'Democratic Deficit': Reassessing Legitimcacy in the European Union", *Journal of Common Market Studies*, Vol. 40, No. 4.

Mourlon-Druol, Emmanuel (2010), "Filling the EEC Leadership Vacuum? The Creation of the European Council in 1974", *Cold War History*.

Mutz, Diana C. (2006), *Hearing the Other Side: Deliberative Versus Participatory Democracy*, Cambridge: Cambridge University Press.

Nettl, John Peter (1967), *Political Mobilization: a Sociological Analysis of Methods and Concepts*, London: Faber.

Newman, Stephen (2000), "Globalization and Democracy", in Micheal Th. Greven and Louis W. Pauly, eds., *Democracy Beyond the State? The European Dilemma and the Emerging Global Order*, Lanham: Rowman & Littlefield Publisher.

Neyer, Jürgen (2003), "Discourse and order in the EU: A deliberative approach to multi-Level governance", *Journal of Common Market Studies*, Vol. 41, No. 4.

Neyer, Jürgen (2004), "Explaining the unexpected: efficiency and effectiveness in European decision-making", *Journal of European Public Policy*, Vol. 11, No. 1.

Neyer, Jürgen (2006), "The deliberative turn in integration theory", *Journal of European Public Policy*, Vol. 13, No. 5.

Neyer, Jürgen and Schröter, Michael (2005), "Deliberative Europe and the rejected Constitution", paper for the "Law and Democracy in Europe's Post-National Constellation" Conference at the European University Institute, Florence, September 22 – 24, 2005.

Norman, Peter (2003), *The Accidental Constitution: The Story of the European Convention*, Brussels: Eurocomment.

Nugent, Neill (2003), *The Government and Politics of the European Union* (Fifth Edition), Basingstoke: Palgrave Macmillan.

Obie, Jan (2006), "Civilian Power Europe: Review of the Original and

Current Debates", *Cooperation and Conflict*, Vol. 41, No. 1.

Olsen, Ingvild (2010), "The Council Working Groups: Advisors or de facto Decision Makers?", Paper presented at the Fifth Pan-European Conference on EU Politics, Porto, Portugal.

Papadopoulos, Yannis (2005), "Political Accountability in Network and Multi-Level Governance", paper presented at the Connex Stocktaking Conference on "Multilevel Governance in Europe: Structural funds, regional and environmental policy", Athens.

Paulo, Maria Teresa (2012), "National Parliaments in the EU: after Lisbon and beyond subsidiarity: the (positive) side-effects and (unintended) achievements of the Treaty provisions", *OPAL Online Paper*, 5, p. 15.

Pauly, Louis W. (2000), "Democracy and Globalization in Theory and Practice", in Micheal Th. Greven and Louis W. Pauly, eds., *Democracy Beyond the State? The European Dilemma and the Emerging Global Order*, Lanham: Rowman & Littlefield Publisher.

Peters, Guy and Jon Pierre (2004), "Multi-level Governance and Democracy: A Faustian Bargain?", in Ian Bache and Matthew Flinders, *Multi-level Governance*, Oxford: Oxford University Press.

Phillips, Leigh (2011), "EU to Cairo: Respect 'Legitimate Yearnings' of Citizens", *Euobserver*, 2011.

Pierre, Jean (2000), "Introduction: Understanding Governance", in J. Pierre, ed., *Debating Governance, Authority, Steering, and Democracy*, Oxford: Oxford University Press.

Pinder, John (1999), "The Development of European Democracy", in John Pinder eds., *Foundations of Democracy in the European Union: From the Genesis of Parliamentary Democracy to the European Parliament*, London: Macmillan Press.

Polanyi, Karl, (1944), *The Great Transformation: The Political and Economic Origins of our Time*, Boston: Beacon Press.

Pollack, Johannes and Peter Slominski (2003), "Influencing EU Politics? The Case of the Austrian Parliament", *Journal of Common Market Studies*, Vol. 41, No. 4.

Pollack, Mark A. (2003), "Control mechanism or deliberative democracy? Two images of comitology", *Comparative Political Studies*, Vol. 36, No. 1 – 2.

Pollack, Mark A. (2005) "Theorizing EU Policy-Making", in Helen Wallace, William Wallace and Mark A. Pollack, *Policymaking in the European Union*, (5th ed.), Oxford: Oxford University Press.

Postel-Vinay, Karoline (2010), "The historicity of European normative power", in Zaki Laidi, ed., *EU Foreign Policy in a Globalized World: Normative Power and Social Preferences*, Oxon: Routledge.

Puchala, Donald (1972), "Of Blind Men, Elephants, and International Integration," *Journal of Common Market Studies*, Vol. 10, No. 3.

Rettman, Andrew, (2006), "US Pushing EU into More Edgy Pro-democracy Work," *EU Observer*, December 7.

Risse, Thomas and Mareike Kleine (2007), "Assessing the Legitimacy of the EU's Treaty Revision Methods", *Journal of Common Market Studies*, Vol. 45, No. 1.

Risse, Thomas (1999), "International Norms and Domestic Change: Arguing and Communicative Behavior in the Human Rights Area", *Politics and Society*, Vol. 27, No. 4.

Rittberger, Berthold (2005), *Building Europe's Parliament: Democratic Representation beyond the Nation-State*, Oxford: Oxford University Press.

Rittberger, Berthold and Schimmelfennig, Frank (2006), "Building Europe's Constitution: The parliamentarization and institutionalization of human rights", ARENA, Oslo, Working Paper, No. 07.

Roben, Volker (2003), "Constitutionalism of Inverse Hierarchy: the Case of the European Union", *New York University Law School Working Paper*, Vol. 6.

Rosenau, James N. (1992), "Governance, Order and Change in World Politics", in Rosenau and Czempiel, eds., *Governance without Government: Order and Change in World Politics*, Cambridge: Cambridge University Press.

Ruggie, John G. (1983), "International Regimes, Transactions and Change: Embedded Liberalism in the Postwar Economic Order", in Stephen D. Krasner, ed., *International Regimes*, Cornell University Press, 1983.

Sbragia, Alberta M. (2005), "Post-national Democracy as Post-national Democratization", in Sergio Fabbrini ed., *Democracy and Federalism in the European Union and the United States*, New York: Routledge.

Scalingi, Paula (1980), *European Parliament: Three-decade Search for a United Europe*, Aldwych Press.

Scharpf, Fritz W. (1997), "Economic Integration, Democracy and the Welfare State", *Journal of European Public Policy*, Vol. 4, No. 2.

Scharpf, Fritz W. (1999), *Governing in Europe: Effective and Democratic?*, Oxford: Oxford University Press.

Scharpf Fritz W. (2002), "The European Social Model: Coping with the Challenges of Diversity", *MPIfG (Max-Planck-Institute for the Study of Societies) Working Paper 02/8*, July 2002.

Schendelen, Rinus van (2010), *More Machiavelli in Brussels: the Art of Lobbying the EU*, Amsterdam: Amsterdam University Press.

Schimmelfennig, Frank (2001), "The Community trap: Liberal norms, rhetorical action, and the enlargement of the EU", *International Organization*, Vol. 55, No. 1.

Schimmelfennig, Frank and Berthold Rittberger (2006), "Theories of European Integration: Assumptions and hypotheses", in Jeremy Richardson, eds., *European Union: Power and Policy-Making*, New York: Routledge.

Schimmelfennig, Frank and Hanno Scholtz (2008), "EU Democracy Promotion in the European Neighbourhood: Political Conditionality, Economic Development and Transnational Exchange", *European Union Politics*, Vol. 9, No. 2.

Schmalz-Bruns, Rainer (1998), "Grenzerfahrungen und Grenzüberschreitungen: Demokratie im integrierten Europa", in Beate Kohler-Koch (Hrsg.), *Regieren in entgrenzten Raeumen*, Opladen: Westdeutscher Verlag, PVS-Sonderheft 29/1998, S. 369 – 380.

Schmalz-Bruns, Rainer (2002), "The Normative Desirability of Participatory Democracy", in Hubert Heinelt, Panagiotis Getimis, Kafkalas Grigoris, Randall Smith and Erik Swyngedouw ed. , *Participatory Governance in Mulit-Level Context: Concepts and Experience*, Opladen: Leske & Budrich.

Schmitter, Philippe C. and Terry Karl (1991), "What Democracy Is. . . and Is Not", *Journal of Democracy*, Vol. 2, No. 3.

Schmitter, Philippe C. (1996), "Some Alternative Futures for the European Polity and their Implications for European Public Policy", in Y. Mény et al. , eds. , *Adjusting to Europe: The Impact of the European Union on National Institutions and Policies*, London and New York: Routledge.

Schmitter, Philippe C. (2000), *How to Democratize the European Union, and Why Bother?*, Lanham: Rowman & Littlefield Publisher.

Schimitter, Philippe C. (2002), "Participation in governance Arrangments: Is there any Reason to Expect it will Achieve ' Sustainable and Innovative Policies in a Multilevel Context ' ", in Juergen Grote and Bernard Gbikpi, ed. , *Participatory Governance: Political and Societal Implications*, Opladen: Leske & Budrich.

Schoenlau Justus (2003), "New values for Europe? Deliberation, compromise, and coercion in drafting the Preamble to the EU Charter of Fundamental Rights", in E. O. Eriksen, J. E. Fossum and A. J. Menéndez, ed. , *The Chartering of Europe*, Baden-Baden: Nomos.

Scully, Roger (2007), "The European Parliament", Michelle Cini, ed. , *European Union Politics*, 2nd edition, Oxford: Oxford University Press.

Serfati, Claude (2015), "The Transatlantic Bloc of States and the Political Economy of the Transatlantic Trade and Investment", *Work Organisation, Labour and Globalisation*, Vol. 9, No. 1, Spring 2015.

Settembri, Pierpaolo, Christine Neuhold (2009), "Achieving Consensus through Committees: Does the European Parliament Manage", *Journal of Common Market Studies*, Vol. 47, No. 1.

Shackleton, Michael (2006), "European Parliament", John Peterson and Michael Shackleton, ed. , *The Institutions of the European Union*, 2nd edition, Oxford: Oxford University Press.

Shapiro, Ian andCasiano Hacker-Cordón, ed. , (1999), *Deomcracy's Value*, Cambridge: Cambridge University Press.

Shaw, Jo (1999), "Interpreting the Concept of European Union Citizenship", *Working Paper* 2/99, http://www. leeds. ac. uk/law.

Shore, C. (2011), "'European Governance' or Governmentality? The European Commission and the Future of Democratic Government", *European Law Journal*, Vol. 17, No. 3.

Skach, Cindy (2005), "We, the Peoples? Constitutionalizing the European Union", *Journal of Common Market Studies*, Vol. 43, No. 1.

Smismans, Stijn (2000), "The European Economic and Social Committee: towards deliberative democracy via a functional assembly", *European Integration online Papers* (EIoP), Vol. 4.

Smismans, Stijn (2005), "The Constitutional labeling of 'The democratic life of the EU': Representative and participatory democracy", in Lynn Dobson and Andreas Follesda, ed. , *Political Theory and the European Constitution*, Oxon: Routledge.

Smismans, Stijn (2005), "Civil society and European governance: The interdisciplinary challenge of reflexive deliberative polyarchy", Paper at ECPR General Conference, Budapest.

Solchanyk Roman（2000），*Ukraine and Russia：The Post-Soviet Transition*，Lanham：Rowman and Littefield.

Streeck，Wolfgang and Philippe C. Schmitter（1991），"From National Corporatism to Transnational Pluralism：Organized Interests in the Single European Market"，*Politics and Society*，Vol. 19，No. 2.

Telò，Mario（2015），"Interactions between TTIP，TPP and the Japan-EU Free Trade Agreement"，Jean－Frédéric Morin，Tereza Novotná，Frederik Ponjaert and Mario Telò et al. ，*The Politics of Transatlantic Trade Negotiations：TTIP in a Globalized World*，Surrey：Ashgate.

Teorell，jan（2006），"Political participation and three theories of democracy：A research inventory and agenda"，*European Journal of Political Research*，Vol. 45，No. 5.

Thiemeyer，Greg（1998），"Supranationalität als Novum in der Geschichte der internationalen Politik der fünfziger Jahre"，*Journal of European Integration History*，Vol. 4，No. 2.

Tsakatika，Myrto（2005），"Claims to legitimacy：The European Commission between Continuity and Change"，*Journal of Common Market Studies*，Vol. 43，No. 1.

Tsebelis，George and Jeannette Money（1997），*Bicameralism*，Cambridge：Cambridge University Press.

Tsebelis，George & Gary Garrett（2000），"Legislative Politics in the European Union"，*European Unon Politics*，Vol. 1，No. 1.

Tsebelis，George and Sven-Oliver Proksch（2007），"The Art of Political Manipulation in the European Convention"，*Journal of Common Market Studies*，Vol. 45，No. 1.

Urwin，Derek W.（2007），"The European Community：From 1945－1985"，in Michelle Cini ed. ，*European Union Politics*（2nd Edition），Oxford：Oxford University Press.

Verney，Susannah（1987），"Greece and European Community"，in Kevin Featherstone and Dimitrios K. Katsoudas，eds. ，*Political Change in*

Greece: *Before and After the Colonels*, London: Croom Helm.

Vogel, David (1998), *Trading Up*: *Consumer and Environmental Regulation in a Global Economy*, Cambridge: Harvard University Press.

Weiler, Joseph H. (1991), "The Transformation of Europe", *Yale Law Journal*, Vol. 100, No. 3.

Weiler, Joseph H. (2003), "After Maastricht: Community Legitimacy in Post-1992 Europe", in Williams James Adams ed., *Singular Europe*: *Economy and Polity of the European Community after* 1992, Ann Arbor: University of Michigan Press.

Wetzel, Anne and JanOrbie, ed., (2015), *The Substance of EU Democracy Promotion*: *Concepts and Cases*, Palgrave Macmillan UK.

Williams, Bernard (1961), "Democracy and Ideology", *The Political Quarterly*.

Zimmerman, Joseph F. (1986), *Participatory Democracy*: *Populism Revived*, New York: Prageger Publisher.

Zürn, Micheal (2000), "Democratic governance beyond the nation-state: the EU and other international institutions", *European Journal of International Relations*, Vol. 6, No. 2.

Zweifel, Thomas D. (2002), *Democratic Deficit? Institutions and Regulation in the European Union*, *Switzerland and the United States*, Lanham: Lexington Books.

后 记

　　这是一本拖延了十年时间才终于写完的书。2008 年，我以《超越国界的民主——欧盟民主问题研究》为题的博士论文通过答辩，获得中国社会科学院研究生院博士学位。之后我个人一直认为，鉴于民主理论和欧盟的复杂性，该博士论文是一篇不够成熟的作品。十年之中，因为始终驻足在欧洲研究领域耳濡目染，我对欧盟有了更多的理性和感性的认识，同时我也未尝放弃对民主作为一种理想、一种制度和一种政策导向应当是怎么一个模样的独立思考。两年前，打开电脑文件夹开始重写这个题目的畏惧之感直至今日仍历历在目，在搁笔完工的此时，虽然我感觉已尽全力，也多少展现出与已有国内外文献不同的对欧盟民主的新认知，但仍然还有众多不足和谬误之处，只有留待方家指正，未来再做订正了。

　　本书写作受益于诸多国内外欧盟研究专家学者的指点。2006 年在"欧盟—中国：欧盟研究中心项目"的支持下，我得以赴德国曼海姆大学访问 9 个月，就教于著名欧盟研究专家贝娅特·科勒（Beate Kohler）教授。我的出访申请题目为此书的一个子题目："协商民主"。科勒教授负责多个德国和欧盟的大型科研项目，非常忙碌，但令我感动的是，她却拿出大量时间，极其认真地一稿一稿反复修改我的论文提纲，常常评语和建议的页数要超过我的原文。之后本书的各章节撰写，还得益于与美国普林斯顿大学的安德鲁·莫劳夫奇克教授（Andrew Moravcsik）、匹兹堡大学的阿尔伯特·斯布拉奇亚教授（Albert Sbragia）、德国柏林自由大学的托马斯·里瑟教授（Thomas Risse）、马克斯－普朗克学院的弗里兹·沙普夫教授（Fritz Scharpf）

等顶尖欧盟研究专家的讨论和帮助。

我有幸在中国社会科学院欧洲研究所这样一个专事欧洲研究的科研机构中工作和成长。历任所领导和前辈们的关心、同事间的情谊和互助，以及浓厚的学术氛围，为我个人的学术研究在浮华社会里"隔离"出一小块净土。本书的很多论述都参考了欧洲研究所老师和同事们的既有研究成果，周弘和田德文老师的欧洲社会政策，阎小冰、邝杨老师和张磊的欧洲议会，张海洋的利益集团研究都是我在写作相关民主问题时的"引路明灯"，在此一并致谢！

感谢我的导师——吴弦研究员长久以来关于学业、读书和为人方面的谆谆教导，感谢当年参加博士论文答辩，给出宝贵意见的顾俊礼研究员、许振洲教授、朱立群教授、沈雁南研究员和朱晓中研究员。十年弹指一挥间，痛哉朱立群老师竟已作别，无法当面求教了。

本书能够出版，需要感谢中国社会科学出版社的王茵总编辑助理、喻苗副主任和郭枭编辑付出的心血和努力，特别是郭枭博士专业、细致的工作，认真的态度及与作者良好的沟通才保证此书能以"中国速度"迅速面世。

本书出版得到中国社会科学院"学科建设登峰战略"欧洲研究所"中欧关系优势学科"的资助。感谢欧洲所黄平所长和罗京辉书记的大力支持，他们的学术眼光和包容精神是本书得以面世的重要支撑力量！

最后，还要感谢我善解人意的妻子，没有她的支持和催促，我是不可能完成此项任务的。感谢家人的关怀和理解，帮我分担诸般杂务，让我能专心完成一个学者的应尽工作。中国社会科学院欧洲研究所的高葛同志热忱帮助我修改电子图表，我的硕士研究生杨博，也帮助我整理了部分图表资料，在此表示感谢！

今日之欧洲联盟，与十年前已有颇大的分别。作为一个已经学习和研究欧盟十余年的中国学者，我对这个研究对象也已产生"剪不断，理还乱"的感情。希望十年后，这本书仍然具有现实意义，而不会被归类为一本史学作品。